ENZYKLOPÄDIE
DEUTSCHER
GESCHICHTE
BAND 46

ENZYKLOPÄDIE
DEUTSCHER
GESCHICHTE
BAND 46

DIE ENTWICKLUNG DER WIRTSCHAFT IM ZEITALTER DES MERKANTILISMUS 1620–1800

VON

RAINER GÖMMEL

R. OLDENBOURG VERLAG
MÜNCHEN 1998

Die Deutschen Bibliothek – CIP-Einheitsaufnahme

Enzyklopädie deutscher Geschichte/hrsg. von Lothar Gall
in Verbindung mit Peter Blickle... – München : Oldenbourg

ISBN 3-486-53691-5

Bd. 46. Gömmel Rainer: Die Entwicklung der Wirtschaft im Zeitalter des
Merkantilismus 1620–1800. – 1998

Gömmel, Rainer:
Die Entwicklung der Wirtschaft im Zeitalter des Merkantilismus 1620–1800/
Rainer Gömmel. – München : Oldenbourg, 1998
(Enzyklopädie deutscher Geschichte ; Bd. 46)
ISBN 3-486-55757-2 Kart.
ISBN 3-486-55758-0 Gew.

Rosenheimer Straße 145, D-81671 München
Internet: http://www.oldenbourg.de

Umschlaggestaltung: Dieter Vollendorf, München
Gedruckt auf säurefreiem, alterungsbeständigem Papier (chlorfrei gebleicht).
Gesamtherstellung: R. Oldenbourg Graphische Betriebe GmbH, München

ISBN 3-486-55757-2 brosch.
ISBN 3-486-55758-0 geb.

Vorwort

Die „Enzyklopädie deutscher Geschichte" soll für die Benutzer – Fachhistoriker, Studenten, Geschichtslehrer, Vertreter benachbarter Disziplinen und interessierte Laien – ein Arbeitsinstrument sein, mit dessen Hilfe sie sich rasch und zuverlässig über den gegenwärtigen Stand unserer Kenntnisse und der Forschung in den verschiedenen Bereichen der deutschen Geschichte informieren können.

Geschichte wird dabei in einem umfassenden Sinne verstanden: Der Geschichte in der Gesellschaft, der Wirtschaft, des Staates in seinen inneren und äußeren Verhältnissen wird ebenso ein großes Gewicht beigemessen wie der Geschichte der Religion und der Kirche, der Kultur, der Lebenswelten und der Mentalitäten.

Dieses umfassende Verständnis von Geschichte muß immer wieder Prozesse und Tendenzen einbeziehen, die säkularer Natur sind, nationale und einzelstaatliche Grenzen übergreifen. Ihm entspricht eine eher pragmatische Bestimmung des Begriffs „deutsche Geschichte". Sie orientiert sich sehr bewußt an der jeweiligen zeitgenössischen Auffassung und Definition des Begriffs und sucht ihn von daher zugleich von programmatischen Rückprojektionen zu entlasten, die seine Verwendung in den letzten anderthalb Jahrhunderten immer wieder begleiteten. Was damit an Unschärfen und Problemen, vor allem hinsichtlich des diachronen Vergleichs, verbunden ist, steht in keinem Verhältnis zu den Schwierigkeiten, die sich bei dem Versuch einer zeitübergreifenden Festlegung ergäben, die stets nur mehr oder weniger willkürlicher Art sein könnte. Das heißt freilich nicht, daß der Begriff „deutsche Geschichte" unreflektiert gebraucht werden kann. Eine der Aufgaben der einzelnen Bände ist es vielmehr, den Bereich der Darstellung auch geographisch jeweils genau zu bestimmen.

Das Gesamtwerk wird am Ende rund hundert Bände umfassen. Sie folgen alle einem gleichen Gliederungsschema und sind mit Blicke auf die Konzeption der Reihe und die Bedürfnisse des Benutzers in ihrem Umfang jeweils streng begrenzt. Das zwingt vor allem im darstellenden Teil der den heutigen Stand unserer Kenntnisse auf knappstem Raum zusammenfaßt – ihm schließen sich die Darlegung und Erörterung der Forschungssituation und eine entsprechend gegliederte Auswahlbibliographie an –, zu starker Konzentration und zur Beschränkung auf die zentralen Vorgänge und Entwicklungen. Besonderes Gewicht ist daneben, unter Betonung des systematischen Zusammenhangs, auf die Abstimmung der einzelnen Bände untereinander, in sachlicher Hinsicht, aber auch im Hinblick auf die übergreifenden Fragestellungen, gelegt worden. Aus dem Gesamtwerk lassen sich so auch immer einzelne, den jeweiligen Benutzer besonders interessierende Serien zusammenstellen. Ungeachtet dessen aber bildet jeder Band eine in sich abgeschlossene Einheit – unter der persönlichen Verantwortung des Autors und in völliger Eigenständigkeit gegenüber den benachbarten und verwandten Bänden, auch was den Zeitpunkt des Erscheinens angeht.

Lothar Gall

Inhalt

I. Enzyklopädischer Überblick 1

1. Die Wirtschaft bis zum Ende des Dreißigjährigen Krieges ... 1
   1.1 Die Situation um 1620 1
   1.2 Der Einfluß des Dreißigjährigen Krieges auf die Wirtschaft 6

2. Der Entwicklungstrend im Zeitraum von 1650 bis 1800 12
   2.1 Die Wiederaufbauphase 12
   2.2 Langfristige Veränderungen im gesamtwirtschaftlichen Verlauf und bei den wirtschaftlichen Strukturen 16
      2.2.1 Die Landwirtschaft 16
      2.2.2 Die Entwicklung im Handwerk und die Auswirkungen der Gewerbeförderung 21
      2.2.3 Das Manufakturwesen 25
      2.2.4 Die Entwicklung des Handels 27
   2.3 Wirtschaftszentren und Gewerberegionen 28
      2.3.1 Alte und neue Wirtschaftszentren 29
      2.3.2 Gewerberegionen in Deutschland 34
   2.4. Zusammenfassung 39

3. Schwerpunkte der Wirtschaftspolitik 41
   3.1 Grundlagen der Wirtschaftspolitik: Merkantilismus und Kameralismus 41
   3.2 Träger und Ziele der Wirtschaftspolitik 43
   3.3 Maßnahmen der Wirtschaftspolitik 44
      3.3.1 Bevölkerungspolitik 44
      3.3.2 Handels- und Zollpolitik 46
      3.3.3 Ordnungspolitik 48
      3.3.4 Gewerbepolitik 49
      3.3.5 Geld- und Währungspolitik 51
   3.4 Zusammenfassung 55

II. Grundprobleme und Tendenzen der Forschung ... 57

1. Arbeitsbevölkerung und Beschäftigung ... 57
2. Arbeitszeit, Einkommen und Preise ... 63
3. Die öffentliche Finanzwirtschaft ... 68
4. Der Außenhandel ... 77
5. Sozialpolitische Maßnahmen ... 84
6. Wirtschaftspolitik der Reichskreise ... 96
7. Gesellschaftlicher Wandel ... 99

III. Literatur ... 109

1. Wirtschaft im Dreißigjährigen Krieg ... 109
2. Entwicklungen in einzelnen Wirtschaftssektoren von 1650 bis 1800 ... 110
3. Wirtschaftspolitik von 1650 bis 1800 ... 118
4. Grundprobleme und Tendenzen der Forschung ... 121

Register ... 129
Orts- und Länderregister ... 129
Namenregister ... 131
Sachregister ... 131

Themen und Autoren ... 141

I. Enzyklopädischer Überblick

1. Die Wirtschaft bis zum Ende des Dreißigjährigen Krieges

1.1 Die Situation um 1620

Ausgangslage vor dem Krieg

In der wirtschaftshistorischen Forschung war bis vor wenigen Jahrzehnten die Meinung weitverbreitet, daß sich Deutschland seit der zweiten Hälfte des 16. Jahrhunderts bis zum Ausbruch des Dreißigjährigen Krieges in einer Phase des wirtschaftlichen Niedergangs befunden habe. Die Ursache dafür glaubte man vor allem im Schmalkaldischen Krieg (1546/47) und im Fürstenaufstand, in der Verlagerung der Handelswege hin zum nordatlantischen Raum, der nachlassenden Kupfer- und Silberproduktion sowie in verschiedenen Staatsbankrotten (Frankreich, Spanien) und damit verbundener Verluste mehrerer großer Handelshäuser zu sehen. Sogar von einer „Verödung Mitteleuropas" ist die Rede, bezogen auf Deutschland auch von einem Ausklang der Fugger-Epoche. Diese Zustandsbeschreibung wird dadurch ergänzt, daß die Getreidepreise nach einem langen Anstieg bis Ende des 16. Jahrhunderts wenig später drastisch gefallen sind.

Die marxistische Geschichtsschreibung sieht in den Jahren vor Ausbruch des Dreißigjährigen Krieges deutliche Symptome einer säkularen Krise, einer Krise des Feudalismus, die den Übergang von der feudalen zur kapitalistischen Gesellschaft ankündigt. Am Ende jenes Prozesses stünden demzufolge die Revolutionen und Revolten in England, Frankreich, Spanien und anderen Ländern, in Deutschland dagegen der Große Krieg. Hier wird, bezogen auf die Wirtschaft, vor allem auf eine Absatz- und Kreditkrise zu Beginn des 17. Jahrhunderts verwiesen, bei der viele Güter und Bauernhöfe die Kredite, die sie in Zeiten des langfristigen Preisanstieges aufgenommen hatten, nicht mehr tragen konnten.

Landwirtschaft

Zunächst ist festzustellen, daß die Getreidepreise nach 1600 tatsächlich für mehrere Jahre fielen. Der Grund lag in den guten Erntejahren 1598, 1599 und 1600, die zu einer Auffüllung der Lagerbestände führten und die Getreidepreise in den folgenden fünf Jahren teilweise auf die Hälfte drückten. Diese Jahre sinkender Erlöse hatten aber nur wenige

Feudalherren in finanzielle Schwierigkeiten gebracht. Der Eindruck einer allgemeinen Krise der Landwirtschaft wurde eher durch häufige zeitgenössische Klagen erweckt, die jedoch seit 1605 seltener geworden waren, nachdem die Preise wieder zu steigen begonnen hatten.

Handel

Zu dieser Vorstellung von einer schweren Agrarkrise kam die eingangs erwähnte viel zu negativ beurteilte Entwicklung der übrigen Wirtschaft. Der Verweis auf den Niedergang großer oberdeutscher Handelshäuser wie die der Fugger und Welser in Augsburg ist einseitig, verstellt den Blick auf die kleinen, mittleren und größeren Häuser und unterschätzt deren wirtschaftliche Bedeutung. Das gilt für die oberdeutschen Zentren Augsburg und Nürnberg gleichermaßen. In Nürnberg etwa ist nach dem Rückzug der patrizischen Großkaufleute in Rats- und Verwaltungsämter, Grundherrschaften und Kuxbesitz eine ganze Reihe von bürgerlichen Fernhändlern an deren Stelle getreten, allen voran die Firma der Viatis und Peller. Diese arbeitete 1624 mit einem Kapital von über 1 Mio. Gulden und war eines der angesehensten deutschen Handelsunternehmen, sein Haupteigentümer, Bartolomäus Viatis, um 1620 vermutlich der reichste Mann Deutschlands. Andere Handelshäuser in jener Stadt wiesen ein Gesellschaftsvermögen von 100000 bis 500000 Gulden auf. Eine ähnliche Entwicklung läßt sich für Augsburg nachweisen. Dort brachten die wichtigsten Steuerzahler im Jahre 1604 eine mehr als doppelt so hohe Steuer wie um 1560 auf, und die gesamten Vermögen sind bis 1618 gestiegen.

Gewerbezentren

Auch der Fortschritt im gewerblichen Sektor ist von der Stagnations- und Verfallstheorie nicht entsprechend gewürdigt worden. Das Handwerk hat sich nicht nur weiter differenziert, sondern ist auch absolut gewachsen, ebenso der Verlag. Es genügt nicht, auf einzelne Branchen zu verweisen. Demzufolge hätte in Nürnberg als dem damals wichtigsten metallverarbeitenden Zentrum z. B. die Messerproduktion einen Rückgang angezeigt, weil zu Beginn des 17. Jahrhunderts nur noch etwa halb so viele Messer wie um die Mitte des 16. Jahrhunderts hergestellt wurden. Dafür sind andere Berufe aus demselben Bereich, etwa die Produzenten von Harnischen, Musketen usw. gewachsen, ebenso das Textilgewerbe. So erreichte das Leinen- und Barchentgewerbe um 1610 seinen Höhepunkt, wurde im ostmitteldeutschen Leinenverlag der Zunftkauf planmäßig ausgebaut. Dies sind Anzeichen von insgesamt wachsenden Aktivitäten in Handel und Gewerbe, gleichzeitig auch von notwendigen Anpassungen und Umstrukturierungen im langfristigen Entwicklungsprozeß. Wie hätten sich Augsburg und Nürnberg zwischen 1590 und 1630 umfangreiche Baumaßnahmen, privat und öffentlich, leisten können, die zu den größten urbanistischen Unternehmungen im frühneuzeitlichen Europa gehörten?

Dieser Indikator einer positiven Wirtschaftsentwicklung gilt auch für andere Städte und Regionen. Ende des 16. und Anfang des 17. Jahrhunderts schufen Städte wie Bremen, Erfurt, Halle an der Saale, Hameln, Greiffenberg/Schlesien, um nur einige zu nennen, beachtliche Repräsentativbauten. In Nordwestdeutschland entwickelte sich in Form der „Weserrenaissance“ sogar ein besonderer Baustil, gleichermaßen in den Städten und auf dem Land, ein Hinweis auf den Wohlstand bei Grundherren, Bauern, Gewerbe- und Handeltreibenden.

Gewerberegionen

Herausragende Gewerberegionen des Spätmittelalters hatten ihre Stellung vor Ausbruch des Dreißigjährigen Krieges durchaus behauptet. Im oberpfälzischen Eisenrevier war von 1545 bis 1609 die Zahl der Eisenhämmer zwar zurückgegangen, durch technischen Fortschritt die Produktion aber gestiegen. Gleiches gilt für die dortige Zinnblechproduktion. Die aufstrebende Leinenindustrie im württembergischen Urach, die Zeugwarenherstellung in Calw, wo sich 1622 15 Unternehmer zu einer großen „Kompagnie“ zusammenschlossen, sowie die Leinen- und Tuchherstellung Sachsens, der Lausitz und Schlesiens, die um 1620 ihren vorläufigen Höhepunkt erreichte, sind nur einige wenige Beispiele für ausgesprochene Wachstumspole. Ihre Produkte drangen auf den Weltmarkt, soweit dies bislang noch nicht geschehen war. Ein ganz anderes, für den gesamtwirtschaftlichen Verlauf jedoch unwichtiges Problem war, daß sich Eigentumsverhältnisse und Geschäftsbeziehungen ändern konnten. Die Dominanz der oberdeutschen Kaufleute im mittel- und ostmitteldeutschen Montan-, metallverarbeitenden und textilen Bereich war bis zum Beginn des 17. Jahrhunderts gesunken. Teilweise ganz neue Unternehmer und -gruppen traten an ihre Stelle, Unternehmer aus Leipzig, Frankfurt, Köln, Hamburg usw., aber auch Engländer und Niederländer. Dies sind keine Hinweise für einen wirtschaftlichen Niedergang, sondern typische Kennzeichen eines langfristigen Strukturwandels. Es handelt sich also lediglich um Schwerpunktverlagerungen und allenfalls ein relatives Zurückbleiben des einst führenden oberdeutschen Raumes.

Verlagerung von Wirtschaftszentren

Neben dem östlichen hatten sich auch die nördlichen und westlichen Teile Deutschlands deutlich weiterentwickelt, ebenfalls oft mit Verlagerungen verbunden. Dies zeigt sich besonders in Westfalen. Alte Handelsstädte am Hellweg (zwischen Rhein und Weser über Dortmund, Soest und Paderborn nach Minden) verloren an Bedeutung, während im Bergischen Land Städte wie Solingen, Remscheid und Elberfeld, östlich davon Lüdenscheid, Altena und Iserlohn sowie im Nordosten Bielefeld und Herford aufstiegen. Der Unterschied zu früher bestand auch darin, daß die neuen Städte nicht vorwiegend Transithandel trieben, sondern ihre und des Umlandes Gewerbeerzeugnisse exportierten. Als Beispiel sei Solingen als ein Zentrum der Metallverarbeitung erwähnt, wo das Klingenschmiedehandwerk um 1600 seinen Höhepunkt erreichte, d. h. ein halbes Jahrhundert später als das einstmals führende Nürnberg. Für den norddeutschen Raum mögen Hamburg, Bremen und Danzig stellvertretend für solche Städte stehen, die den Niedergang anderer Städte (z. B. Lübeck) mehr als kompensierten.

Ökonomische Situation vor dem Kriegsausbruch

Mit den bisherigen Ausführungen soll keineswegs der Eindruck erweckt werden, als sei die deutsche Wirtschaft bis zum Beginn des Dreißigjährigen Krieges störungsfrei und auch bezogen auf die Bevölkerung relativ gewachsen. Am Vorabend des Krieges gab es nicht nur einzelne krisenhafte Erscheinungen, vielmehr war die Wirtschaft im Hinblick auf die Versorgungsmöglichkeit der wachsenden Bevölkerung spürbar in einen Engpaß geraten.

Ein herausragendes Symptom stellte der langfristige Preisanstieg bei landwirtschaftlichen Erzeugnissen dar. Die Preise stiegen seit Anfang des 16. Jahrhunderts auf etwa das Dreifache, weil die Agrarproduktion langsamer zugenommen hatte als die Bevölkerung. Diese war bis 1618 auf etwa 16 Mio. gestiegen, allein in den zurückliegenden 50 Jahren um rund 3 Mio. Demgegenüber setzte die Agrarverfassung den notwendigen Produktionsänderungen erhebliche Schranken. Die große Zahl der unter- und kleinbäuerlichen Dorfbewohner hatte eine so geringe Marktquote, daß nach Abzug der stark gestiegenen Abgaben an die Grundherren über den Eigenverbrauch hinaus kein Einkommen erzielt werden konnte. Damit entfiel nicht nur der Anreiz zu einer Mehrproduktion, es fehlte auch an Investitionsmitteln. Da die bäuerlichen Abgaben von ihren Empfängern, Grund- und Landesherren, landbesitzenden Bürgern, Städten und der Kirche, überwiegend für konsumtive Zwecke verwendet wurden, dienten auch sie nicht dem produktiven Einsatz in der Landwirtschaft. Ähnliches gilt für die Gutswirtschaften und großbäuerlichen Betriebe, die eher ihre Wohnhäuser und Einrichtungen, viel weniger ihre Betriebsausstattung verbesserten.

Preisrelationen

Die Gefahr einer Überbevölkerung zeigte sich in den Städten vor allem durch die verschlechterte Lage der unteren Bevölkerungsschichten. Aber auch allgemein war die Kaufkraft der gewerblichen Löhne gesunken, weil diese weit unter den Agrarpreisen blieben. Im übrigen lagen auch die Preise für Gewerbeerzeugnisse niedriger. Dies muß jedoch nicht notwendigerweise bedeuten, daß der gewerbliche Sektor gegenüber der Landwirtschaft verloren hatte. Den Preisrückstand hätte ein entsprechend höherer Produktivitätsfortschritt ausgeglichen. Tatsächlich kann zumindest in Teilbereichen nachgewiesen werden, daß man auch in den Jahrzehnten vor dem Dreißigjährigen Krieg sehr innovationsfreudig war, wie z. B. die Drahtherstellung in Nürnberg oder die Eisenindustrie in der Oberpfalz zeigen. Zusammen mit einer im Vergleich zu Agrar- und Rohstoffpreisen relativen Verbilligung des Faktors Arbeit waren durch technische und organisatorische Neuerungen hohe Gewinne möglich, wie das offensichtlich in England und Frankreich der Fall war, so daß das 16. Jahrhundert auch als Jahrhundert der „Profit-Inflation" bezeichnet wird. Von dieser Entwicklung Begünstigte waren deshalb hauptsächlich Verleger und wirtschaftlich selbständige Handwerksmeister gewesen. Daß es viele reiche Personen gegeben hat, zeigen allein die wachsenden Darlehen, die Landesherren, Städte, Stände und Private aufnahmen und die nicht nur aus den steigenden Grundrenten stammten. Hinsichtlich der Handwerksmeister ist allerdings anzunehmen, daß sich die Mehrzahl bis um 1618 in ihren Einkommen nicht wesentlich verbessert hat.

Wirtschaftsordnung

Für den Zustand des Gewerbes war entscheidend, daß es insgesamt noch nicht die technischen Möglichkeiten hatte, durch Produktivitätssteigerungen entsprechend hohe Löhne zu bezahlen. Hinzu kam, und dies könnte noch wichtiger gewesen sein, daß die damalige Wirtschaftsordnung allenfalls einer stationären oder nur langsam wachsenden Wirtschaft gerecht wurde, keinesfalls aber einer dynamischen Wirtschaft mit verhältnismäßig schnell steigenden Bevölkerungszahlen. Die marktwirtschaftliche Ordnung hatte vor allem durch die Zünfte entscheidende Unvollkommenheiten. Die Zünfte reagierten auf Absatzschwierigkeiten mit Marktschließungstendenzen, wobei die Konsequenz dieser bequemen und defensiven Einstellung eine eher starre und konservative Produktplanung war, begleitet von einer obrigkeitlichen Lohnpolitik in Gestalt von Taxen, die möglichst niedrig gehalten wurden.

Kapital

Unvollkommen war um 1620 auch der Kapitalmarkt, soweit von einem solchen überhaupt gesprochen werden kann. Die Finanzierung von Investitionen und Handelsunternehmungen erfolgte noch überwiegend aus den Handels- und Gewerbegewinnen, zu einem kleineren Teil auch aus Grundrenten. Der Ausfall eines wichtigen Kreditnehmers hatte für den Darlehensgeber, z. B. einen Geldhändler, zumeist schlimme Folgen. Das noch mangelhafte Steuersystem trieb die öffentlichen Haushalte in eine wachsende Verschuldung und führte bei den Münzherren (Territorialherren und Städte) zu verstärkter unterwertiger Ausprägung von Münzen, damit auch allgemein zu einer Geldentwertung. Der von den Städten entwickelte Rentenverkauf, z. B. die Ewigrente, entzog der Privatwirtschaft mögliches Investitionskapital. Gleiches galt für die wachsende Bereitschaft zur Kapitalanlage in der Landwirtschaft. Dies alles konnte zu Kreditkrisen führen, zeigt aber vor allem den auch in institutioneller Hinsicht unvollkommenen Geld- und Kapitalmarkt. Die ersten öffentlichen Banken, als Giro- und Depositenanstalten konzipiert, entstanden erst 1619 in Hamburg und 1621 in Nürnberg.

Zusammenfassung

Zusammenfassend kann der Zustand der deutschen Wirtschaft kurz vor dem Dreißigjährigen Krieg wie folgt charakterisiert werden: Die Landwirtschaft war, langfristig betrachtet, trotz eines Wachstums nicht in der Lage, die gestiegene Bevölkerung ausreichend zu ernähren, wobei das wohl größte Hindernis in der Agrarverfassung (Feudalismus) lag. Aber auch dort, wo eine großbäuerliche Struktur zu einer relativ breitgestreuten Gewinnsteigerung führte, war wegen der konsumtiven Einkommensverwendung die positive Wirkung auf eine Produktionssteigerung ziemlich gering, so etwa in Bayern. Dort versuchte noch 1624 die Obrigkeit, durch eine ausführliche Kleider- und Schmuckordnung in die Konsumwahl und Einkommensverwendung einzugreifen. Auch Handel und Gewerbe waren absolut gewachsen. Aufgrund der Reaktion vieler Zünfte, bei stockender Nachfrage tendenziell die Märkte zu schließen, kann aber ein gesunkenes Pro-Kopf-Einkommen vermutet werden, d. h. die im Gewerbe zweifellos vorhandenen Wachstumsimpulse waren insgesamt zu schwach. Überbesetzung und zunehmende Unterbeschäftigung (verdeckte Arbeitslosigkeit) zumindest des Zunfthandwerks schienen unausweichlich. Mangelhafter Wettbewerb konnte oder wollte von der territorialstaatlichen und städtischen Wirtschaftspolitik sowie der Wirtschaftspolitik des Reiches nicht ausreichend verbessert werden. Wirtschaftsfördernde Maßnahmen waren zu gering. Hinzu kam ein unvollkommener Kapitalmarkt, verbunden mit einem im Vergleich zum Agrarsektor schwachen Anreiz für gewerbliche Investitionen.

Die deutsche Wirtschaft war überwiegend deshalb in einen Engpaß geraten, weil wichtige Rahmenbedingungen nicht mehr paßten. Die Lösung hätte nur in der Entwicklung einer verbesserten Wirtschaftsordnung und Produktionstechnik bestanden. Eine vorläufige Lösung brachte ein wirtschaftsexogenes Ereignis, der Dreißigjährige Krieg.

1.2 Der Einfluß des Dreißigjährigen Krieges auf die Wirtschaft

Inflation

Praktisch zeitgleich mit der ersten großen kriegerischen Auseinandersetzung, der Schlacht am Weißen Berg (8. 11. 1620), äußerte sich eine offene Inflation, die „Kipper- und Wipperinflation" 1619 bis 1623. Wie an anderer Stelle bereits angedeutet, reichen ihre Ursachen bis in das 16. Jahrhundert zurück; sie werden im Abschnitt 3.3.5 (Geld- und Währungspolitik) näher behandelt. Diese zunächst schleichende Geldentwertung beschleunigte sich ab 1619. In diesem Jahr betrug der Kurs des vollwertig ausgeprägten Reichstalers im Schnitt 108 Kreuzer anstatt der auf vorausgegangenen Reichsmünzordnungen des 16. Jahrhunderts festgelegten 68 Kreuzer. Rasch stieg der Kurs auf 180 Kreuzer (1620) und in manchen Gebieten 1622, dem Höhepunkt der Inflation, sogar auf über 1000 Kreuzer, d. h. diese kleine Münze hatte nur noch einen minimalen Feingehalt an Silber.

Kriegsfinanzierung

Auch der folgende Kriegsverlauf beeinflußte die wirtschaftliche Entwicklung nachhaltig. Der „nervus belli", das Geld, war weiterhin das große Problem der Kriegsherren. Dies zeigte sich 1625, als Wallenstein von dem mittellosen Kaiser ermächtigt wurde, ein zweites, von der katholischen Liga unabhängiges Heer von 40000 Mann aufzustellen. Nach reichsrechtlichen Bestimmungen aus dem 16. Jahrhundert galt der Grundsatz, daß zur Finanzierung eines Heeres Kontributionen in Höhe des „Servis" (Holz, Licht, Salz und Quartier) gefordert werden konnten. Tilly hatte die Kontribution auf die ganze Verpflegung, Wallenstein darüber hinaus auf den ganzen Sold der Truppen ausgedehnt. Für die Wallenstein-Armee war außerdem eine hohe Taxe für die Obristen kennzeichnend. Sie entsprach in etwa den von den Obristen aufzuwendenden Vorschüssen für die Anwerbung und den ersten Monatssold ihrer Regimenter. Insgesamt hätte Wallenstein also seinen Vorsatz, wonach der Krieg den Krieg ernähren müsse, durchgesetzt, wenn die Kontributionen regelmäßig eingegangen wären. Da dies aber nicht der Fall war, mußte ein erheblicher Teil durch Kredite finanziert werden. Das besorgte der aus Flandern nach Prag eingewanderte calvinistische Bankier Hans de Witte. Ende 1628 geriet die Finanzierung des kaiserlichen Heeres aber in Gefahr und brach 1630 zusammen, hauptsächlich wegen der erschöpften Kontributionsgebiete im Nordosten des Reiches, wo bis 1629 die Heere der Liga (Tilly), des Kaisers (Wallenstein) und des dänischen Königs den Krieg führten.

Auch das 1630 in Pommern gelandete schwedische Heer unter König Gustav Adolf litt unter Geldmangel und war deshalb am Anfang nicht sonderlich groß. Eine willkommene Hilfe stellten zunächst die französischen Subsidien dar. Vor allem aber brachten dann die siegreichen Schlachten bei Breitenfeld und Rain am Lech 1631 bzw. 1632 den erhofften Geldsegen, der die Finanznot behob, dafür bei anderen eine solche hervorrief. Von Würzburg und Mainz wurden je 80000 Reichstaler, von Landshut und Freising je 100000 gefordert. München sollte zunächst 300000 Reichstaler zahlen, erreichte aber eine Reduzierung auf 100000 in bar und etwas über 40000 in Form von Schmuckgegenständen.

Auf der anderen Seite hatte Tilly bis zu seinem Tod 1632 aus Südniedersachsen innerhalb von drei Jahren 2 Mio. Taler eingetrieben. Allein die Stadt Goslar mußte binnen eines Jahres über 540000 Taler aufbringen.

Bemerkenswert ist das in den folgenden Jahren von den Schweden praktizierte Finanzierungssystem, das in den Gebieten angewandt wurde, die man längerfristig eroberte. Praktisch alle Abgaben im Rahmen der Kontribution wurden kapitalisiert und die überwiegend kasernierten Truppen bar besoldet. Für den Raum Bremen und Verden flossen auf diese Weise bis Kriegsende jährlich 200000 Reichstaler in die schwedische Kasse. Wirtschaftlich bestand der Vorteil darin, daß der Sold im besetzten Gebiet wieder ausgegeben wurde. Ähnliches galt, allerdings abgeschwächt und auf das ganze Reich bezogen, für die ausländischen Subsidien. Allein Frankreich zahlte an Schweden seit 1631, mit Unterbrechungen, 400000 Taler jährlich. Zumindest war das die vereinbarte Summe. Demgegenüber leisteten zwischen 1618 und Anfang 1635 verschiedene Päpste zusammen etwa 3 Mio. Taler, darunter jedoch in den Jahren 1621 bis 1623 über 600000 Taler in schlechter Münze, an Kaiser und Liga.

Insgesamt betrachtet lag zunächst die schädliche Wirkung der Kriegsausgaben nicht in einem Kapitalentzug der Wirtschaft in Deutschland, sondern in der einseitigen konsumtiven Verwendung für Verpflegung und Kriegsgerät und einer ebenso einseitigen regionalen Verteilung. Tatsächlich Kapital entzogen wurde bei Kriegsende durch den schwedischen Abzug. Für das Heer von 69000 Mann mit 170000 Frauen, Kindern und Händlern, die im übrigen insgesamt täglich rund 100000 Taler Unterhalt kosteten, mußten 5 Mio. von ursprünglich 20 Mio. Taler bar oder in Schuldscheinen bezahlt werden.

Anders sah es mit den Beutezügen verschiedener schwedischer Heerführer aus. Hier wurde Kapital in Form von Bargeld, Edelmetallen, Kunst- und sonstigen Wertgegenständen aus Deutschland abgezogen. Bekannt sind die Beispiele des aus Brandenburg stammenden schwedischen Generals Hans Christopher von Königsmarck, der, erst mittellos, bei Kriegsende ein Vermögen von rund einer Mio. Talern besaß, sowie des Feldherrn Carl Gustaf Graf von Wrangel, der sich nach dem Krieg in Schweden ein riesiges Schloß bauen konnte.

regionale Zentralverwaltungswirtschaft

Besondere Bedeutung im Hinblick auf Kriegsfinanzierung, Nachschubversorgung und Wirtschaftspolitik im weitesten Sinne erlangte Wallensteins Herzogtum Friedland. Dem Heerführer gelang durch die Umstellung auf eine straff gelenkte Zentralverwaltungswirtschaft eine deutliche wirtschaftliche Leistungssteigerung. Charakteristische Merkmale des Systems waren z. B. die Entwicklung zum Großbetrieb, Zentraleinkäufe für das Heer, die Konfektionierung und Typisierung bei der Uniformherstellung und die Anwerbung ausländischer Arbeitskräfte (z. B. Pulvermacher aus Schlesien und Böhmen, italienische Bergsachverständige und niederländische Waffenschmiede). Ein Auswanderungsverbot von Facharbeitern, Exportverbot von kriegswichtigen Produkten und Rohstoffen sowie Handels- und Verkehrsbeschränkungen im privaten Bereich bildeten eine weitere Grundlage für die erfolgreiche Umstellung auf die Kriegswirtschaft.

Sozialpolitische Komponenten erhielt dieses System durch den Versuch, die Lasten gleichmäßig zu verteilen: durch die Einführung von Höchstpreisen für Grundnahrungsmittel, die Übertragung der Armenfürsorge von der Kirche auf den Staat, die Errichtung von Arbeitshäusern und gesundheitspolitische Maßnahmen.

Mit dem Ergebnis dieses neuen Wirtschaftssystems durfte sein Erfinder zufrieden sein: Landwirtschaft und Gewerbe steigerten ihre Produktion, die Lieferungen erfolgten für damalige Verhältnisse kontinuierlich, und die Vorratswirtschaft konnte dem Heeresbedarf angepaßt werden. So rasch wie dieses System aufgebaut wurde, so rasch zerfiel es nach Wallensteins Tod 1634, weil es ganz auf seine Person, die Obrigkeit und Unternehmer zugleich verkörperte, zugeschnitten war. Inwieweit Friedland als merkantilistischer Musterstaat bezeichnet werden kann, erscheint fraglich. Jedenfalls hatte Wallensteins Wehrwirtschaftssystem Ähnlichkeiten mit demjenigen Deutschlands in den letzten Jahren des Zweiten Weltkrieges.

Auswirkungen des Krieges

Die bisherigen Ausführungen über die Kriegsfinanzierung und Kriegswirtschaft zeigen, daß die direkten Auswirkungen des Krieges sowohl regional wie auch gesamtwirtschaftlich differenziert betrachtet werden müssen. Das beginnt mit der Bevölkerung, die bis Kriegsende von etwa 16 Mio. auf 10 bis 11 Mio. gesunken war, wobei die ländlichen Gebiete um 40%, die Städte etwa 30% ihrer Einwohner verloren. Regionen mit überdurchschnittlichen Verlusten lagen in einem diagonalen Streifen, beginnend mit Pommern, Mecklenburg über Mitteldeutschland, insbesondere Teile Thüringens und Sachsens, bis in die Pfalz und Württemberg; daneben waren auch schwäbische, fränkische und niederschlesische Gebiete schwer dezimiert worden. Mittelschwer betroffen war Bayern (etwa 50% Bevölkerungsverlust), weniger Böhmen, Oberschlesien, Nordhessen und der rheinisch-westfälische Raum, nur geringfügig oder überhaupt nicht Schleswig-Holstein, Niedersachsen und die Habsburger Erblande.

Landwirtschaft

So unterschiedlich wie die Bevölkerungsverluste waren auch die Schäden und Verwüstungen in der Landwirtschaft. Für einige Gebiete und Dörfer gibt es detaillierte Untersuchungen, die vermutlich repräsentativ für „mittelschwer" betroffene Landstriche sind. Die im Fränkischen gelegene Kommende Virnsberg Deutschen Ordens und mehrere Rittergüter zwischen den Flüssen Aisch und Rezat umfaßten rund 660 bäuerliche Anwesen, die etwa ein halbes Dutzend großer Durchzüge und zahlreiche kleinere Streifen zu erdulden hatten. Im Verlauf des Krieges wurden 51% der Anwesen wüst, und die Steuerkraft der Bewohner ging sogar um zwei Drittel zurück. Das in der Nähe von Ansbach gelegene Rittergut Rügland mit 129 Hintersassen zählte 1639 nur noch 23 bewirtschaftete Anwesen, von denen lediglich drei noch Gülten leisten konnten. Insgesamt wird man davon ausgehen können, daß unter Berücksichtigung der unterschiedlichen Belastungen durch zerstörte Felder, Viehraub usw. etwa die Hälfte der Landbevölkerung des mittelfränkischen Raumes einigermaßen auskömmlich wirtschaftend den Krieg überstanden hat. Allerdings war die Verschuldung der bäuerlichen Hofstellen stark gestiegen.

Auf ganz Deutschland bezogen war mindestens ein Drittel der ehemaligen landwirtschaftlichen Nutzflächen nicht mehr im Kulturzustand. Die Auswirkungen wurden seit Kriegsbeginn rasch offenkundig, als die Nahrungsmittelproduktion gemessen an der Bevölkerung zurückging und demzufolge die Agrarpreise stark anstiegen. Die erste, nicht durch eine Geldverschlechterung bedingte Teuerung fiel in die Jahre 1624/25, die zweite und viel schlimmere folgte 1637/38. Mit den Hungersnöten waren Seuchen verbunden. Die Pest verbreitete sich, ausgehend vom Südosten Deutschlands, 1634 bis 1640 in den südlichen, mittleren und westlichen Regionen des Reiches mit verheerenden Wirkungen. Durch Wallensteins Belagerung starben von 1632 bis 1634 in Nürnberg rund 30000 Menschen, darunter viele Flüchtlinge und Soldaten, bei einer Einwohnerzahl von rund 60000.

Die bis Ende der 1640er Jahre stark gesunkenen Getreidepreise waren weniger das Ergebnis guter Ernten. Vielmehr fragten die verwüsteten Städte wenig Getreide nach, weil die übriggebliebene Bevölkerung versuchte, ihren Bedarf auf eigenem Boden zu decken.

Die Schäden in der Landwirtschaft gingen über die verminderte Produktionsfläche weit hinaus. Zu berücksichtigen sind der Verlust an Sachgütern aller Art, abgebrannte Dörfer, dezimierte Viehbestände, mit denen das unfreiwillig reichlich gewordene Weideland nicht entsprechend genutzt werden konnte, zerstörte oder vernichtete Geräte. Da auch die kleineren Landstädte, Hersteller von landwirtschaftlichen Produktionsmitteln, schwer gelitten hatten, waren die Voraussetzungen für einen Wiederaufbau nicht günstig.

Gewerbe und Handel

Auch auf die gewerbliche Wirtschaft und den Handel hat der Krieg sehr unterschiedlich eingewirkt. Zunächst wurden solche Branchen begünstigt, die direkt an die kriegführenden Parteien lieferten. Das galt insbesondere für Zentren der Waffenindustrie wie Nürnberg, Essen und Suhl. Nürnbergs Waffenhersteller gelangten bereits in den ersten Kriegsjahren durch die übergroße Nachfrage an ihre Kapazitätsgrenze, so daß sie z. B. 1621 den Auftrag des Herzogs von Württemberg für die Bewaffnung von 500 Kürassieren ablehnen mußten. Auch das Textilgewerbe, das in den 1620er Jahren rückläufig war, erlebte um 1630 einen neuerlichen Aufschwung. Kriegsverschonte Gebiete konnten durch Verlagerungen von Nachfrage, Produktion und Handel deutlich gewinnen. Herausragendes Beispiel ist Hamburg, das während des Krieges zur reichsten Stadt Deutschlands aufstieg.

Solche und andere Beispiele dürfen jedoch nicht darüber hinwegtäuschen, daß im gesamtwirtschaftlichen Durchschnitt Handel und Gewerbe geschädigt wurden. Die ohnehin schlechten Straßen waren im Laufe des Krieges verfallen, Sachkapital ganz oder teilweise zerstört, was z. B. für viele unter Wasser geratene Bergwerke galt, sowie die Betriebsmittel geschrumpft und Absatzmärkte verloren gegangen. Letzteres betraf vor allem die Exporte, etwa von Leinen, Garnen, Wollgeweben und Metallwaren. Ein Beispiel dafür liefert die Oberpfalz. Um 1600 zählte sie noch zu den wohlhabendsten Gebieten Deutschlands, in dem rund 25% der Einwohner ihr Einkommen aus dem Montangewerbe bezogen. Zwar gingen die Förderung von Eisenerz und die Produktion von Eisen schon vor 1618 deutlich zurück, doch kamen 1621 (Mansfelder Truppen) und 1633 (schwedische Truppen) schwere Kriegszerstörungen hinzu, so daß auch aus diesem Grund die Eisenerzeugung von 1618 bis 1665 um etwa 65% geschrumpft ist. Da neueste Forschungen nachweisen, daß der oberpfälzer Erzbergbau vor dem Krieg nicht an technischer Rückständigkeit, sondern unter einem unfähigen Management litt, waren die Zerstörungen um so schwerwiegender.

Mit den Bevölkerungs- und damit Arbeitskräfteverlusten war die Produktivität in vielen Bereichen gesunken. Die Folge war, daß viele Gläubiger ihre Zinsen und Tilgungen nicht mehr bezahlen konnten und dadurch in Konkurs gingen. Die angespannte Situation auf dem Geld- und Kapitalmarkt in den Städten wirkte sich wiederum auf Handel und Gewerbe aus.

Finanzlage der Städte

Aufgrund hoher finanzieller Belastungen, die aus den Zerstörungen, Einquartierungen, Kontributionen und Abgaben resultierten, und dem kriegsbedingten Versiegen der Einnahmequellen konnten die Städte ihren Zinsverpflichtungen kaum noch nachkommen. So sank z. B. die Zinszahlung Stendals von 2640 Gulden im Jahre 1625 auf 613 Gulden während des Krieges.

Kapitalmarkt

Einem teilweisen Schuldenerlaß, so wie es das Indultum Moratorium von 1629 vorsah, widersetzten sich die Gläubiger heftig. Sie drohten ihre Forderungen an Offiziere und ausländische Gläubiger abzutreten, welche gewöhnlich durch Exekutionen einzelner Bürger oder Konfiskationen ihr Geld eintrieben.

Erst nach dem Dreißigjährigen Krieg erließen die Gläubiger wegen der trostlosen Lage der öffentlichen Finanzen einen Teil ihrer Forderungen. Die öffentliche Schuld Nürnbergs z. B. wurde durch freiwillige Kapitalreduktionen einheimischer Gläubiger von 7,4 Mio. Gulden auf 3,1 Mio. Gulden im Jahre 1660 herabgesetzt.

Im übrigen scheint während des Krieges auch der Zinssatz gestiegen zu sein; denn 1654 wurde dieser durch ein Reichsgesetz auf 5% begrenzt. Dasselbe Gesetz verbot die Kündigung von privaten Darlehen auf drei Jahre, gestattete dem Schuldner für weitere sieben Jahre das Recht, die Raten der Rückzahlung selbst zu bestimmen und statt Bargeld auch Sachwerte als Tilgung anzubieten. Außerdem wurden die bis 1654 aufgelaufenen Zinsen auf ein Viertel reduziert.

Dies alles sind Hinweise auf einen geschädigten Kapitalmarkt, die wiederum durch konkrete Beispiele belegt sind. So mußte Köln zu der an Schweden zu zahlenden Abfindung von 5 Mio. Talern 70425 Taler beitragen. Die ehemals reiche Stadt konnte diesen Betrag nur über Sondersteuern und -abgaben aufbringen. Auch der Umstand, daß andere Städte wegen ihres Anteils Kredite in der Schweiz aufnehmen mußten, spricht nicht für einen intakten inländischen Kapitalmarkt. Zumindest war das notwendige Vertrauen noch nicht hergestellt.

2. Der Entwicklungstrend im Zeitraum von 1650 bis 1800

2.1. Die Wiederaufbauphase

Bevölkerungsentwicklung

Das schwerwiegendste Problem des Krieges in gesellschaftlicher und wirtschaftlicher Hinsicht war zweifellos der Bevölkerungsverlust von durchschnittlich 30 bis 40%, insbesondere für die außerordentlich hart betroffenen Territorien: die Pfalz, Württemberg, für verschiedene Gebiete in Franken, Thüringen, Sachsen, die Mark Brandenburg, Mecklenburg und Pommern. Hätte Deutschland ab der Mitte des 17. Jahrhunderts ähnlich niedrige Geburtenraten gehabt wie die meisten anderen, vom Krieg verschonten europäischen Staaten, deren Bevölkerung in den folgenden rund hundert Jahren teils stagnierte, teils zurückging, so hätte es sich auf unabsehbare Zeit nicht wieder erholt.

Während sich vor allem im westlichen Europa ein Geburtenrückgang durchsetzte, erlebte Deutschland bis Mitte des 18. Jahrhunderts eine auffallende Geburtenfreudigkeit, die bereits während des Krieges und unmittelbar nach den Seuchen einsetzte. Je nach Region wurde der frühere

Bevölkerungsstand von insgesamt etwa 16 Mio. zwischen 1720 und 1750 wieder erreicht, also nach drei Generationen. Dieses Bevölkerungswachstum ergab sich überwiegend aus dem natürlichen Wachstum, aus der Differenz von Geburtenrate und Sterberate (Geborene bzw. Gestorbene je 1000 Einwohner), weniger aus den Zuwanderungen. Demnach wäre die Bevölkerung im Schnitt um rund 6 je 1000 Einwohner gewachsen. Im allgemeinen lagen die besonders kriegsbetroffenen Gebiete über diesem Wert, etwa die Mark Brandenburg mit 8 je Tausend, andere zeitweise sogar mit 10 bis 12 je Tausend, während verschonte Territorien entsprechend niedrigere Wachstumsraten aufwiesen. Bei dieser Entwicklung erreichte die Geburtenrate anfangs 50, um sich dann im langfristigen Durchschnitt bei 35 bis 40 je 1000 Einwohner einzupendeln, während die Sterberate aufgrund der hohen Säuglings- und Kleinkindersterblichkeit bei etwas über 30 Personen je 1000 Einwohner lag.

Wanderbewegungen

Die Zahl der zugewanderten Personen dürfte eine Viertel Mio. nicht überschritten haben, wobei im wesentlichen jeweils die Hälfte aus Frankreich und dem Alpenraum stammte. Für einige Gebiete waren die Einwanderer auch zahlenmäßig von großer Bedeutung, so daß hier die Kriegs- und Seuchenlücken wesentlich rascher geschlossen werden konnten. In Berlin z. B. machte der Anteil der zugewanderten Hugenotten ein knappes Sechstel aus. Insgesamt waren nach Brandenburg-Preußen vor allem zwischen 1685 und 1710 bis zu 16000 Hugenotten, nach ganz Deutschland etwa 30000 gekommen. Weitere Zentren neben Brandenburg waren Hessen-Kassel, das Rhein-Main-Gebiet, die Kurpfalz, Franken und Württemberg mit jeweils 3000 bis 4000 Refugiés.

Wiederaufbauphase in der Landwirtschaft

Mit Ausnahme der Hugenotten stammten die meisten Zuwanderer aus der Landwirtschaft. Dort trugen sie zu einem rascheren Wiederaufbau bei. Dies war z. B. in dem bereits erwähnten Gebiet zwischen Aisch und Rezat der Fall, wo man ab 1650 österreichische Exulanten auf frei gewordenen Hofstellen ansiedelte, so daß einige Dörfer zu reinen Exulantenorten wurden. Schon im letzten Viertel des 17. Jahrhunderts konnte wieder neuer Kulturboden gewonnen werden, was sonst nur in Gebieten mit geringen Bevölkerungsverlusten der Fall war. Bis etwa 1740 überwog in ganz Deutschland die Wiederinkulturnahme von im Dreißigjährigen Krieg wüst gewordenen Ackerflächen. Bemerkenswert ist, daß der Akkerbau trotz fehlender Zugtiere bereits zwei Jahre nach Kriegsende wieder in so ausreichendem Maße ausgedehnt war, um die Bevölkerung ernähren zu können. Dies war vielfach aber nur deshalb möglich, weil man die Getreideproduktion stark in den Vordergrund rückte und auf vorher betriebene Sonderkulturen, z. B. Wein, verzichtete. Die Brotversorgung hatte also eindeutig Vorrang.

Früher als die Landwirtschaft haben sich der Handel und das städtische Gewerbe erholt, wenngleich hier eine zeitliche Eingrenzung der Wiederaufbauphase schwierig ist. Es ist kaum festzustellen, wann alte, durch den Krieg unterbrochene Handelsbeziehungen wieder aufgenommen werden konnten, nationale und internationale Messen und Märkte im Durchschnitt wieder florierten, zerstörte Straßen und Wege, einschließlich der Lein- und Treidelpfade an schiffbaren Flüssen, repariert waren, und damit das Verkehrswesen wenigstens wieder auf das Vorkriegsniveau gebracht worden war. Immerhin haben auf diesem Gebiet die ständigen Klagen der großen Reichsstädte mit exportorientiertem Gewerbe erst 1671 zu einem Reichsgesetz geführt, das die Landesherren zur Ausbesserung und Instandhaltung der Verkehrswege verpflichtete.

Verlagerung von Handelszentren

Die schon vor dem Krieg in Gang gekommene Verlagerung des Handelsschwergewichtes nach Nordwesteuropa hat Deutschland aus seiner zentralen Lage heraus an die Peripherie gerückt. Der Krieg hat für Deutschland zweifellos bremsend bei dem Versuch gewirkt, rasch Anschluß an die neuen Weltmärkte zu finden. Diese wurden nun von England, Frankreich und den Niederlanden beherrscht. Auffallend ist, daß die Tragfähigkeit der deutschen Handelsflotte seit Kriegsende von der englischen Flotte übertroffen wurde. Den Einfluß des Krieges auf diesen Entwicklungsprozeß zu gewichten bzw. in einem zeitlichen Rückstand auszudrücken, ist nicht möglich.

Der deutsche Außenhandel erreichte erst am Anfang des 18. Jahrhunderts wieder das Niveau der Vorkriegszeit. Dabei ist jedoch zu bedenken, daß in diesen rund 80 bis 90 Jahren Faktoren den Handel beeinflußt haben, die mit dem Dreißigjährigen Krieg und seinen Folgen direkt nichts zu tun hatten. Auf der einen Seite sind die handelshemmenden Wirkungen im Zusammenhang mit den Kriegen Ludwigs XIV. während des letzten Viertels des 17. Jahrhunderts zu erwähnen, als der Handel mit Frankreich teilweise zum Erliegen kam. Andererseits wirkten Maßnahmen handelsfördernd, wie etwa der Bau des Oder-Spree-Kanals von 1662 bis 1669.

Bemerkenswerterweise hatte sich auch die Struktur der Handelsgüter durch den Dreißigjährigen Krieg geändert. Exportgüter, die vor dem Krieg einen hohen Anteil hatten, z. B. Leinen, Garne, Wollgewebe und Metallwaren, gab es nicht mehr in dem vorherigen Maße. Sicher war es mit kriegsbedingt, daß inländische Produkte im allgemeinen von geringer Qualität und dazu relativ teuer waren, also nur schwer im Ausland Absatz fanden. Weiterhin war es durch das gesunkene Wohlstandsniveau schwierig, teure Luxusgüter zu importieren, was außerdem von der Wirtschaftspolitik nun als schädlich betrachtet wurde. Erfolg und Mißerfolg bei der Wiederherstellung alter oder der Gewinnung neuer Handelsbeziehungen hingen, wie schon angedeutet, auch von der Situation des heimischen Gewerbes sowie von kriegsbedingten Unwägbarkeiten ab. Je nachdem, wie sich Gläubiger und Schuldner eines Großkaufmanns während oder nach dem Krieg verhielten oder ihrerseits betroffen wurden, konnte dieser Kaufmann entweder weiterarbeiten oder untergehen. Es gibt viele Fälle, in denen ein Händler seine Außenstände nicht einzutreiben vermochte, umgekehrt aber Schuldzinsen begleichen mußte. Hinzu kamen die nach dem Krieg vielfach höhere Steuerbelastung und Schuldentilgungspolitik der Städte, die Kapital abschöpften und zusammen mit den aufgezehrten Rücklagen der Unternehmer diese in ihrem Wiederaufbau hemmten.

Die gesamtwirtschaftliche Bedeutung des Handels darf nicht überschätzt werden, auch wenn er als eine Art Schwungrad für die Wirtschaft gewirkt hat. Internationaler Güteraustausch, und das galt für ganz Europa, geschah in jener Zeit aufgrund einer marginalen Nachfrage, die vor allem die oberen Schichten der Bevölkerung oder die verstädterten Gebiete betraf. Insofern überrascht es nicht, daß Export und Import gemessen am Sozialprodukt jeweils nur wenige Prozente ausmachten. Die Exportquote Deutschlands lag zu Beginn des 18. Jahrhunderts, nachdem man also wieder das Niveau aus der Zeit vor dem Dreißigjährigen Krieg erreicht hatte, wahrscheinlich unter 5% des Sozialprodukts.

Veränderungen im Gewerbe

Im Gewerbe hatte der Krieg die Leistungsfähigkeit eingeschränkt, auch dort, wo wenig oder nichts zerstört worden war. Der Realkapitalstock im Handwerk und Verlag war relativ klein, die Kapitalintensität (Verhältnis von Kapitalbestand und Arbeitsvolumen) somit gering. Der vom Krieg zwar wenig beeinträchtigte Realkapitalstock konnte von der nunmehr verminderten Bevölkerung allerdings weniger intensiv genutzt werden, zumal auch die Nachfrage zurückgegangen war. Die gewerbliche Produktion war deshalb zunächst stark rückläufig, was vor allem für Exportgüter galt. Freilich gab es Ausnahmen, wie etwa das Gold- und Silberschmiedehandwerk in Augsburg. Generell aber war der Trend auf die Herstellung billiger Massenartikel gerichtet. Dies entsprach einerseits der veränderten Nachfragekonstellation im verarmten Nachkriegsdeutschland, andererseits aber auch dem Warenbedarf der europäischen Großstaaten für ihre überseeischen Besitzungen.

Das Problem des Gewerbes lag also weniger in der Wiederherstellung von Produktionskapazitäten, als vielmehr in der Umstellung auf eine veränderte Datenkonstellation. In diesem Sinne war der „Wiederaufbau" teilweise schon gegen Kriegsende oder in den ersten Nachkriegsjahren vollzogen. Ein anderes Problem stellte der technologische Rückstand, insbesondere gegenüber England dar, der durch den Krieg vergrößert worden ist. Damit verbunden war der geringe Umfang einer Produktion für den gehobenen Bedarf, anfangs für das Ausland, später auch für das Inland.

Ähnlich wie beim Handel hat sich auch im Gewerbe die kriegsbedingte finanzielle Anspannung bemerkbar gemacht. Im Grunde blieb in den ersten Jahrzehnten für die breite Masse der Gewerbetreibenden nur die Selbstfinanzierung, also die Finanzierung über den Preis bzw. den Gewinn. Dies war aber wegen der veränderten Nachfragesituation schwierig. Bessere Möglichkeiten ergaben sich erst zu Beginn des 18. Jahrhunderts. Inwieweit sie genutzt werden konnten, wird an anderer Stelle zu prüfen sein.

2.2 Langfristige Veränderungen im gesamtwirtschaftlichen Verlauf und bei den wirtschaftlichen Strukturen

2.2.1 Die Landwirtschaft

Überblick

Die konjunkturelle Entwicklung der Landwirtschaft und ihr starker Einfluß auf die Volkswirtschaft lassen sich in zwei Hauptphasen einteilen. Obwohl es vor dem Hintergrund territorialer Unterschiede schwierig ist, die zeitliche Grenze zwischen den beiden Entwicklungsabschnitten zu ziehen, kann die Wende zum 18. Jahrhundert als zeitlicher Anhaltspunkt für den Umschwung angesehen werden. Die Agrardepression des 17. Jahrhunderts wurde in den ersten Jahrzehnten des 18. Jahrhunderts vom einsetzenden Aufschwung abgelöst, der sich in der zweiten Hälfte des 18. Jahrhunderts besonders deutlich abzeichnete.

Ausgangslage

Der Dreißigjährige Krieg hinterließ denkbar schlechte Ausgangsbedingungen für den Wiederaufbau. Die Zerstörungen landwirtschaftlicher Geräte, die Verwüstungen von Feldern, verlassene und zerstörte Dörfer, die Dezimierung des Viehbestandes und ähnliches lähmten nicht nur den Aufbauwillen der Bevölkerung, sondern machten auch einen großen Kapitaleinsatz erforderlich. Gerade die Kapitalaufbringung war wegen des zerrütteten Kapitalmarktes und der angespannten Finanzlage der Städte fast unmöglich. Außerdem ließ ein Preissturz für landwirtschaftliche Erzeugnisse Investitionen nicht rentabel erscheinen.

sinkende Preise

Das starke Absinken der Getreidepreise war der Beginn einer schweren Krise, die bis Ende des 17. Jahrhunderts andauerte. Die Getreidepreise fielen auf ungefähr die Hälfte des Vorkriegsniveaus. Dafür gibt es mehrere Gründe. Die wichtigste Ursache dürfte wohl eine stark gesunkene Nachfrage aufgrund des Bevölkerungsrückgangs von 16 Mio. auf ca. 10 Mio. Menschen gewesen sein. Auch bauten viele Leute in den Städten Früchte und Getreide für den Eigenbedarf selbst an, so daß auch dadurch die Nachfrage nach Lebensmitteln verringert wurde. Ein weiterer Preisdruck ging von den billigen Getreide- und Viehimporten aus Ungarn aus, welche die Preise in Böhmen, Mähren, Österreich und in der Steiermark fallen ließen. Schließlich trug auch die verminderte Edelmetallproduktion zum Preissturz bei.

In dem hier betrachteten Zeitraum kann davon ausgegangen werden, daß durch Kriegszerstörungen, Arbeitskräftemangel und Unergiebigkeit der Minen die Produktion von Edelmetall zur Münzprägung absank und sich dadurch der Geldumlauf verringerte, welcher zusätzlich durch die Raub- und Beutezüge der kriegerischen Heere negativ beeinflußt wurde. Dadurch wurde wohl auch ein Druck auf das Preisniveau ausgeübt.

Lohnentwicklung

Im Gegensatz zum Preisverfall für landwirtschaftliche Erzeugnisse stiegen die Löhne und die Preise für gewerbliche Produkte. Der Bevölkerungsrückgang bedeutete auch einen Verlust an Arbeitskräften. Die wenigen, die gewillt waren, als Gesinde zu arbeiten, verlangten nun hohes Entgelt. Oftmals wurden Klagen der Bauern über Knechte und Mägde laut, die trotz hoher Bezahlung kaum ihren Pflichten nachgingen. Doch selbst Verordnungen, die die Landesherren gegen Faulheit und unberechtigten Arbeitswechsel erließen, waren ein ebenso ungeeignetes Mittel wie Lohntaxen, eine Verhaltensänderung beim Gesinde zu erzwingen, um die Krise dadurch zu beheben.

Ertragslage

Durch den steilen Anstieg der Löhne und Preise für landwirtschaftliche Geräte und das Absinken der Preise für die Bodenerzeugnisse waren die Ertragserwartungen nach Abzug von Abgaben und Steuern äußerst gering. Einen Reinertrag erwirtschaftete ein durchschnittlicher Bauernhof in der zweiten Hälfte des 17. Jahrhunderts in der Regel nicht. Dies führte zu einem Absinken der Bodenpreise, und Privatfinanciers verminderten ihre Investitionen in die Landwirtschaft. Die sinkende Ertragslage und die hohe Kostenbelastung durch den Preisanstieg für gewerbliche Produkte bedeuteten eine wachsende Verschuldung der Höfe. Nicht selten wurden belastete Bauernhöfe ohne Besitzer Leuten unentgeltlich überlassen, die sich jedoch verpflichten mußten, die bestehenden Lasten zu übernehmen. Abgeschreckt von den geringen Gewinnerwartungen in der Landwirtschaft wanderten auch viele Einwohner aus den Dörfern in die Städte, zumal sie dort nach Kriegsende noch Schutz vor umherziehenden Marodeuren fanden. Ein Beweis für das äußerst geringe Interesse an der Landwirtschaft während der Krisenzeit ist die Tatsache, daß in den neunziger Jahren des 17. Jahrhunderts, also mit dem Ausklang der schweren Depression, noch ca. ein Drittel der Felder wüst lag.

Preisanstieg

Die mißliche Lage, in der sich die Landwirtschaft nach dem großen Krieg befand, änderte sich erst gegen Ende des 17. und zu Beginn des

18. Jahrhunderts. Der Grund lag in einer veränderten Preisgestaltung. Die Preise für Getreide begannen ab diesem Zeitpunkt allmählich zu steigen. Mit der Bevölkerungszunahme – bis in die zwanziger Jahre des 18. Jahrhunderts erreichte die Bevölkerung wieder in etwa das Vorkriegsniveau von 16 Mio. Menschen – wuchs auch der Bedarf an Getreideprodukten, und folglich erhöhten sich die Preise für landwirtschaftliche Erzeugnisse. Umgekehrt sanken die Löhne und die Preise für gewerbliche Produkte. Durch diese Kosten-Preisentwicklungen stellte sich eine verbesserte Gewinnsituation für die Bauern ein. Intensivierung landwirtschaftlicher Kulturen, Meliorationen und Urbarmachungen zeugten Anfang des 18. Jahrhunderts nicht nur von erhöhtem Engagement und größerer Sorgfalt der Bauern, sondern auch von wachsendem Interesse der Financiers, die wegen der verbesserten Ertragslage wieder Investitionen tätigten.

Wirtschaftspolitische Maßnahmen

Als besonders wirksam für die Erholung in der Landwirtschaft erwiesen sich auch die Maßnahmen der Landesherren. Durch Erhebung von Einfuhrzöllen und Steuern auf ausländische Produkte und durch Einfuhrverbote wurde versucht, den Absatzmarkt für heimische Produkte zu sichern. Sachsen z. B. führte bereits 1656 die ersten Einfuhrzölle ein, um den Import von billigem böhmischen Getreide zu stoppen. Im Jahre 1721 folgte Brandenburg-Preußen diesem Beispiel. Friedrich Wilhelm I. wollte dem billigen polnischen Getreide den Zugang zum preußischen Markt erschweren.

Einen Beitrag zur Überwindung der schweren Depression leisteten auch die Peuplierungsmaßnahmen der Landesherren. Beispielsweise wurden durch die Ansiedlung der Hugenotten oder Exulanten nicht nur neue Arbeitstechniken und Kulturen eingeführt, sondern es wurde auch die Nachfrage nach Lebensmitteln durch die Bevölkerungszunahme erhöht. Ein anschauliches Beispiel hierfür liefert die Bevölkerungsentwicklung Berlins. Im Jahre 1688 wohnten dort etwa 20000 Menschen; durch natürliches Wachstum, vor allem aber durch die Ansiedlung der Glaubensflüchtlinge aus Frankreich im Jahre 1685 und aus dem Erzbistum Salzburg ab 1720 erreichte die Einwohnerzahl in den vierziger Jahren ca. 90000 Menschen.

Regionale Unterschiede

Mit den Preissteigerungen setzte die Erholung der Landwirtschaft nach der langen Depression ein. An dieser Entwicklung nahmen nicht alle Bauern gleichermaßen teil. In einigen Teilen Deutschlands, besonders in Sachsen, verhalfen die steigenden Preise für landwirtschaftliche Erzeugnisse den grund- und gutsherrlichen Bauern zu Reichtum und Wohlstand. Bekannt sind Verhältnisse der reichen Gerstenbauern in der Umgebung von Strehla. Sie konnten häufig soviel Bargeld ansparen, daß sie ihren Töchtern eine Mitgift von etlichen Tausend Talern ermöglichten.

Es gibt aber auch zeitgenössische Schilderungen, in denen das krasse Gegenteil beschrieben wird, wie z. B. die Lage der Bauern in der Kurmark. Diese waren oftmals außerstande, ihre Abgaben und Kontributionen zu bezahlen, so daß ihnen von Seiten der Landesherren und des Staates ein Nachlaß gewährt werden mußte. Diese zwei Extreme spiegeln die Verhältnisse in jener Zeit wider. Wohlstand und Not fanden sich in den ersten Jahrzehnten des 18. Jahrhunderts nebeneinander. Die Ursachen für diese unterschiedlichen Entwicklungen dürften wohl in der ungleichen Fruchtbarkeit der Böden, den regional unterschiedlichen Wetterverhältnissen, Mißwachs sowie unzureichenden Ernten zu sehen sein. Auch die jeweilige Marktlage, geprägt durch die in unterschiedlicher Höhe und zu unterschiedlichen Zeiten zusammentreffenden Nachfrage- und Angebotsvolumina, dürfte diese Situation begünstigt haben. Infolge schlechter Transportmöglichkeiten war der interregionale Austausch nur begrenzt möglich, so daß örtliche Gegebenheiten, welche die Nachfragesituation beeinflußten, wie etwa die Bevölkerungsdichte, auch unmittelbar die Höhe der Preise tangierten.

Doch auch gute Ernten Anfang des 18. Jahrhunderts gaben den Bauern Anlaß zu Klagen. Denn aufgrund der hohen Ernteerträge kam es sehr bald zu einem Überangebot an landwirtschaftlichen Erzeugnissen. Die Folge war ein starkes Absinken der Getreidepreise. In Berlin z. B. erholten sich die Preise nach einer guten Ernte im ersten Jahrzehnt des 18. Jahrhunderts erst ab 1720 wieder. Erntezyklen

Als anschauliches Beispiel für die extremen Schwankungen durch unterschiedliche Erntezyklen sei Ostpreußen angeführt. Nach außerordentlich guten Ernteerträgen im Jahre 1706/07 stürzten die Preise so tief, daß das Getreide an das Vieh verfüttert wurde oder auf den Feldern verfaulte, weil sich die Einbringung der Ernte nicht lohnte. Im Jahre 1708/09, also schon zwei Jahre später, sorgten Ausfälle und eine Mißernte für Hunger und Krankheit, woran Tausende von Menschen starben.

Ebenso klagten in Schleswig-Holstein und Bayern die Bauern über Ernteausfälle wegen Krieg, Unwetter, Mißwachs und Viehfall. Als dann 1713 in Bayern die Ernteerträge wieder ausreichten, die Bevölkerung zu ernähren, hemmten die hohen gutsherrlichen und öffentlichen Abgaben den landwirtschaftlichen Aufschwung.

Diese Schilderungen zeigen, wie unterschiedlich die Entwicklung in der ersten Hälfte des 18. Jahrhunderts nach Überwindung der großen Krise verlief. Generell kann aber aus den Preissteigerungen auf Wachstumstendenzen in der Landwirtschaft geschlossen werden.

Ab Mitte des 18. Jahrhunderts setzte ein allgemeiner Aufschwung in der Landwirtschaft ein. Ausschlaggebend hierfür war das Auseinander- Aufschwung driften von Erlösen und Kosten. Die Getreidepreise begannen ab den dreißiger Jahren wieder zu steigen. Hingegen blieben die Preise für gewerbliche Produkte und die Löhne durch Lohntaxen und Verordnungen zurück. Die verbesserte Gewinnsituation veranlaßte in großem Ausmaß zu Investitionen und Intensivierungen. Wichtigste Ursache für die starke Preissteigerung des Getreides war das Wachsen des Marktes von innen heraus. Der deutliche Anstieg der Bevölkerung ab Mitte des 18. Jahrhunderts und die dadurch steigende Nachfrage nach Lebensmitteln bedingten die Teuerung. Ein Beispiel für die Bevölkerungsentwicklung liefert der preußische Staat einschließlich Preußen-Litauen. Hier wuchs die Bevölkerung im Zeitraum von 1748 bis 1805 von 3,5 Mio. auf 5,7 Mio. Menschen an.

Erhöhung der Geldmenge

Ein weiterer Grund für den Preisanstieg für landwirtschaftliche Erzeugnisse dürfte auch in der allgemeinen Ausweitung der Geldmenge zu sehen sein. Denn in der zweiten Hälfte des 18. Jahrhunderts erhöhte sich die Edelmetallproduktion beträchtlich. Die zusätzlich gewonnenen Metalle, die größtenteils aus den neuerschlossenen spanischen, portugiesischen, ungarischen, russischen und mitteldeutschen Gruben gefördert wurden, verwandte man in nicht geringem Maße zur Münzprägung. So wuchs die Münzmenge in Mitteleuropa gegen Ende des 18. Jahrhunderts jährlich um 1,5%. Das Geldvolumen wurde aber auch durch Schuldtitel verschiedener Staaten und durch die Einführung des Papiergeldes ausgeweitet. Daraus ergaben sich ebenfalls Preissteigerungstendenzen.

Reformen in der Landwirtschaft

Am Aufschwung der Landwirtschaft hatten auch die geistig-politischen Bewegungen und beginnende Agrarreformen Anteil. Entsprechende Maßnahmen bezogen sich vor allem auf ein Verbot des Bauernlegens, die Einführung der persönlichen Freiheit, die Umwandlung der Dienste in Abgaben sowie die Aufhebung der Gemengelage der bäuerlichen Grundstücke. Dadurch widmeten begünstigte Bauern ihrem Hof größere Sorgfalt und Aufmerksamkeit. Teilweise wurde der Aufschwung durch die Politik der Landesherren getragen. Sie wichen von ihren fiskalischen Interessen ab und förderten durch agrarpolitische Maßnahmen die Landwirtschaft.

Ausweitung der Nutzfläche

Der Aufschwung war gekennzeichnet durch eine Ausweitung der landwirtschaftlichen Flächen und eine Intensivierung der Kulturen. Durch staatliche Maßnahmen wurden Sümpfe entwässert und urbar gemacht, wie z. B. das Donaumoos in Bayern oder die Warthe- und Oderbrüche. Im Warthegebiet wurden 127000 Morgen Land gewonnen und in den achtziger Jahren 58000 neue Familien in rund 1000 neuen Dörfern angesiedelt. In Schlesien wuchs die Anbaufläche allein durch staatliche Maßnahmen um 15%; in Hinterpommern sorgten verbilligte Meliorationskredite dafür, daß in den sechziger und siebziger Jahren des 18. Jahrhunderts 480 000 Morgen Land – ca. 10% der Anbaufläche der dreißiger Jahre – neu erschlossen wurden.

Aber auch durch die Initiative der Bauern selbst wurden ständig neue Flächen dazugewonnen und die landwirtschaftlichen Kulturen intensiviert. Ein Beispiel hierfür gibt der Besitzer des Gutes Stargord im Kreis Regenwalde. Durch Meliorationen, Fruchtwechsel, Viehbestandserhöhung und andere betriebliche Erweiterungen konnte er seinen Gewinn von 700 Taler im Jahre 1770 auf 3000 Taler pro Jahr in den nächsten 14 Jahren erhöhen.

neue Techniken der Bewirtschaftung

Im Zuge der Flächenausweitung kamen neue Bewirtschaftungstechniken hinzu. Vor allem in Mitteldeutschland verbesserte man die Dreifelderwirtschaft. Das Brachland wurde nun teilweise mit Brachfrüchten, wie z. B. Rüben, Erbsen, Wicken, Klee und Luzerne bebaut, was zu einer besseren Versorgung beitrug. Auch neue Fruchtsorten hatten einen bedeutenden Anteil am Aufschwung in der zweiten Hälfte des 18. Jahrhunderts. Vor allem in Nord-West-Deutschland kam der Rapsanbau zu großer Blüte. Größere Bedeutung erlangte allmählich der Kartoffelanbau. Die am Anfang für giftig gehaltene Kartoffel fand erst nach der Hungersnot von 1770/1772 weite Verbreitung. In Ostdeutschland erreichte die Kartoffel nach kurzer Zeit beinahe das Niveau des Roggens. So brachte in den Provinzen Ostpreußen und Litauen die Kartoffelernte 175 000 Wispel gegenüber 210 000 Wispel bei Roggen ein.

Die Hauptursache für den Aufschwung der Landwirtschaft war also der starke Preisanstieg. Geht man von einem Indexwert von 100 im Jahre 1730 aus, so betrug er um 1800 bereits 210. Auffällig an dieser Entwicklung ist, daß erst ab 1780 die höchsten Preissteigerungen zu verzeichnen sind. Gegen Ende des 18. Jahrhunderts regelten zudem Dienstzwang und Lohntaxen die Arbeitsverhältnisse und wirkten kostendämpfend. So konnte der Gewinn der Bauern durch die günstige Kostensituation beträchtlich erhöht werden. Neben den stagnierenden Löhnen blieben auch die Preise für gewerbliche Produkte hinter den Preissteigerungen in der Landwirtschaft zurück.

2.2.2 Die Entwicklung im Handwerk und die Auswirkungen der Gewerbeförderung

Ausgangslage

Der Dreißigjährige Krieg bedeutete auch für das Gewerbe einen tiefen Einschnitt. In diesem Zusammenhang wird vor allem das Handwerk betrachtet, da in dem behandelten Zeitraum die Mehrzahl der im Gewerbe Tätigen im Handwerk beschäftigt war, auch wenn das Verlagswesen und die Manufakturen im 17. und 18. Jahrhundert eine Ausweitung erfuhren. Welch eher untergeordnete Rolle das Gewerbe innerhalb der Volkswirtschaft spielte, soll anhand einiger Zahlen verdeutlicht werden. Das niedrige Einkommensniveau und die schwache in- und ausländische Nachfrage nach gewerblichen Produkten sind Zeichen dafür, daß die gewerbliche Produktion kaum mehr als 20% des Gesamtproduktionsvolumens ausmachen konnte. Auch die Beschäftigtenzahlen weisen auf die im Vergleich zur Landwirtschaft nachgeordnete Stellung des Gewerbes hin. Geht man von einer Erwerbsquote von 45% aus, d. h. nach 1650 waren bei ca. 10 Mio. Einwohnern ungefähr 4,5 Mio. beschäftigt, so resultiert bei einem Gewerbeanteil von 17% an der Gesamtproduktion eine Beschäftigtenzahl von 700 000 bis 800 000 Menschen. Da im Handwerk ca. 60% der im Gewerbe Tätigen beschäftigt waren, ergeben sich für ganz Deutschland ca. 460 000 Handwerker, was eine Handwerkerdichte von 46 auf 1000 Einwohner ausmacht. Man muß sich bei diesen Zahlen allerdings vergegenwärtigen, daß die hauptberuflich in der Landwirtschaft Tätigen oftmals auf handwerklichen Nebenerwerb angewiesen waren und umgekehrt viele Handwerker auf dem Land und in der Stadt nebenbei eine Landwirtschaft betrieben.

Handwerksgruppen

Will man die Struktur des Handwerks erfassen, ist eine Gliederung nach Handwerksgruppen sinnvoll. Zu nennen sind hier das Bekleidungs-, Textil- und lederverarbeitende Handwerk, das Nahrungsmittel-, das metall- und holzverarbeitende Handwerk, das Bau- und das sonstige Handwerk. Betrachtet man die Anteile der Handwerker an den einzelnen Gruppen in verschiedenen Regionen, dann fällt auf, daß das Textilhandwerk an erster Stelle stand. Dieser Sachverhalt läßt sich damit erklären, daß in der vorindustriellen Zeit die Abdeckung des Grundbedarfs, nämlich an Kleidung, Nahrung und Wohnung, vorrangig war. Das Handwerk richtete sich auf diese Nachfragestruktur ein. Im Laufe der Zeit tendierten die Handwerksberufe zu einer immer stärkeren Differenzierung.

Regionale Verteilung

Zur regionalen Verteilung der wichtigsten Handwerkszweige läßt sich anmerken, daß das textilverarbeitende Handwerk seine Zentren in Flandern, im Rheinland (Köln), in Süddeutschland (Frankfurt, Stuttgart, Ulm, Augsburg), Sachsen (Freiberg) und Schlesien (Breslau) hatte. Hauptgebiete des metallverarbeitenden Handwerks waren die Oberpfalz mit der Ausrichtung zur Donau und besonders nach Nürnberg, das Fichtelgebirge, das Rheinland zwischen Sauerland und Ardennen mit den Stadtzentren Köln und Aachen sowie Thüringen, Sachsen, Schlesien, Böhmen, die Steiermark, Kärnten und Oberösterreich.

Stadt- und Landhandwerk

Charakteristisch ist der Unterschied zwischen Stadt- und Landhandwerk. Allgemein ist festzustellen, daß in Ost- und Mitteldeutschland das städtische Handwerk dominierte, während im Süden und im Westen besonders das Landhandwerk verbreitet war. Der Hauptgrund dafür dürfte wohl in den Unterschieden in der Agrarverfassung dieser Regionen liegen. Während im Westen und Süden größtenteils landwirtschaftliche Kleinbetriebe zu finden waren, wurden im Osten große Flächen von Gutsbetrieben bewirtschaftet. Deshalb waren im Osten mit seiner geringen Bevölkerungsdichte die verfügbaren Arbeitskräfte auf dem Land fast ausschließlich in der Landwirtschaft tätig. Die Handwerker gruppierten sich hauptsächlich in den Städten und versorgten von dort auch die Landbevölkerung mit ihren Produkten.

Im Westen und Süden dagegen war das Landhandwerk in größerem Umfang anzutreffen, denn die Bevölkerung war hier meist auf einen Nebenerwerb angewiesen. Durch die Erbsitte der Realteilung nämlich wurde die landwirtschaftliche Nutzfläche aufgeteilt und je Betrieb ständig verringert, so daß die Menschen einen Nebenerwerb suchten und sich hier vor allem als Schmied, Zimmermann oder in einem ähnlichen Beruf betätigten. Dagegen waren in den Städten insbesondere Buchbinder, Buchdrucker, Töpfer, Keramik- und Kunsthandwerker, also Handwerker für den gehobenen Bedarf vorzufinden.

Kriegsfolgen

Die Ausgangssituation des Handwerks und des Gewerbes allgemein war nach dem Dreißigjährigen Krieg ähnlich der für die Landwirtschaft. Als besondere Hemmnisse für den Wiederaufbau bzw. Aufschwung erwiesen sich vernichtete Produktionsstätten und die Zerstörung von Gerätschaften und Sachvermögen. Ebenso gingen durch die Beutezüge der Heerführer wertvolle Geräte verloren. Deshalb wäre für einen raschen Wiederaufbau ein großer Kapitaleinsatz notwendig gewesen. Doch angesichts der angespannten Finanzlage der Städte und des zerrütteten Kapitalmarktes konnten die Gewerbetreibenden anfangs Kapital im wesentlichen nur aus der Selbstfinanzierung gewinnen, d. h. der Erlös mußte über den Kosten liegen.

Auch andere unmittelbare Kriegsauswirkungen waren hemmend: zerstörte Verkehrswege und Handelsstraßen. Dadurch erschwerte sich nicht nur der Transport von gewerblichen Produkten und Rohstoffen; manchmal fielen diese Absatzgebiete sogar gänzlich weg, da die Konkurrenz aus Termin- und Kostengründen bevorzugt wurde.

Verlagerung der Handelszentren und -regionen

Regional unterschiedlich wirkte sich die Verlagerung der Handelszentren von den Schauplätzen des Krieges weg und hin zu weniger zerstörten Gebieten aus. Bei den Städten verschob sich beispielsweise der wirtschaftliche Schwerpunkt von den oberdeutschen Städten, vor allem am Oberrhein und in Schwaben, zu den nordwestdeutschen Städten, wie etwa Köln und Hamburg. Das Gewerbe in den kriegsverschonten Regionen profitierte von der Umsiedelung der Handelszentren. Ihnen eröffneten sich neue Absatzmärkte.

Allerdings darf man diesen Sachverhalt nicht verallgemeinern. So erfuhr z. B. das schwer in Mitleidenschaft gezogene Augsburg bald nach dem Krieg eine Wiederbelebung und den Wiederaufstieg des Handwerks und Handels. Andererseits wurden auch die vom Krieg kaum tangierten Großstädte (z. B. Köln), die im Krieg als Zuflucht gedient und oft durch Waffenproduktion und Belieferung der Heere einen Aufschwung genommen hatten, vom kriegsbedingten Konjunkturrückgang in Deutschland getroffen, wofür die steigende Anzahl von Konkursen ein Indiz ist.

Gewerbeförderung

Eine wichtige Rolle für die Entfaltung des Gewerbes nach dem Dreißigjährigen Krieg spielte die Wirtschaftspolitik des Landesherren. Die gewerbliche Wirtschaft wurde auf verschiedene Weise durch die Territorialherren intensiv unterstützt. Durch ein vermehrtes Angebot an Arbeitsplätzen wurde auch die Peuplierungspolitik gefördert. Nur wenn genügend Arbeitsplätze zur Verfügung standen, war die Ansiedlung verschiedener Personengruppen erfolgreich. Außerdem erzielten die Landesherren durch die Ausweitung der „consumtio interna", also der Binnennachfrage, nun höhere Steuereinnahmen. Die Förderung des Gewerbes diente auch dem Ziel der Autarkie, wie es vor allem ab 1740 in Brandenburg-Preußen unter Friedrich dem Großen deutlich zum Vorschein kam. Besonders gefördert wurde der Export bzw. die Einführung neuer Gewerbearten, die den Import von gewerblichen Produkten vermindern oder auch ersetzen konnten. Für dieses Ziel der Importsubstitution beschritt man zwei Wege. Zum einen wurden neue Gewerbezweige intensiv unterstützt. Hier folgten die Landesherren dem Beispiel Colberts in Frankreich, der die Versorgung des Hofes und der Feudalherren völlig unabhängig von anderen Staaten machen wollte. Diesem Ziel kam man in Deutschland durch die Ansiedlung der Hugenotten einen Schritt näher, da diese größtenteils Gewerbetreibende waren, wie z. B. Strumpfwirker und Teppichweber, Hüte- und Porzellanhersteller. Auf der anderen Seite wurden vorhandene Gewerbezweige verstärkt gefördert. Dies geschah vor allem im Hinblick auf den überregionalen Markt und die Versorgung der Armee.

Den Landesherren standen nun verschiedene Mittel zur Verfügung: Als erstes schuf man durch Subventionen, Privilegien und verbilligte Kredite die besten Voraussetzungen für Neugründungen und Erweiterungen von Gewerbebetrieben. Hierunter ist auch das kostenlose Überlassen von Gebäuden und Bauholz aus den staatlichen Forsten zu zählen. Weiterhin versuchte man, mit Prämien Fachleute aus dem Ausland anzuwerben, z. B. Spezialisten für den Bau von Festungen, Schlössern und für die Rüstung. Wie lange und intensiv diese Methode praktiziert wurde, zeigt das Beispiel von Kurtrier. Nach zwanzigjährigen Verhandlungen gelang es den Verantwortlichen in den 1780er Jahren, den Lederfabrikanten Quirin

Josef D'Ester aus Malmedy in die Gegend von Koblenz zu locken. Durch Privilegien (z. B. Zollfreiheit) und wahrscheinlich auch Steuerbefreiung verlegte der Lederhersteller seine Produktionsstätte und schuf dadurch zumindest neue Arbeitsplätze.

Besonders beliebte Maßnahmen waren Handelshemmnisse. Da der einheimische Markt vor ausländischer Konkurrenz vorwiegend durch Schutzzölle und Importverbote für gewerbliche Produkte abgeschirmt wurde, konnte sich das Gewerbe im Inland stärker entwickeln. Oftmals nahm der Staat direkten Einfluß auf die Produktion und den Absatz. Dies beweist z. B. die Gründung des Departements für „Manufactur- und Commerciensachen" in Preußen im Jahre 1740 auf Veranlassung Friedrichs II. Ein Ziel war die Verbesserung der Produktion in den bereits bestehenden Manufakturen.

Zunftpolitik

Einen wichtigen Punkt stellte die Zunftpolitik dar. Die Zünfte hatten nach dem Dreißigjährigen Krieg weiterhin großen Einfluß auf die Wirtschaft. Die Zunftmitglieder hielten sich an selbst aufgestellte Normen, die außer wirtschaftliche Belange auch religiöse, soziale und politische Bereiche betrafen. Warum die Landesherren die Macht der Zünfte einzuschränken versuchten, lag an der konservativen und traditionsbehafteten Haltung der Zunftmitglieder. Die staatliche Politik zielte in verschiedenen Verordnungen nicht nur auf die Brechung des Monopols hinsichtlich der Gewerbeausübung und des Anspruchs der Eigengerichtsbarkeit ab, sondern sie versuchte, durch neue Technologien Fortschritte in die gewerbliche Produktion zu bringen. Um jedoch die Produktion steigern zu können, mußte vorrangig ein freier Marktzugang gewährt werden, z. B. durch Erleichterungen bei der Erlangung des Meistertitels. Wichtig war deshalb die Abschaffung stark einschränkender Zunftgesetze, z. B. Nachweis der Unbescholtenheit, Ausschluß der Ausländer/Außenseiter vom Handwerksbetrieb. Eine Expansion der Produktion stand jedoch den Interessen der Zünfte entgegen, da sie nun durch das erhöhte Angebot auf dem Markt einen Preisverfall und somit einen Wohlstandsverlust fürchteten, worauf sie bisher mit Marktschließungen reagierten. Das Interesse der Landesherren lag aber hauptsächlich in der ausreichenden Versorgung der Bevölkerung. Bereits ab 1669 ging man in Preußen gegen Zunftgesetze vor, die der Produktionsausweitung hinderlich waren. Manche Erlasse zur volkswirtschaftlichen Produktionssteigerung, wie beispielsweise das Gesetz gegen den „blauen Montag", blieben allerdings erfolglos.

2.2.3 Das Manufakturwesen

Begriffsbestimmung

Ein relativ probates Mittel gegen den Widerstand der Zünfte war die Errichtung der Manufaktur, auf die die Zunft keinen Einfluß hatte. In einer

Manufaktur arbeiteten in der Regel zehn oder mehr Personen, die ihre Arbeitskraft gegen Entgelt dem Manufaktur-Unternehmer zur Verfügung stellten. Die Beschäftigten fertigten nun die Waren nicht mehr vom Anfang bis zum Ende, worin sie sich von den selbständigen oder verlegten Handwerkern unterschieden. Der Produktionsprozeß war in verschiedene Teilprozesse unterteilt. Hierbei konnten auch einige Teile der Fertigung ausgelagert sein, d. h. rechtlich selbständige Gewerbetreibende führten in ihren Werkstätten einzelne Teilprozesse durch, während die wichtigsten abschließenden Fertigungsabschnitte dann in der Manufaktur vollzogen wurden (dezentralisierte Manufaktur). Fand die Produktion an einem einzigen, zentralen Ort statt, so sprach man von einer zentralisierten Manufaktur. Die Vorteile einer solchen Betriebsform sind deutlich erkennbar. Infolge der Arbeitsteilung und der Spezialisierung der Beschäftigten wurde die Produktivität erhöht, und es wurde die erwünschte Produktionsausweitung und Versorgung der Bevölkerung erzielt. Weiterhin konnte durch leistungsfähigere Einrichtungen viel Energie gespart werden. Besonders deutlich wird dies bei Produktionsprozessen, an denen Feuervorgänge beteiligt sind, wie z. B. bei der Eisenbearbeitung und der Glasherstellung. Auch Innovationen (neue Techniken, neue Organisationsformen) konnten schneller Fuß fassen.

Die Blütezeit des Manufakturwesens lag im 18. Jahrhundert. Unterstützt durch die staatliche Wirtschaftspolitik konnten sich viele Manufakturen am Markt behaupten. Sobald jedoch die Subventionen und Privilegien gekürzt wurden oder gänzlich wegfielen, gingen viele Betriebe in Konkurs, weil die Erträge die Aufwendungen nicht mehr deckten und die Produkte oft wegen ihrer geringen Qualität nicht absatzfähig waren. In Bayern z. B. schlossen von 75 im Zeitraum von 1740 bis 1799 gegründeten Manufakturen 28 Betriebe aufgrund von Liquiditätsschwierigkeiten. Im großen und ganzen hatte das Manufakturwesen keine entscheidende volkswirtschaftliche Bedeutung.

Beispiel: Die Kurmark

Die Entwicklung der Manufakturen soll anhand eines Beispiels verdeutlicht werden. Besondere Aufmerksamkeit verdient die Kurmark. Das Gewerbe in dieser preußischen Provinz war ab Mitte des 17. Jahrhunderts, bedingt durch die Kriegsauswirkungen, in einem schlechten Zustand. Die größtenteils agrarisch ausgerichtete Kurmark erreichte nur bei der Wollerzeugung in einigen Städten Bedeutung. Ersichtlich wird dies am Erlaß des Wollediktes im Jahre 1687. Durch dieses Edikt sollte die Rohwolle nur in inländischen Manufakturen verarbeitet und dadurch das einheimische Gewerbe stark gefördert werden.

Erst durch die Zuwanderung der Hugenotten ab 1685 wurden vielfältige Berufe eingeführt (z. B. Tuchmacher, Juweliere und Seidenhersteller). Die neuen Gewerbezweige waren vor allem für die Versorgung des Hofes zuständig und befriedigten den gehobenen Bedarf. Eine besondere Unterstützung erfuhren die Gewerbetreibenden durch Friedrich Wilhelm I. und Friedrich II. Die Vorliebe des Soldatenkönigs für das Heer und dessen Erweiterung bedeuteten für das Textil- und Rüstungsgewerbe eine beträchtliche Steigerung der Nachfrage. Auch Friedrich der Große unterstützte zur Sicherstellung der Versorgung der Armee und der Bevölkerung die Gründung von Manufakturen. Insbesondere das Textilgewerbe profitierte von der staatlichen Gewerbeförderung. So stieg die Zahl der Tuch- und Zeugmacher von 1725 bis 1801 von 2.417 auf 5.168. Auch bei den Seidenmanufakturen wurde die Unterstützung deutlich sichtbar. Betrug im Jahre 1750 die Stuhlzahl nur 292, so stieg sie bis 1801 um fast das Neunfache auf 2.599. Dieser Aufschwung wird auch an der Entwicklung des Baumwollgewerbes sichtbar. Befand sich dieser neue Zweig der Textilherstellung Mitte des 18. Jahrhunderts noch im Anfangsstadium, so wuchs er durch die staatliche Förderung zum wichtigsten Zweig der Berliner Textilerzeugung. Die Stuhlzahl stieg hier von 81 auf 3.167.

Die drastische personelle Aufstockung des Heeres brachte aber auch einen Engpaß auf dem Arbeitsmarkt mit sich. Oftmals betätigten sich die Soldaten als Heimwerker, und manche Kasernen glichen eher einer Manufaktur als einer militärischen Institution. Ebenfalls wurden Soldaten zur Einbringung der Ernte als billige Arbeitskräfte abgestellt.

2.2.4 Die Entwicklung des Handels

Ausgangslage

Ein weiterer Gesichtspunkt, der bei der Behandlung des gesamtwirtschaftlichen Verlaufs Beachtung finden sollte, ist der Binnen- und Außenhandel. Dieser hatte vor allem zwei wichtige Funktionen zu erfüllen, nämlich die Versorgung des inländischen Marktes und die Aufrechterhaltung der außenwirtschaftlichen Beziehungen.

Nach dem Dreißigjährigen Krieg boten sich dem Verlagsgewerbe gute Entwicklungschancen. Denn niedrige Agrarpreise und damit Lebenshaltungskosten erleichterten die Konkurrenzfähigkeit des Exportgewerbes, und die städtische Wirtschaft erholte sich durch den Zuzug der Landbevölkerung ziemlich rasch. Trotz unterbrochener Wirtschaftsbeziehungen und der verschlechterten Position Deutschlands auf dem Weltmarkt kam es dennoch zu einer erheblichen Ausweitung des Außenhandels, wenngleich erst Anfang des 18. Jahrhunderts das Vorkriegsniveau wieder erreicht wurde.

Auffällig ist aber die Verlagerung der Handelszentren. Die süddeutschen Handels- und Gewerbestädte (Nürnberg, Augsburg, Ulm, Regensburg) büßten aufgrund der Kriegsauswirkungen ihre führende Position ein, so daß kriegsverschonte Gebiete, vor allem die Küstenstädte Hamburg und Bremen, davon profitieren konnten.

Außenhandel

Der Überseehandel Deutschlands fiel eher dürftig aus, weil der Handelsverkehr auf den Meeren jetzt von den Engländern und Niederländern beherrscht wurde. Auch der Handel deutscher Handelskompagnien in Übersee war nicht von großem Erfolg. Als Zentren des Exporthandels kristallisierten sich die Mittelgebirgszonen von Aachen bis Oberschlesien, das westliche Westfalen, Gebiete links des Niederrheins, Berlin und Gebiete in der Lausitz heraus. Die wichtigsten Handelsplätze waren Hamburg mit seiner hervorragenden Verbindung ins Hinterland und die Messestadt Leipzig.

Binnenhandel

Der Umfang des Binnenhandels war durch die territoriale Zersplitterung des Reiches und die vielfältigen merkantilistischen Maßnahmen der Landesherren eher beschränkt. Da die Grundversorgung der Bevölkerung und der Betriebe oftmals vom ortsansässigen Handwerk übernommen wurde, hatten sich deshalb die Händler schon sehr weit spezialisiert. Die „Höker", „Materialisten" und „Kaufleute" handelten mit einem differenzierten Warenangebot, wie z. B. Nahrungs- und Genußmittel (Wein, Essig, Bier, Salz, Kaffee), Farbwaren, Gewürzen, Tabak und Kleineisenwaren. Auffällig ist, daß die Händlerdichte in engem Zusammenhang mit der Bevölkerungsdichte stand, d. h. je höher die Bevölkerungsdichte, desto größer war die Verdienstmöglichkeit der Händler. Im Laufe der Zeit ging der Selbstversorgungsgrad der Bevölkerung immer mehr zurück und die Einbindung in das Marktgeschehen nahm zu, so daß bei den teilweise sehr spezialisierten Händlern ein Aufschwung bis Ende des 18. Jahrhunderts deutlich sichtbar ist. Die durch das Bevölkerungswachstum hervorgerufene Nachfrageerhöhung bewirkte die Ausdehnung der Gewerbeproduktion und beeinflußte somit positiv den Warenaustausch.

2.3 Wirtschaftszentren und Gewerberegionen

Überblick

Die bereits vor dem Dreißigjährigen Krieg spürbare wirtschaftliche Schwergewichtsverlagerung wurde danach immer offenkundiger und durch die Kriegsfolgen wesentlich verstärkt. Regional sei zunächst auf das stärkere Wachstum im östlichen, nördlichen und westlichen Teil Deutschlands verwiesen, während Süddeutschland, repräsentiert durch seine einst führenden Reichsstädte, relativ zurückfiel. Diese Städte sahen sich seit der zweiten Hälfte des 17. Jahrhunderts anderen Rahmenbedingungen gegenübergestellt, die ihnen eine wirtschaftliche Weiterentwicklung erschwerten, unabhängig von der Fessel der erdrückenden Kriegskosten.

Nach 1648 schrumpfte nicht nur der politische, sondern auch der wirtschaftspolitische Entscheidungsspielraum der Städte in dem Maße, wie sich die Territorien zu frühmodernen Staaten in Gestalt von Militär-, Wirtschafts- und Verwaltungsstaaten entwickelten. Andererseits wurden damit Städten neue Funktionen als Handels-, Manufaktur- oder Verwaltungs- und Bildungszentren zugewiesen. Dies galt insbesondere für Residenzstädte. Aber auch Landstädte konnten von der Territorialpolitik wesentliche Impulse erhalten, insbesondere wenn sie als Konkurrenz zu nahegelegenen Reichsstädten nachhaltig gefördert wurden: die Residenzstadt Mainz und die Landstadt Höchst in der Nähe der Reichsstadt Frankfurt, die Residenzstadt Bonn und ihr Umland neben der Reichsstadt Köln, die Residenzstadt Stuttgart im Vergleich zur Reichsstadt Esslingen, die Residenzstadt Ansbach und die Landstadt Fürth gegen die Reichsstadt Nürnberg. Dies ist nur ein kleiner Ausschnitt aus der Fülle vieler Beispiele.

Im folgenden geht es darum zu zeigen, wie sich auf den drei Ebenen, nämlich Stadt, Region und Staat, die Wirtschaftsgeographie Deutschlands verändert hat. Die Bedeutung der Wirtschaftspolitik wird dabei eher beiläufig und nur soweit notwendig erwähnt, da sie im Gliederungspunkt 3 eine ausführliche Würdigung findet und auf den hier darzustellenden Wirtschaftsverlauf bezogen werden kann.

2.3.1 Alte und neue Wirtschaftszentren

Alte Zentren

Als Sinnbild für die nachlassende Wirtschaftskraft Süddeutschlands werden stets Augsburg und Nürnberg genannt. In der Tat, bereits deren Einwohnerzahlen zeigen einen Trend, der langfristig weit unter dem Durchschnitt liegt. Deutschlands Bevölkerung ist seit dem Ende des Dreißigjährigen Krieges bis um 1800 von etwa 11 Mio. auf 23 Mio. gestiegen.

Augsburg

Augsburg zählte bei Kriegsausbruch über 40000 Menschen, die während des Krieges auf knapp 20000 (1645) dezimiert wurden. Danach ist die Einwohnerzahl bis in die erste Hälfte des 18. Jahrhunderts nur leicht gestiegen (gesichert sind 26000 Einwohner im Jahr 1700), um dann bis zum Übergang der Stadt an Bayern 1806 langsam auf 28000 zu wachsen. Unter Berücksichtigung der ungünstigen Ausgangsposition und der Wirtschaftsstruktur nach dem Kriege stellte Augsburg zwar keinen herausragenden Wachstumspol, jedoch ein Wirtschaftszentrum dar, das über die Stadt hinaus wichtige Impulse gab.

Augsburgs Bürger hatten durch den Krieg im Schnitt rund 75% ihres Vermögens verloren, die großen Kapitalien waren sogar auf 10% geschrumpft, und die städtischen Schulden waren auf 1,8 Mio. Gulden gestiegen. Die Krone Spaniens blieb den Fuggern in jener Zeit mindestens

4 Mio. Dukaten schuldig, hinzu kamen 2 Mio. Gulden Verlust in den 1648 von Spanien und dem Reich getrennten Niederlanden. Augsburgs Wirtschaftsstruktur bestand nun aus drei Säulen: Handel, zusammen mit dem Bank- und Wechselgeschäft, Kunsthandwerk mit Schwerpunkt bei Gold- und Silberschmieden sowie seit 1689 Kattundruck. Der gewerbliche Bereich war durch Qualität und hohen Kapitaleinsatz gekennzeichnet, während der Handel schon kurz nach dem Dreißigjährigen Krieg wieder auflebte, ebenso das darauf aufbauende Wechselgeschäft. Augsburg etablierte sich neben Frankfurt als zweiter Geld- und Wechselplatz in Süddeutschland, gestützt auf ein im 18. Jahrhundert nahezu perfekt ausgebautes Post- und Botensystem, das einen europäischen Spitzenplatz einnahm.

Die Konsequenzen dieser Wirtschaftsstruktur sind klar: Bedeutende überregionale Finanzbeziehungen, stabiles, von hohen Umsätzen und Gewinnen gekennzeichnetes Wachstum, jedoch relativ geringer Beschäftigungseffekt. Dabei ist zu berücksichtigen, daß Augsburg vor dem Krieg über 3000 Webermeister hatte, nach Kriegsende aber nur noch 500. Insofern repräsentiert das geringe Bevölkerungswachstum nicht die tatsächliche Wirtschaftskraft. Die Wirtschaft erhielt durch die Kattunmanufakturen in der zweiten Hälfte des 18. Jahrhunderts weitere Impulse. Allein durch Schüles Unternehmen, das in den 1770er Jahren 3500 Personen beschäftigte, wurde Augsburg zum führenden Ort Europas im Textildruck. Den Niedergang jener Manufakturen leiteten seit 1796 die französischen Revolutionskriege ein.

Nürnberg

Anders und einfacher verlief die Entwicklung in Nürnberg. Die Einwohnerzahl sank von 50000 bis 60000 (1620) auf 40000 (1662), dann kontinuierlich auf 30000 (1775), um auf diesem Stand bis 1806 zu verharren. Dabei ist bemerkenswert, daß die Wirtschaft durch die Bevölkerungsverluste im Dreißigjährigen Krieg quantitativ auf ein niedrigeres Niveau gedrückt wurde, sie insgesamt aber auf einer unveränderten Gewerbestruktur basierte. Die Betriebszahlen sanken im Laufe des 18. Jahrhunderts nur geringfügig, so daß sich auch an der Gewerbedichte (Zahl der gewerblich Beschäftigten auf 1000 Einwohner) kaum etwas veränderte. Insgesamt war die Zeit von 1648 bis um 1800 im langfristigen Trend eher durch Stagnation als durch Kontraktion gekennzeichnet.

Die Hauptursache dieser Stagnation lag vor allem in den seit dem Ende des 17. Jahrhunderts wirksam werdenden Handelsrestriktionen der wichtigsten Handelspartner Nürnbergs begründet. Bis dahin zeigte sich das Gewerbe nämlich durchaus innovativ (Bleistiftherstellung, Tabakverarbeitung, Edeldrahtgewerbe), so daß Nürnbergs Konjunktur in Gestalt eines kräftigen Aufschwungs vom Kriegsende bis etwa 1675 sogar eine Sonderstellung innerhalb Deutschlands einnahm. Die Dominanz der Metallverarbeitung sollte dann erst im 19. Jahrhundert im Zusammenhang mit dem Eisenbahnbau einen starken Wachstumsimpuls auslösen.

Köln

Auch die Stadt Köln bildete um 1800 noch ein wichtiges Wirtschaftszentrum am Niederrhein. Als besonders bedeutsam sind die Herstellung dicker Sohlleder, von Spitzen (Klöppelei) sowie die Tabakverarbeitung und das Seiden- und Tuchgewerbe anzusehen. Schließlich darf auch die seit etwa 1700 bestehende Bereitung von Kölnisch-Wasser nicht unterschätzt werden.

Die Bedeutung Kölns als Wirtschaftszentrum war insgesamt seit 1650 allmählich zurückgegangen. Die Zeitgenossen gaben hierfür dem starren Festhalten am Zunftsystem die Hauptschuld, doch sind auch die die Stadt schädigenden wirtschaftspolitischen Maßnahmen der benachbarten Territorien sowie die generelle Verschiebung in der Gewerbestruktur des westeuropäischen und des westdeutschen Raumes zu berücksichtigen, die Köln offenbar benachteiligten: das immer stärkere Vordringen des ländlichen Heimgewerbes und Verlages.

Frankfurt am Main

Im rheinischen Raum darf neben Mainz und Aachen das Zentrum Frankfurt am Main nicht vergessen werden. Die Messestadt profitierte von der Tatsache, daß die Versorgung mit Gütern des täglichen Bedarfs immer mehr durch den Kauf auf Märkten und nicht mehr, wie früher, durch handwerkliche Fertigung auf Bestellung sichergestellt wurde. Auch was die Versorgung von Produzenten mit Rohstoffen anbelangt, kann die Bedeutung Frankfurts kaum überschätzt werden. Die Stadt erlangte aber nicht nur als Messestadt Weltruf, sondern auch als Bankenplatz: Die bedeutendsten Privatbankhäuser dieser Zeit hatten ihren Sitz in Frankfurt, was ganz wesentlich dazu beitrug, daß die Stadt zum Zentrum der deutschen Finanzwelt aufsteigen konnte.

Neue Zentren

Als besonders dynamisch wachsende Städte galten Hamburg und Berlin. Die Hansestadt zählte um 1600 etwa 36 000 Einwohner, die sich bis 1662 mehr als verdoppelten (75 000), wobei die während des Dreißigjährigen Krieges zugewanderten böhmischen Exulanten ebenso wenig ins Gewicht fielen, wie später französische Hugenotten. Bis um 1710 stagnierte die Bevölkerung, wuchs dann bis 1750 auf etwa 90 000, bis 1787 auf 100 000 und erreichte bereits 1794 über 130 000.

Hamburg

Das auffallend hohe Wachstum Hamburgs während des Dreißigjährigen Krieges ist hauptsächlich seiner Rolle als Schwerpunkt für die diplomatische und wirtschaftliche Tätigkeit Schwedens in Nordwestdeutschland zuzuschreiben. Ab 1624 wurde über Hamburg die schwedische Kriegswirtschaft abgewickelt, ebenso die französischen Subsidienzahlungen an Schweden. Ein erheblicher Teil davon wurde in Hamburg für Versorgung und Ausrüstung des schwedischen Heeres ausgegeben, so daß sowohl der einheimische Geldmarkt wie auch der Warenhandel profitierten.

Im Gegensatz zu Augsburg und Nürnberg erlitt Hamburg während des Dreißigjährigen Krieges keine Bevölkerungsverluste. Hamburg wurde aber ab 1650 durch die Seekriege Hollands, dessen Vertragspartner die Hansestadt war, mit England, Portugal, Spanien und Frankreich gehemmt, zumal in jener Zeit neben Holland die Haupthandelspartner eben jene Länder darstellten. Hinzu kam, daß wegen der Piraterie der Barbaresken der Mittelmeerhandel beeinträchtigt wurde und sich außerdem die Beziehungen nach Amerika nicht aufrechterhalten ließen. Dafür stieg der Handel mit Rußland und Frankreich, von dem die Stadt hauptsächlich Wein, Zucker, Essig, Salz, Früchte und Manufakturwaren (Papier, Seide, Glaswaren usw.) importierte. Umgekehrt exportierte Hamburg Produkte des Binnenlandes, wie schlesisches und westfälisches Leinen, Metallwaren der sächsischen und böhmischen Montanindustrie sowie brandenburgische Rohstoffe (vorwiegend Holz und Getreide). Durch die Walfangflotte, die immerhin etwa 2000 Seeleuten Arbeit bot, erhielten Gewerbe wie Schiffszimmerer, Reepschläger, Bäcker, Brauer usw. beständig Aufträge. Die Trankocherei stellte einen beachtlichen Exportanteil. Ähnliches gilt noch für die Zuckersiederei, Goldschmiede, Musikinstrumentenbauer und die um 1690 entstandene Kattundruck-Manufaktur, während die breite Masse der Handwerker nur für den innerstädtischen Bedarf produzierte.

Die wirtschaftliche Bedeutung Hamburgs beruhte auch im 18. Jahrhundert auf seiner Funktion als führender „nordeuropäischer Zwischenmarkt" und Deutschlands wichtigste Hafenstadt.

Zwar war die Bierbrauerei, einst wichtigster Gewerbezweig, in Verfall geraten, dafür hatten die Kattundruckereien, Tabakfabriken und Zukkerbäckereien überregionale Bedeutung erlangt. Die merkantilistische Abschließungspolitik und der wachsende Konkurrenzdruck trafen Hamburgs Gewerbe vor allem nach dem Siebenjährigen Krieg (1756–1763) jedoch hart. Der Handel entwickelte sich immer mehr zum dominierenden Element der Stadt, deren Wirtschaft dadurch auf Konjunkturschwankungen besonders empfindlich reagierte.

In den Einnahmen der Kämmerei spiegelt sich die wirtschaftliche Entwicklung deutlich wider: Sie betrugen 1716 3,10 Mio. Mark, sanken 1746 auf 2,5 Mio. Mark, stiegen 1775 auf 3,29 Mio. Mark und 1800 auf 5,85 Mio. Mark. Die Zölle erbrachten in den Jahren 1716, 1746 und 1775 jeweils etwa 200 000 Mark, stiegen aber 1800 auf rund 750 000 Mark an.

Im ausgehenden 18. Jahrhundert profitierte Hamburg dann von der wachsenden Wirtschaftskraft Deutschlands und den ökonomischen Veränderungen durch die Französische Revolution. Durch Ausschaltung der holländischen Konkurrenz – 1795 entstand die Batavische Republik – wuchs Hamburg in kurzer Zeit zum führenden kontinentalen Umschlagplatz und Finanzzentrum. Mit der Reform der Hamburger Bank, die nach 1770 mit der Durchsetzung der reinen Silberwährung erfolgte, und dem Ausbau eines Versicherungswesens – 1765 war die erste Assekuranz-Compagnie für Seerisiko und Feuergefahr gegründet worden – waren wesentliche Voraussetzungen dafür geschaffen worden.

Berlin wandelte sich nach dem Dreißigjährigen Krieg bis zum Ende des 18. Jahrhunderts von einer regionalen Handels- und Gewerbestadt zu einem wichtigen Manufakturzentrum und zu einer bedeutenden Haupt- und Residenzstadt. Die primäre Ursache für den Aufstieg des durch den Dreißigjährigen Krieg stark geschädigten Berlin ist im Aufkommen und Erstarken des brandenburg-preußischen Absolutismus zu sehen. Berlin

Die Bevölkerung Berlins wurde durch Krieg und Seuchen um ein Drittel dezimiert. 1680 zählte die Stadt etwa 16500 Einwohner. Bis 1709 stieg diese Zahl um mehr als das Dreifache auf 55000 (einschließlich 5000 Soldaten) und bis 1800 auf 170000.

Berlin hatte unter dem Dreißigjährigen Krieg stark gelitten. Hohe Kontributionszahlungen an Belagerer und an die landesherrliche Seite ließen die Stadt finanziell ausbluten; lediglich von Zerstörungen blieb sie weitgehend verschont. Die Situation entspannte sich erst mit dem einsetzenden Absolutismus. Kurfürst Friedrich Wilhelm (1640–1688) wählte Berlin wieder als Residenz und begann sofort den Ausbau der befestigten Garnison. Relativ bald schon wurde mit der Vergrößerung und Verschönerung der ganzen Stadt einschließlich der Erstellung und Renovierung zahlreicher Repräsentativbauten begonnen (z. B. Aufbau von Niederschönhausen, nachfolgend: Charlottenburg und Oranienburg). Hinzu kamen die wachsenden Bedürfnisse des in Berlin angesiedelten Hofes, aber auch einer vergrößerten Beamtenschaft, die zu steigender Nachfrage und dadurch auch zur Vergrößerung des in Berlin ansässigen Gewerbes führten. Außerdem ermöglichte der Ausbau von Wasserwegen (Oder-Spree-Kanal 1669, später dann Müllroser Kanal, Plaue-Parey-Kanal, Finowkanal) die Ausdehnung des Handels weit über die regionalen Grenzen hinaus.

Berlin wurde für viele Einwanderungsgruppen ein Ziel. Seit 1671 siedelten sich dabei vornehmlich Juden an, die mit Geld- und Pfandleihverkehr sowie Kram- und Trödelhandel beschäftigt waren, weil ihnen auch hier, wie anderswo, die Ausübung eines bürgerlichen Gewerbes untersagt blieb. Nach der Aufhebung des Toleranzedikts von Nantes und dem darauffolgenden Edikt von Potsdam (1685) kam es dann zur Einwanderung der Hugenotten, die rund ein Sechstel der Stadtbevölkerung ausmachten. Die Hugenotten führten neue Gewerbe, hauptsächlich die feine Wollbearbeitung sowie die Herstellung von Luxuswaren (Seidenwaren, Tapeten, Taschenuhren) ein. Nicht wegzudenken sind sie auch aus den aufkommenden Berliner Manufakturen, deren Ausbau und Entwicklung sie durch ihre Fähigkeiten und Kenntnisse vorantrieben.

Doch die Schwerpunkte in der Hauptstadt- und Landespolitik veränderten sich. Während bis zum Tod Friedrichs I. 1713 noch luxuriöse Hofausgaben den Militärausgaben gleichgestellt waren und damit die Wirtschaft der Stadt weitgehend von den Bedürfnissen des Hofes gelebt hatte, schränkte sein Nachfolger Friedrich Wilhelm I. die Hofhaltung stark ein. Stattdessen wurden rund 70 v.H. der Einnahmen für die Armee ausgegeben, um damit zu einer Stärkung der absolutistischen Macht zu gelangen. Berlin wurde zu einer der größten Garnisonen. Die Armee beeinflußte auch die Wirtschaft der Stadt nachhaltig: Die Uniformierung des ständig vergrößerten Heeres wurde vor allem vom Berliner Lagerhaus übernommen, das 1723 verstaatlicht wurde. Sämtliche Wollstoffe, die für Uniformen benötigt wurden, sollten dort gefertigt werden. 1738 beschäftigte das Lagerhaus in der Manufaktur und im Verlagssystem 4730 Menschen. Das Wollgewerbe stieg zur führenden Berliner Industrie auf, die dann um 1790 in ihrer Bedeutung von der Baumwollindustrie abgelöst wurde. Anzumerken bleibt jedoch, daß die Tuchherstellung nicht ausschließlich zu Armeezwecken diente.

Schließlich wurden Manufakturen in den Bereichen der Pulver- und Waffenherstellung, Tabakverarbeitung sowie Seiden- und Porzellanherstellung – um nur einige Beispiele aus einer Vielzahl zu nennen – aufgebaut.

Gegen Ende des 18. Jahrhunderts hatte Berlin einen vorläufigen wirtschaftlichen Höhepunkt erreicht: Das Aufsteigen des preußischen Absolutismus und dessen Wirtschaftspolitik hatten es zur ersten Manufaktur- und Gewerbestadt des Reiches werden lassen. Aber auch das Handwerk, immer noch größter Wirtschaftssektor, erlebte einen Aufschwung, wie die wachsende Zahl der Betriebe beweist.

2.3.2 Gewerberegionen in Deutschland

Begriffsbestimmung

Bei einer regionalen Betrachtung von Wirtschaftsverflechtungen kann prinzipiell davon ausgegangen werden, daß die verschiedenen regionalen Bevölkerungsdichten, die Standortvorteile bestimmter Gebiete und speziell für das Handwerk der unterschiedlich stark ausgeprägte Zunftzwang die Neuentwicklung und das Fortbestehen von Wirtschaftsregionen beeinflußten. Dabei soll „Region“ nicht als Synonym zu dem von K.H.

Kaufhold exakt definierten Begriff „Gewerbelandschaft“ verwendet werden, sondern nur in räumlichem Sinne verstanden werden. Im Grunde könnten beide Begriffe als weitgehend identisch aufgefaßt werden, die Gewerberegion jedoch bezeichnet einen im geographischen Sinne größer gesteckten Raum. Wirtschaftsentwicklungen sind nicht nur nationale, sondern auch regionale Vorgänge. Also kann Region ein politische Grenzen überschreitendes, aber auch unterschreitendes Gebiet, d. h. größer, aber auch kleiner als ein Staat sein, sich aber auch mit Staatsgrenzen dekken.

Sachsen

Im Kurfüstentum Sachsen entwickelten sich bis 1800 vier Gewerberegionen: im Süden das Vogtland, vor allem das Gebiet um Plauen, Chemnitz mit Umgebung, das Erzgebirge sowie die Oberlausitz. Das Erzgebirge stellte zu dieser Zeit wahrscheinlich eine der bedeutendsten Regionen des sekundären Sektors in Deutschland dar. Diese Bedeutung machte vor allem das Textilgewerbe und die Herstellung hölzerner Spielwaren aus, während Bergbau und Hüttenwesen sowie die darauf aufbauenden Gewerbe in vermindertem Umfang bestehen blieben. Im Osten bildete die Oberlausitz zusammen mit Böhmen und Schlesien einen Schwerpunkt der mitteleuropäischen Leinenproduktion.

Thüringen

In Thüringen ist an erster Stelle der Thüringer Wald mit einer großen Zahl verstreuter Glashütten, mit eisenerzeugenden und -verarbeitenden Gebieten, deren bedeutendste die Herrschaft Schmalkalden und die Orte Zella, Mehlis und Suhl darstellten, zu nennen. Ihre Bekanntheit verdankte die Herrschaft Schmalkalden ihrem ausgezeichneten Stahl sowie dem stark differenzierten Kleineisengewerbe. Der hochwertige Stahl wurde zum Teil exportiert und brachte den Stahlwerken Wohlstand.

Sachsen-Weimar-Eisenach

Das Herzogtum Sachsen-Weimar-Eisenach entwickelte sich mit seiner Strumpfwirkerei ebenso zu einer Textilregion wie das Obereichsfeld, wo hauptsächlich die Zeugmacherei ausgeübt wurde.

Schlesien

Wie bereits angedeutet, befand sich im Nordwesten Schlesiens Deutschlands größtes Leinwandgebiet. 1802 waren in der ganzen Provinz 31 629 Webstühle (1748: 15 941) und 46 988 Arbeiter mit der Herstellung von Leinen beschäftigt. Für die Zeit um 1800 verdient auch das oberschlesische Montangebiet besondere Beachtung. Es scheint in Deutschland das Musterbeispiel einer technisch fortschrittlichen und rasch expandierenden Montanregion gewesen zu sein, die sich unter staatlicher Förderung günstig entwickelte.

Ansbach, Bayreuth

Teile der Fürstentümer Ansbach und Bayreuth sind neben der bereits angesprochenen Reichsstadt Nürnberg als Gewerberegionen Frankens zu nennen. Auf jeden Fall trifft diese Charakterisierung für die Gebiete um Fürth, Erlangen, Schwabach, Roth sowie Bayreuth und Hof zu. Bedeutsam war die Textilproduktion; gegen Ende des 18. Jahrhunderts entstanden mehrere Kattundruckereien, die größten in Hof und Erlangen, und ab 1792 hielt die mechanische Baumwollspinnerei im Lande ihren Einzug, beginnend in Schwabach und Crailsheim. Überörtliche Bedeutung errang auch die Nadelproduktion in Schwabach, die 1800 1500 Personen beschäftigte.

Oberpfalz

Mit der Oberpfalz wird ein Gebiet betreten, dessen Eisenerzeugung (Bergwerke, Hütten und Hammerwerke) bis zum Beginn des 17. Jahrhunderts stark expandierte und überregionale Beachtung erlangte. Jedoch nach dem Dreißigjährigen Krieg ging ihre Bedeutung stetig zurück; die Eisenindustrie der Oberpfalz hat ihre ehemalige Position nie wieder erreicht.

Schwaben

Der südliche Teil Schwabens stellte um 1800 ein wichtiges Textilproduktionsgebiet dar, hatte jedoch seine bis zum Dreißigjährigen Krieg zentrale Stellung verloren. Als Gewerberegionen hoben sich in Schwaben neben Augsburg das Allgäu mit den Städten Kaufbeuren und Kempten sowie die Gebiete um Ulm und Nördlingen ab. In diesen Regionen herrschte die Textilherstellung vor; diese verlor aber zunehmend an Bedeutung.

Altwürttemberg

Zwei Gewerberegionen existierten in Altwürttemberg: Zum einen der Ostrand des Schwarzwaldes mit Calw als Mittelpunkt bei der Wollzeugherstellung und zum anderen die Alb (Heidenheim-Urach-Münsingen-Blaubeuren) mit Garnspinnerei und Leinenweberei. Die Zeughandelskompagnie in Calw bestand zwar seit 1797 nicht mehr, doch dauerte die Herstellung von Wollzeug in dem ehemals von ihr beherrschten Gebiet fort, freilich wegen anhaltender Absatzschwierigkeiten stark vermindert. Die 1650 gegründete Kompagnie hatte in ihren besten Zeiten den größten Teil der württembergischen Zeugmacherei auf sich vereinigt und war das bedeutendste Unternehmen des Landes gewesen.

Schwarzwald

Als vielgestaltige Gewerberegion verdient der Schwarzwald besondere Aufmerksamkeit. Das Textilgewerbe spielte sowohl am Hochrhein als auch im südlichen Teil des Schwarzwaldes eine wichtige Rolle. Nördlich, auf dem hohen Schwarzwald, schloß sich ein vielseitiges Gebiet mit Löffelschmiederei (Triberg), Strohflechterei (Triberg) und Bürstenbinderei (ab etwa 1740 um Todtnau) an. Vor allem aber erlangten die Uhrmacherei und die aus ihr hervorgegangene Herstellung von Automaten und Musikwerken (Furtwangen-Neustadt) rasche Bekanntheit und wurden schließlich weltberühmt. Der hohe Schwarzwald bildete um 1800 eines der wichtigsten Gewerbegebiete Deutschlands.

Mosel-Saar-Raum

Beiderseits des Mittelrheins sowie im Mosel-Saar-Raum gab es mit dem Saargebiet und dem Raum Neuwied nur zwei relativ kleine Gewerberegionen, die zudem nur schwach ausgeprägt waren. Steinkohlebergbau, Eisenhütten und -hämmer und Glashütten kennzeichneten das Saargebiet, während im Neuwieder Becken mit dem östlich angrenzenden Teil des Westerwaldes ebenfalls Eisenhütten und -hämmer, Möbelmanufakturen und Töpfereien vorherrschten.

Rheinland, Westfalen

Das nördliche Rheinland sowie die anschließenden westlichen Gebiete Westfalens bildeten bereits am Ende des 18. Jahrhunderts eine wirtschaftliche Einheit. Dabei sind drei große Gewerberegionen zu unterscheiden: der Raum Nordeifel-Aachen-Köln, die Textilregion um Krefeld-Gladbach-Rheydt und das rechtsrheinisch-westfälische Gebiet.

In der Nordeifel wurden Feintuche und Sohlleder hergestellt sowie Eisen und Blei gewonnen. Dagegen war die Region um Aachen-Stolberg-Düren vielgestaltiger. Es gab Bergbau auf Steinkohle, Messingherstellung und im Dürener Raum die Herstellung feiner Tuche, die Erzeugung und Verarbeitung von Eisen sowie die Papierproduktion. Alle diese Gewerbe hatten sich im Laufe des 18. Jahrhunderts im allgemeinen günstig entwikkelt. Die wichtigste gewerbliche Ballung in diesem Gebiet war in Aachen und seiner unmittelbaren Umgebung anzutreffen. An der Spitze standen die Tuchherstellung und die Produktion von Nadeln.

Die Textilregion um Krefeld-Gladbach-Rheydt gehörte um 1800 zu den bedeutendsten Deutschlands. Krefeld bildete das unbestrittene Zentrum des deutschen Seidengewerbes.

Das rechtsrheinisch-westfälische Gebiet wurde durch Bergbau auf Eisenerz, von der Eisen- und Stahlerzeugung (Siegerland), der Textil- und Lederherstellung (Grafschaft Mark und Siegerland) sowie von Metallerzeugung und -verarbeitung (Grafschaft Mark) geprägt. Im Herzogtum Berg entwickelte sich bis 1800 eine der wichtigsten Gewerberegionen Deutschlands mit zwei Schwerpunkten: der Eisen- und Stahlverarbeitung und dem Textilgewerbe. Bei der vielseitigen Verarbeitung von Stahl und Eisen standen Solingen und Remscheid mit ihrem Umland im Vordergrund. 1792 wurden im Herzogtum Berg 309 Hammerwerke gezählt. Weltberühmtheit erlangten die Solinger Schneidwaren, von denen Waffen, Messer und Scheren die wichtigsten ausmachten. Nach Schätzungen betrug die Zahl der Beschäftigten in den ersten Jahren des 19. Jahrhunderts rund 4.760, davon 1700 Messermacher, 1200 Schwertschmiede, 900 Schleifer und 500 Scherenmacher. Das Gewerbe hatte zum Ende des 18. Jahrhunderts seinen Höhepunkt erreicht.

Das Textilgewerbe im Herzogtum Berg konzentrierte sich im Wuppertal, vor allem um Elberfeld und Barmen. Das Wuppertaler Textilgewerbe stand um 1800 auf dem Höhepunkt einer Aufwärtsentwicklung, die in der Tendenz seit dem letzten Drittel des 17. Jahrhunderts anhielt und sich seit etwa 1760 beschleunigt hatte. Der Absatz der großen Produktpalette (z. B. Bänder, Kordeln, Litzen, Leinwand, Baumwoll- und Leinen-Baumwoll-Mischgewebe, Seide) reichte weltweit.

Die Grafschaft Tecklenburg und die Grafschaft Ravensburg (zusammen mit dem Fürstentum Minden) bildeten im mittleren und östlichen Westfalen zwei Gewerberegionen, die vom Leinengewerbe dominiert wurden.

Weitere „Leinengebiete" existierten im Westen des Fürstentums Lippe-Detmold, im benachbarten südlichen Teil des Fürstbistums Osnabrück, im mittleren und südlichen Niedersachsen und in Nordhessen.

Eines der bedeutendsten Montanreviere Deutschlands und sogar Europas entwickelte sich bis 1800 im Harz. Der Schwerpunkt des Berg- und Hüttenwesens (Silber, Blei, Eisen, Kupfer) lag im westlichen Oberharz, dessen Produktion besonders zwischen 1660 und 1730 stark anstieg. Im Oberharz erwirtschaftete das Clausthal-Altenauer Revier seit 1640 die reichsten Erträge.

Allgemeine Entwicklung

Zwar existierte die Mehrzahl der zum Ende des 18. Jahrhunderts bestehenden Gewerberegionen und -zentren bereits vor 1650, und tiefgreifende, wesentliche Wandlungen ergaben sich bis 1800 nicht, doch erlebten diese Gebiete zwischen dem großen Krieg und dem Ende des 18. Jahrhunderts insgesamt einen beachtlichen Aufschwung, der sie quantitativ vergrößerte und ihre Bedeutung erhöhte.

Die Mehrzahl der behandelten Regionen dehnte ihre Produktion im letzten Drittel des 18. Jahrhunderts zum Teil erheblich aus, was auch räumliche Expansion über die ursprünglichen Grenzen hinaus einschloß. Neue Zentren entstanden kaum. Das oberschlesische Montangebiet und das Saargebiet waren wohl die wichtigsten, während das Ruhrrevier erst allmählich Konturen gewann.

Bei der Lage der Gewerberegionen innerhalb Deutschlands erscheint folgendes bemerkenswert: Die angesprochenen Regionen fanden sich mit wenigen Ausnahmen (Krefeld-Gladbach-Rheydt, westliches Münsterland, Ausläufer des west- und mittelniedersächsischen Leinengebietes, Berlin und andere kurmärkische Städte) in den Mittelgebirgen, d. h. der Norden und Osten waren praktisch frei von ihnen. Mit Ausnahme des Böhmerwaldes enthielt jedes der deutschen Mittelgebirge (Sudeten, Erzgebirge, Thüringer Wald, Schwäbische Alb, Schwarzwald, Eifel, Harz) eine oder mehrere Gewerberegionen.

Zahlreiche kleinere Gewerberegionen (oder Gewerbelandschaften) fand man im sächsisch-thüringischen Raum, am Mittel- und Niederrhein, im Schwäbischen Gebiet zwischen Augsburg und dem Schwarzwald sowie in Westfalen und im westlichen Teil Niedersachsens.

Zum Teil enge räumliche Zusammenhänge bestanden auch bei den Produktionszweigen. So bildeten die Regionen mit dominierendem Leinengewerbe drei große Gebiete: Schlesien-Oberlausitz, Schwäbische Alb-Ulm-Allgäu-Oberschwaben sowie Westfalen mit westlichem und südlichem Niedersachsen-Nordhessen. Die vier Baumwollgebiete (Vogtland, Chemnitz, Hof und Bayreuth, jeweils mit Umgebung) lagen im Anschluß zueinander. Gleiches galt für die Räume Grafschaft Mark, oberes Herzogtum Berg (Solingen, Remscheid) und Siegen-Dillenburg, in denen Bergbau, Metallerzeugung und -verarbeitung die Schwerpunkte bildeten.

2.4 Zusammenfassung

Verlust der weltwirtschaftlichen Bedeutung

Durch die Auswirkungen des Dreißigjährigen Krieges hat Deutschland zunächst seine frühere bedeutende Stellung in der Weltwirtschaft verloren. Nun übernahmen die westlichen und nördlichen Staaten, allen voran England, Frankreich und die Niederlande, die wirtschaftliche Vormachtstellung in Europa. Diese Position büßten die Deutschen vor allem wegen ihres technischen Rückstandes gegenüber den Nachbarstaaten ein. Während die technische Entwicklung in den anderen Ländern weiterlief, verursachte der Krieg mit seinen weitreichenden Zerstörungen sowohl am Produktivvermögen als auch an der Infrastruktur einen Rückschritt. Aufgrund des Nachfragerückganges, bedingt durch die dezimierte Bevölkerung sowie der verminderten Produktionsfähigkeit des Realkapitalstocks war die Produktion in allen Sektoren zunächst stark rückläufig. Ausländische Produkte konnten in der Regel kostengünstiger produziert werden und hatten dadurch einen Preisvorteil. Nach dem Bevölkerungsverlust durch den Dreißigjährigen Krieg setzte in Deutschland jedoch ein auffälliges Bevölkerungswachstum ein. Landwirtschaft, Gewerbe und Handel konnten sich in der Folgezeit nicht zuletzt aufgrund der zunehmend einsetzenden Binnennachfrage langsam erholen.

Landwirtschaft

In der Landwirtschaft mit ihrem starken Einfluß auf die Volkswirtschaft lassen sich zwei grundlegende Entwicklungsphasen erkennen. Nach der Agrardepression im 17. Jahrhundert zeichnen sich bereits in den ersten Jahrzehnten des 18. Jahrhunderts, insbesondere aber in der zweiten Hälfte des Jahrhunderts, deutliche Aufschwungtrends ab. Eine genaue zeitliche Periodisierung fällt wegen der territorialen Unterschiede schwer. Die Ausgangslage nach dem Krieg war aufgrund vielfältiger Zerstörungen denkbar schlecht. Aufgrund des drastischen Preisverfalls für landwirtschaftliche Produkte sowie des zerrütteten Kapitalmarktes und der angespannten Finanzlage der Städte fiel die notwendige Kapitalaufbringung in großem Stil äußerst schwer. Als einzige Finanzierungsmöglichkeit mußte auf die Selbstfinanzierung zurückgegriffen werden. Ferner bedeuteten der Bevölkerungsrückgang und die einsetzenden Wanderbewegungen in die Städte einen Verlust an Arbeitskräften, der nur durch hohes Entgelt an das Gesinde kompensiert werden konnte, was zusätzlich bei sinkender Ertragslage und hohen Kostenbelastungen bisweilen zur wachsenden Verschuldung beitrug. Der Grund für den einsetzenden Aufschwung lag am Bevölkerungswachstum und der erhöhten Binnennachfrage nach Agrarprodukten, wodurch ein deutlicher Preisanstieg für landwirtschaftliche Produkte im Vergleich zu den Preisen für gewerbliche Produkte zu verzeichnen war. Die Peuplierungsmaßnahmen der Landesherren, deren Steuer- und Zollpolitik sowie geistig-politische Bewegungen und beginnende Agrarreformen mit Ausweitungen der Produktionsflächen und neuen Bewirtschaftungstechniken taten ihr übriges für den Aufschwung im primären Sektor.

Gewerbe

Durch den Dreißigjährigen Krieg war auch das Gewerbe, insbesondere das Handwerk, aber auch das Verlags- und Manufakturwesen in einigen Gewerbezentren und -regionen massiv geschwächt worden. Durch das niedrige Einkommensniveau und die daraus resultierende schwache Nachfrage im Inland, aber auch die mangelnde Auslandsnachfrage sowie durch die Zerstörung des Produktivvermögens hatte das Gewerbe im Vergleich zur Landwirtschaft eine nachgeordnete Stellung sowohl bezüglich des Gesamtproduktionsvolumens als auch bezüglich der Beschäftigtenzahlen. Da aber keine Daten und Statistiken über den wirtschaftlichen Verlauf des Gewerbes für den behandelten Zeitraum vorliegen, ist eine genaue Einschätzung nicht möglich. Handel und Gewerbe hatten jedoch unter einer hohen kriegsbedingten Verschuldung und nach dem Krieg unter einer zunehmenden Steuerbelastung zu leiden. Aufgrund des zerrütteten Kapitalmarktes mußte im Gewerbe, ähnlich wie in der Landwirtschaft, auf die Selbstfinanzierung zurückgegriffen werden. Generell kann man sagen, daß die Kriegsfolgen im Gewerbe anders als in der Landwirtschaft schneller überwunden werden konnten. Im 18. Jahrhundert konnte die Produktion in vielen Regionen ausgeweitet werden, denn nun standen wieder ausreichend Kapital und Arbeitskräfte zur Verfügung. Der Trend im Gewerbe ging im verarmten Nachkriegsdeutschland hin zur Fertigung billiger Massengüter, die auch an andere europäische Großstaaten und ihre überseeischen Besitzungen exportiert werden konnten. Auch für die Entwicklung des Gewerbes hatten die wirtschaftspolitischen Maßnahmen der Landesherren im Sinne der Peuplierungspolitik, der Steuer-, Zoll- und Subventionspolitik sowie der Vergabe von Privilegien und verbilligten Krediten große Bedeutung. Eher hemmenden Einfluß auf die Produktionsentwicklung des Gewerbes übte weiterhin die weitreichende Macht der Zünfte aus. Diese Macht versuchte man einerseits durch das Vorgehen der Landesherren gegen produktionshemmende Zunftgesetze und andererseits durch die Errichtung von Manufakturen, auf die die Zünfte keinen Einfluß hatten, zu brechen.

Handel

Der Handel fand nach dem Krieg bis zum Ende des 17. Jahrhunderts auf einem niedrigen Niveau statt. Durch den Krieg ging der Anschluß an die neuen Weltmärkte Richtung Nordwesteuropa nur schleppend voran. Hemmend wirkten sich die kriegsbedingt mangelhafte Qualität deutscher Produkte und ihr hoher Preis auf den Export aus. Der deutsche Außenhandel erreichte deswegen erst zu Beginn des 18. Jahrhunderts wieder Vorkriegsniveau. Bis Mitte des 18. Jahrhunderts kam es durch die Bevölkerungszunahme und durch die staatliche Wirtschaftspolitik zu einer Erhöhung der Handelsaktivitäten, wobei sich der Außenhandel im Vergleich zum Binnenhandel vermutlich stärker entwickelte. In der zweiten Hälfte des 18. Jahrhunderts trugen dann Privatinitiativen zum starken Wachstum des Handels bei.

Wirtschaftszentren und Gewerberegionen

Die bereits vor dem Dreißigjährigen Krieg einsetzende Verlagerung der Wirtschaftszentren und bisweilen auch der Gewerberegionen wurde durch die Kriegsfolgen verstärkt. Gewerbe und Handel reagierten in wirtschaftsgeographischer Hinsicht flexibel auf die Umwandlung der Territorien in Staaten mit ihren Residenz- und an Bedeutung gewinnenden Landstädten als Zentren der Wirtschaft. Die süddeutschen Reichsstädte und die mit ihnen verbundenen Gewerberegionen büßten ihren einstmaligen wirtschaftlichen und politischen Vorsprung gegenüber neuen Wachstumszentren in den nördlichen, westlichen und östlichen Teilen Deutschlands ein. Die Struktur im Reich hatte sich, gemessen am Wirtschaftswachstum, teilweise grundlegend geändert.

3. Schwerpunkte der Wirtschaftspolitik

3.1 Grundlagen der Wirtschaftspolitik: Merkantilismus und Kameralismus

Zahlreiche Wirtschaftslehren

Zu Beginn des hier betrachteten Zeitraums setzte sich in Europa bis in die zweite Hälfte des 18. Jahrhunderts eine Grundströmung theoretischer und praktischer Wirtschaftspolitik durch, die unter dem Begriff „Merkantilismus“ zusammengefaßt wird. Es handelt sich dabei um Wirtschaftslehren, die zu keinem Zeitpunkt den Rang einer geschlossenen Theorie erreichten, sondern in eine kaum überschaubare Vielfalt praktischer Rezepte und Empfehlungen zerfielen. Diese beruhten jedoch häufig auf theoretischen Überlegungen, so daß in jener Zeit wenigstens Ansätze zu einer Wirtschaftstheorie zu erkennen sind. Der bedeutendste deutsche Merkantilist, Johann Joachim Becher (1635–1682), betonte in seinem Hauptwerk „Politische Discurs“, daß „alles Werk ohne die Theoria“ ungewiß sei.

Merkantilisten

Fast alle Merkantilisten gingen von der Annahme einer unterbeschäftigten und deshalb zu entwickelnden Wirtschaft sowie von einer Begrenztheit der Rohstoffe aus, die es zum Vorteil des eigenen Landes zu nutzen galt. Die frühe Erkenntnis des Zusammenhanges zwischen dem Geldumlauf und dem Stand der Beschäftigung veranlaßte die Merkantilisten, neben der Wirkung einer Vermehrung der Geldmenge vor allem die Außenwirtschaft in ihre Betrachtung einzubeziehen. Bereits zu Beginn des 17. Jahrhunderts entwickelte der englische Merkantilist Thomas Mun (1571–1641) das Theorem von der aktiven Handelsbilanz, demzufolge ein diesbezüglicher Aktivsaldo im Inland ein wirtschaftliches Wachstum auslösen müsse. Ein weiterer Schwerpunkt in den merkantilistischen Wirtschaftslehren stellte der Zusammenhang zwischen Lohnhöhe und Beschäftigung dar. Überdies kam es insbesondere in Deutschland während des 18. Jahrhunderts zu einem Grundriß einer Steuerlehre.

Kameralisten

Der Begriff „Kameralismus“ wird häufig als deutsche Variante des Merkantilismus bezeichnet. Nach den Verwüstungen des Dreißigjährigen Krieges standen die meisten Fürsten deutscher Mittel- und Kleinstaaten vor der Aufgabe des Wiederaufbaus. Dieser bezog sich aber nicht nur auf die Wirtschaft, sondern auch auf die Verwaltung, die Rechtsprechung und die Finanzbehörden. Die Experten für die Bewältigung dieser Probleme kamen zumeist aus dem Kreis der höheren Staatsdiener, die durchweg dem „Kammerkollegium“ der fürstlichen Verwaltung angehörten. Für jene Mitglieder wurde die Bezeichnung „Kameralist“ populär.

Für den Kameralisten war insofern die Ökonomie nur einer von mehreren Aspekten der gesamten Aufgaben des Staates. Diese Gesamtaufgaben wurden erstmals von Johann Heinrich Gottlob von Justi (1717–1771) in seinem Hauptwerk „Staatswirtschaft“ systematisch beschrieben. Er unterschied in Ökonomik und „eigentliche Kameralwissenschaft“, die er wiederum in Finanzwissenschaft und „Lehre vom Polizeiwesen“ einteilte. Unter letzterem verstand er die Theorie der staatlichen Wirtschaftspolitik. Der Kameralismus stellt somit eine Verbindung von volkswirtschaftlichen und finanzwissenschaftlichen Theoremen mit verwaltungstechnischen Grundsätzen dar, Der volkswirtschaftliche Teil dieses Komplexes beruhte eindeutig auf den merkantilistischen Wirtschaftslehren, wie sie in Europa üblich waren. Die Kameralisten waren also in ihren wirtschaftspolitischen Prinzipien Merkantilisten.

Neben den genannten J.J. Becher und J.H.G. von Justi gelten Philipp Wilhelm von Hornigk (1640–1714), Wilhelm von Schröder (1640–1688), Veit Ludwig von Seckendorf (1626–1692), Johann Georg Leib (1670–1727) und Theodor Ludwig Lau (1670–1740) als die bedeutendsten deutschen Kameralisten.

3.2 Träger und Ziele der Wirtschaftspolitik

Beziehungen zwischen Territorien und Städten

Die Träger der Wirtschaftspolitik waren die Reichsstädte, die Territorien und das Reich selbst. Diese waren in ihren wirtschaftspolitischen Entscheidungen in hohem Maße voneinander abhängig. Die Reichsstädte sowie größere Handelsstädte förderten durch ihre Politik den Warentausch, der in erster Linie neben dem erst langsam wachsenden Gewerbe die wirtschaftliche Basis bildete. Freilich wurden diese Städte in den Bereichen Rohstoffbeschaffung und Absatz von den umgebenden Territorien beeinflußt, denn die Politik dieser Landesherren bestimmte den Zugang der Händler zu den Märkten. Doch andererseits waren die Territorialstaaten auch auf die Versorgung durch diese Handels- und Reichsstädte angewiesen. So hatten z. B. größere Städte in Süd- und Westdeutschland, insbesondere Augsburg, Nürnberg, Köln und Frankfurt, aber auch die Küstenstädte Hamburg, Bremen und Danzig überregionale bis hin zu internationaler Bedeutung. Ihre verkehrsgünstige Lage bedeutete Kontakt zu den Gewerbelandschaften der Umgebung und somit die Aufrechterhaltung der Versorgung mit den unterschiedlichsten Produkten. Es gab aber auch Städte, die unter einschränkenden Maßnahmen der umliegenden Landesfürsten schwer litten. Braunschweig, Regensburg und Ulm beispielsweise büßten auch aufgrund der abschirmenden Wirtschaftspolitik der Nachbarländer ihre führende Stellung ein. Jedoch ist für Braunschweig anzumerken, daß die Stadt ab dem Jahr 1681 durch die Einrichtung von Messen durch den Landesherrn eine deutliche Förderung erfahren hat.

Wirtschaftspolitik des Reichstages

Der Reichstag als Träger der Wirtschaftspolitik beschäftigte sich mit vielen Maßnahmen zur Ankurbelung der Wirtschaft, insbesondere aber übernahm er ordnungspolitische Funktionen. Problematisch war die mangelnde Durchsetzungskraft des Reichstages, denn durch die unterschiedlichen Interessen der Reichsstädte und Länder lief die Beschlußfassung nur zögernd ab, und die Gesetze konnten nur schwer durchgesetzt werden. So gelang es vor allem nicht, sich auf die Beseitigung der territorialen Zoll- und Handelsschranken zu einigen, was sich auf die wirtschaftliche Entwicklung hinderlich auswirkte. Auch die Reichszunftordnung von 1731 hat ein Beispiel für die eingeschränkten Möglichkeiten des Reichstages gegeben. Denn über die Änderung des Zunftwesens (z. B. Verbot von diskriminierenden Zunftgesetzen) beriet man seit den achtziger Jahren des 17. Jahrhunderts. Daß ein Ergebnis erst rund fünfzig Jahre später erzielt wurde, zeugt von den unterschiedlichen Interessen der Gesandten und von der geringen Machtstellung des Reichstages insgesamt. Im letzten Quartal des 17. Jahrhunderts einigte sich der Reichstag grundsätzlich auf eine Politik des Interventionismus mit gesamtwirtschaftlichem Konzept. D.h. insbesondere die einzelnen Maßnahmen und deren erwartete Auswirkungen waren auf das gesamte Reichsgebiet ausgerichtet, so daß über die einzelnen Territorialgrenzen hinausgehende Effekte erzielt werden konnten. Hauptsächlich aber befaßte sich der Reichstag mit der Ordnung des Geldwesens (Vereinheitlichung des Münzwesens) und mit der Ausgestaltung der Märkte.

Territoriale Wirtschaftspolitik

Als oberstes Ziel verfolgte die territoriale Wirtschaftspolitik im 17. und 18. Jahrhundert die Sicherung und Mehrung des Reichtums des Staates durch die Erhöhung der Staatseinnahmen. Die Steigerung der Einnahmen sollte die Macht des Landesherren stärken. Um dieses Oberziel in möglichst hohem Maße zu erreichen, wurden verschiedene Unterziele verfolgt: Im Bereich der Bevölkerungspolitik ging es vor allem darum, das Bevölkerungswachstum zu fördern, um damit das Arbeitspotential zu erhöhen und über die „consumtio interna“ (Johann Joachim Becher) für ausreichende Inlandsnachfrage zu sorgen. Eine daraus resultierende Wohlstandssteigerung sollte die Steuerkraft des Volkes verbessern. Mit der Handels- und Zollpolitik wurde das Ziel einer aktiven Handelsbilanz verfolgt. Die Gewerbepolitik zielte auf die Ausweitung der Produktion, wodurch eine ausreichende Versorgung der Bevölkerung gewährleistet werden sollte. Die Landesherren waren außerdem an der Substitution ausländischer Fertigwaren durch inländische Produkte interessiert, was die enge Verbindung zur Handelspolitik zeigt. Ziel der Geld- und Währungspolitik war die Reform und somit die Vereinheitlichung des Münzwesens. Darüber hinaus galt es Geldabflüsse zu verhindern.

Die einzelnen Maßnahmen, mit Hilfe derer diese Ziele und somit das Oberziel „Erhöhung der Staatseinnahmen“ erreicht werden sollten, werden im folgenden näher behandelt.

3.3 Maßnahmen der Wirtschaftspolitik

3.3.1 Bevölkerungspolitik

Bevölkerungswachstum

Eine der schwerwiegendsten Auswirkungen des Dreißigjährigen Krieges war zweifellos die starke Dezimierung der Bevölkerung, die in ländlichen Gebieten etwa 40% und in den Städten etwa 30% ausmachte. Vor diesem

Hintergrund war die Bevölkerungspolitik im merkantilistischen Wirtschaftssystem auf die Förderung des Bevölkerungswachstums ausgerichtet. Denn eine große Bevölkerungszahl sicherte ein großes Angebot an Arbeitskräften, das dazu beitragen sollte, daß das Lohnniveau im Inland niedrig gehalten werden konnte und somit die Konkurrenzfähigkeit deutscher Produkte eher gewährleistet war. Außerdem wurde erwartet, daß die „consumtio interna" mit der Zunahme der Einwohnerzahl steigen werde. Als Instrumente der Bevölkerungspolitik wurden Maßnahmen zur Förderung der Eheschließung ergriffen und Auswanderungen zu verhindern versucht. Um möglichst rasche Bevölkerungszuwächse zu erreichen, wurde die Besiedelungspolitik ein wichtiges Instrument der merkantilistischen Wirtschaftspolitik. So wurden in Brandenburg-Preußen zur Ansiedlung von Kolonisten Vergünstigungen in Aussicht gestellt, die allerdings nicht die gewünschten Auswirkungen zeigten. Als dann im Jahre 1685 das Edikt von Nantes aufgehoben worden war, verließen zahlreiche Hugenotten Frankreich, von denen etwa 20000 bis um 1720 nach Brandenburg-Preußen kamen. Ein kleiner Teil dieser Flüchtlinge war landwirtschaftlich tätig, jedoch handelte es sich vorwiegend um hochqualifizierte Handwerker, die mit ihren Fähigkeiten auf dem Gebiet der Herstellung von Luxusgütern und Veredelung hochwertiger Produkte äußerst willkommen waren. Das Handwerk erfuhr durch sie eine ganz wesentliche Bereicherung. Nun konnten viele Produkte, wie Hüte, Seifen, Porzellan oder Modeartikel, im eigenen Land produziert und somit der Import derartiger Güter substituiert werden. Zudem brachten die Einwanderer die neuartige Seidenraupenzucht aus Lyon mit ins Land. Die Zünfte standen den Einwanderern ablehnend gegenüber, so daß diese mehr oder weniger gezwungen waren, als Gründer von Manufakturen aufzutreten, wodurch die Produktion insbesondere von Textilien, Eisen- und Metallwaren stark belebt wurde.

Besiedelungspolitik

Zu Beginn des 18. Jahrhunderts ging Friedrich Wilhelm I. verstärkt zu einer planmäßigen Besiedelungspolitik über, die ihren Höhepunkt im Jahr 1732 erreichte, als er 16000 aus dem Bistum Salzburg vertriebene Protestanten aufnahm. Darüber hinaus gewährte der König laufend Patente und Privilegien für Bankiers, Kaufleute, Manufakturisten, Textil- und Metallhandwerker und andere Berufe, um Einwanderer aus dem Ausland anzulocken.

Nutzbarmachung von Landflächen

Friedrich der Große verlagerte dann den Schwerpunkt seiner Siedlungspolitik von der inneren Kolonisation auf den Landesausbau. Insbesondere durch Entwässerungsmaßnahmen wurden große Landflächen nutzbar gemacht und mit Zuwanderern besiedelt. Während der Regierungszeit Friedrichs des Großen ist die Bevölkerung Brandenburg-Preußens von knapp 2,8 Mio. auf über 5,6 Mio. Menschen angestiegen. Diese Entwicklung dürfte durch die einzelnen Maßnahmen der Besiedelungspolitik ganz wesentlich gefördert worden sein, so daß diese als erfolgreich bezeichnet werden können.

3.3.2 Handels- und Zollpolitik

Aktive Handelsbilanz

Die Richtlinien für die Handels- und Zollpolitik innerhalb Deutschlands wurden von den jeweiligen Territorien vorgegeben. Die praktizierte Zoll- und Handelspolitik trug die deutliche Handschrift der wirtschaftlichen Berater des Kaisers und der Territorialherren. Generell kann gesagt werden, daß sowohl das Reich als auch die meisten Landesfürsten im wesentlichen die gleichen Zielsetzungen verfolgten. Hauptziele waren die Erwirtschaftung eines Überschusses der Handelsbilanz und die Sicherung der inländischen Rohstoffbasis. Reich und Länder waren weitgehend zu der Überzeugung gelangt, daß ein Wachstum des gesamten deutschen Gewerbes über die Ausschaltung ausländischer Wettbewerber zu erreichen sei. Grundsätzlich sollten einerseits Rohstoffe im Inland gehalten und somit ein Export vermieden werden, andererseits sollte der Import von Fertigwaren zugunsten des Konsums inländischer Produkte unterbleiben.

Sicherung der Rohstoffbasis

Die Methoden, derer sich der Reichstag und die Landesherren zur Durchsetzung ihrer handelspolitischen Ziele bedienten, waren sehr vielfältig. Zur Sicherung der Rohstoffbasis in Deutschland wurde eine Kontingentierung des Exportes oder auch ein allgemeines Ausfuhrverbot von Rohstoffen in Erwägung gezogen. Die Mangellage auf den Rohstoffmärkten nach dem Dreißigjährigen Krieg zwang Territorien und Reichstag zum Handeln. Doch oft war ein gemeinsames Vorgehen wegen der unterschiedlichen Interessen nicht möglich. Deutlich sichtbar wird dies an den Beratungen über ein generelles Wollausfuhrverbot nach dem Krieg, wie es die Reichsstädte gefordert hatten. Mit Hinweis auf die vorausgegangenen Reichsgesetze konnten die Reichsstände nur eine Kontingentierung bei der Wollausfuhr durchsetzen. Das Rohwollkontingent wurde häufig dem Ermessen städtischer oder territorialer Behörden überlassen. Als Beispiel kann auch hier Brandenburg-Preußen dienen, wo nach dem Dreißigjährigen Krieg ein Wollausfuhrverbot erlassen wurde. Da die Schafzucht durch den Krieg beeinträchtigt gewesen war und sogar teures Rohmaterial importiert werden mußte, war die Existenz der vom Rohstoff Wolle abhängigen Tuchhersteller gefährdet. Das Exportverbot half also die Rohstoffversorgung des inländischen Gewerbes zu gewährleisten und die Wollpreise tendenziell zu senken; es diente somit der Erhaltung und Sicherung von Arbeitsplätzen, da das vorhandene Rohmaterial im Inland verarbeitet werden mußte. Ein generelles Ausfuhrverbot für Rohstoffe erließ der Reichstag nur in bestimmten Situationen. Manchmal diente es als Vergeltungsmaßnahme, wenn deutsche Produkte im Ausland diskriminiert worden waren.

Einfuhrbeschränkungen und Einfuhrverbote

Als wirksames Instrument in der Außenhandelspolitik zur Förderung der heimischen Wirtschaft erwiesen sich die Einfuhrverbote für ausländische Fertigwaren. Von diesen Erlassen war Frankreich besonders betroffen, das mit seinen Produkten für den gehobenen Bedarf den Markt bestimmte. Die Vorreiterrolle im Zusammenhang mit Importverboten von Fertigwaren übernahm Österreich. Bereits 1673 wurde auf Veranlassung des wohl berühmtesten deutschen Kameralisten Johann Joachim Becher (1635 – 1682) ein Edikt erlassen, das den Import französischer Luxuswaren, wie beispielsweise Uhren, Schmuckgegenstände, Teppiche, Perücken usw., verbot. Diese Schutzmaßnahmen Österreichs sollten dem einheimischen Gewerbe, vor allem den Produzenten dieser Güter des gehobenen Bedarfs, einen Weg eröffnen, aus dem Schatten der französischen Konkurrenz zu treten. Im Jahre 1675 beriet der Reichstag über den Protektionismus Österreichs und folgte im Jahre 1676 diesem Beispiel, indem er dank der Überzeugungskraft der Gesandten Österreichs und Brandenburgs einem Gesetzesentwurf für das Importverbot bestimmter ausländischer Produkte zustimmte. Dieses kaiserliche Edikt enthielt eine Liste mit insgesamt 53 Handelsgütern, in der Mehrzahl französische Luxuswaren. Man wollte ausländische Produkte vom Markt fernhalten, damit inländische Hersteller ihre Waren leichter absetzen konnten. Neben dieser ökonomischen Zielsetzung ist aber auch eine militärische Absicht erkennbar: Mit dem Importstopp für Produkte aus Frankreich sollte ein Geldabfluß aus Deutschland vermieden werden, der dem politischen Feind zugute gekommen wäre.

In Ergänzung zu dieser militärischen Überlegung, den Feind nicht mit finanziellen Mitteln oder Fertigwaren zu unterstützen, sollte sogar der Transithandel mit Frankreich gänzlich unterbunden werden. Als nach der Verwüstung der Pfalz im Jahre 1689 der Reichskrieg mit Frankreich wieder ausbrach, wurde eine Handelsblockade für kriegswichtige Güter, wie vor allem Waffen, Munition und Pferde, beschlossen. Dieses Gesetz widersprach zwar den Grundsätzen der merkantilistischen Außenhandelspolitik (Förderung des Exports von Fertigwaren), spiegelt aber den zeitweilig zunehmenden militärischen Einfluß wider.

Erhöhung der Beschäftigtenzahlen

In engem Zusammenhang mit dem Exportverbot für Rohstoffe und dem Importverbot für ausländische Fertigprodukte stand das Ziel der Erhöhung der Beschäftigtenzahlen, das auch mit Hilfe der Gewerbepolitik erreicht werden sollte. Hinter diesen Überlegungen stand der Gedanke, im Inland durch die Ausschaltung der ausländischen Konkurrenz neue

Arbeitsplätze zu schaffen und dadurch die „consumtio interna“ auszuweiten. Das Geld durfte jedoch nicht gehortet werden, sondern war für Konsumzwecke zu verwenden. Das ausgegebene Geld wirkte nach Ansicht der Kameralisten dann wie ein Multiplikator auf die Wirtschaft. Wenngleich der administrative Protektionismus in der Lage war, französische Waren vom deutschen Markt fernzuhalten, so gab er dennoch keine Gewähr dafür, daß an deren Stelle deutsche Produkte gekauft wurden. Zu diesem Effekt sollte der sogenannte „Gefühlsprotektionismus“ beitragen, mit dessen Hilfe eine Verhaltenssteuerung der Verbraucher im Reich erreicht werden sollte. Mit offener Werbung für deutsche Erzeugnisse, mit Appellen an den Reichspatriotismus der Bürger und mit Flugschriftenaktionen wurde versucht, die Bevölkerung zur Substitution ausländischer Waren durch inländische Erzeugnisse zu bewegen. Über den Erfolg derartiger Maßnahmen läßt der derzeitige Forschungsstand noch keine verläßlichen Aussagen zu.

Förderung der Exporte

Ein weiterer ganz wichtiger Punkt im Zusammenhang mit dem Ziel der aktiven Handelsbilanz war die gezielte Förderung der Ausfuhr von Fertigwaren. Aufgrund der unterschiedlichen Wirtschaftsstruktur der Länder bzw. der Reichsstädte wurde diese Politik jedoch mit entsprechend unterschiedlicher Intensität verfolgt. Die Reichsstädte, besonders die großen, waren typischerweise auf den Export von Waren angewiesen. Ebenso war ein Landesherr, in dessen Territorium die Agrarwirtschaft vorherrschte, bestrebt, Nahrungsmittel zu exportieren. Sobald deutsche Waren im Ausland diskriminiert wurden, griffen die Reichsstände auf die Unterstützung durch die Außenpolitik des Reichstages zurück. Durch die Gewährung von Exportprämien und die Ausfuhrfinanzierung seitens des Staates sollten deutsche Waren konkurrenzfähig werden. Als beispielsweise kurz nach dem Dreißigjährigen Krieg die Niederlande auf ein deutsches Einfuhrverbot für niederländische Waren mit einem Importverbot für deutsche Produkte antworteten, verlangten 1658 die Gesandten von Brandenburg und Köln vom Reichstag eine Aufhebung der Diskriminierung der deutschen Fertigwaren und weitere Vergeltungsmaßnahmen. Aber erst 1711 erschien eine Verordnung über Retorsionsmaßnahmen.

3.3.3 Ordnungspolitik

Marktstruktur

Zur Förderung des wirtschaftlichen Aufschwunges nach dem Dreißigjährigen Krieg ergriff der Reichstag grundlegende Maßnahmen, insbesondere auf dem Gebiet der Marktordnung. Die Marktstrukturen des Monopols und des Monopsons (viele Anbieter stehen einem Nachfrager gegenüber) sollten beseitigt werden. Diese Grundeinstellung hatte der Reichstag bereits vor dem Dreißigjährigen Krieg vertreten. Damals allerdings handelte es sich um eine kasuistische Form der Wirtschaftspolitik, die nur in ganz bestimmten Fällen in die Marktstruktur eingegriffen hatte. Nunmehr knüpften die Bestrebungen, Monopole zu verhindern, nicht mehr nur an das Marktverhalten einzelner Handelsgesellschaften an, vielmehr galt es, Marktmacht ganz grundsätzlich zu unterbinden. Diese veränderte Sichtweise wird mit dem Reichsschluß von 1671 deutliches Kennzeichen der Wirtschaftspolitik. Es wurden Vorkehrungen zur Ordnung der Märkte getroffen, die alle zusammen auf einen freien Wettbewerb hinzielten. Neben dem Monopolverbot und der Untersagung von Kartellabsprachen sollte auch die Vergabe kaiserlicher Privilegien, die zu einer wirtschaftlichen Machtanhäufung führten, beseitigt werden. Zur Stabilisierung des Wettbewerbs sollten die Maßnahmen gegen den unlauteren Wettbewerb und zur Verbesserung der Markteinsicht und der Marktübersicht beitragen. Polizeiliche Verordnungen richteten sich beispielsweise gegen Weinpanscher und Fuhrleute, welche die ihnen anvertrauten Waren heimlich verkauften. Um derartige Praktiken zu unterbinden, wurde im Reichsschluß von 1671 ein Schadensersatzanspruch der Auftraggeber gegen die Transportunternehmen verankert.

Darüber hinaus wurden Maßnahmen zur Ordnung der Kredit- und Arbeitsmärkte getroffen. Die wichtigsten waren hierbei die Begrenzung des Kapitalzinses und der Abbau von Diskriminierungen bei der Berufswahl, wobei letzteres gegen die Zünfte gerichtet war.

Zünfte

Überhaupt legte der Reichstag bei seinen Bestrebungen zur Unterstützung des wirtschaftlichen Aufschwunges auf die Beschränkung der Macht der Zünfte besonderes Augenmerk. Das Ziel der Zünfte, den heimischen Markt unter sich aufzuteilen, stand der Expansion der Produktion entgegen. Die Zünfte reagierten auf ein zu großes Angebot mit Marktschließungen, da sie einen Preisverfall und somit einen Wohlstandsverlust befürchteten. Dieser Einschränkung der Marktfreiheit seitens der Zünfte begegneten die Landesherren und der Reichstag mit der Aufhebung von diskriminierenden Zunftgesetzen. Die Reichszunftordnung von 1731 ermöglichte unter anderem auch „unehrlichen" Leuten, wie den Nachkommen der Nachtwächter, der Stadtdiener oder Schäfer, den Weg ins Handwerk.

3.3.4 Gewerbepolitik

Gewerbeförderung

Die gewerbliche Wirtschaft erfuhr eine intensive Unterstützung sowohl durch das Reich, als auch durch die Territorialstaaten, wobei vor allem bereits vorhandene, aber auch neue Gewerbezweige besonders gefördert wurden, um die Versorgung der Bevölkerung mit im Inland hergestellten Gütern zu verbessern. Die wirtschaftspolitischen Maßnahmen gingen dabei über die direkte oder indirekte Förderung einzelner Unternehmen und Wirtschaftszweige hinaus. Es wurden beispielsweise Ausbildungsstätten, die zum Teil vom Staat, aber auch privat mit staatlicher Unterstützung errichtet worden waren, betrieben.

Eine Förderung erfuhr das Gewerbe auch durch den Ausbau und die Unterhaltung der durch den Krieg stark verwüsteten Verkehrs- und Transportwege, deren Qualität direkten Einfluß auf die Transportkapazität und die Höhe der Transportkosten ausübte. Eine gut ausgebaute Infrastruktur war die Voraussetzung für ein Wachstum des Binnenhandels.

Die staatliche Unternehmertätigkeit als Mittel zur Ausweitung der Produktion darf nicht übersehen werden. In diesem Sinne betätigten sich die Landesherren als Unternehmer und gründeten Manufakturen – freilich gegen den Widerstand der Zünfte. Aus sozialpolitischen Erwägungen heraus sollte es jedoch vermieden werden, daß die Manufakturen das Handwerk verdrängten.

Subventionen und Steuerprivilegien

Zur Förderung und zum Schutze der heimischen Wirtschaft bedienten sich der Reichstag und die Territorialherren jedoch auch anderer Instrumente. Als besonders wirksam erwiesen sich dabei Subventionen und Steuerprivilegien. Durch die finanzielle Unterstützung seitens des Staates oder der Fürsten konnten sich die Gewerbetreibenden am Markt etablieren. Doch diese Art der Unterstützung war problematisch, denn nach dem Wegfall der Subventionen gingen viele Betriebe wegen mangelnder Wirtschaftlichkeit und Konkurrenzfähigkeit der Produkte in Konkurs. Deutlich sichtbar wird diese Krisenanfälligkeit der staatlich unterstützten Manufakturen am Beispiel der Seidenindustrie Preußens. Die Seidenmanufakturen überlebten so lange, wie die staatliche Hilfe anhielt. Als die Produkte nach der Einstellung der staatlichen Förderung dem freien Wettbewerb ausgesetzt worden waren, zeigte sich deutlich, daß durch das Fehlen von Rentabilitätsüberlegungen und von Qualitätsverbesserungen im Laufe der Jahre die Manufakturen ihre Konkurrenzfähigkeit eingebüßt hatten. So erreichte auch die Seidenindustrie Preußens bei weitem nicht das Niveau des Krefelder Seidengewerbes, das eher von Privatinitiativen als von staatlicher Unterstützung getragen wurde.

Gewerbepolitik in Brandenburg-Preußen

Besonders deutlich kann die Gewerbepolitik am Beispiel Brandenburg-Preußens veranschaulicht werden. Friedrich Wilhelm I. und Friedrich II. hatten eine besondere Vorliebe für das Heer. Die ständige Ausweitung der Armee zog jedoch zur Aufrechterhaltung der Versorgung eine Erhöhung der Produktion von militärisch wichtigen Gütern nach sich. Sowohl der Soldatenkönig als auch Friedrich der Große versuchten deshalb, nicht nur den Zunftzwang abzuschaffen oder zu lockern, sie förderten insbesondere die Gründung von Manufakturen. Im Jahre

1740 gründete Friedrich II. das „Departement für Manufactur- und Commerciensachen“ das in erster Linie auf die Förderung der Manufakturen ausgerichtet war. Hierbei sollten die Produktion und vor allem die Produktionstechniken verbessert werden. Um die Zahl der Manufakturen in Brandenburg-Preußen zu erhöhen, wurde deren Neugründung durch staatliche Unterstützung erleichtert. Auch konzentrierte man sich auf das Anwerben potentieller Manufaktur-Unternehmer aus dem Ausland.

3.3.5 Geld- und Währungspolitik

Erste deutsche Reichsmünzordnung

Schon im 16. Jahrhundert wirkte sich die politische und regionale Zersplitterung des Reiches auf die Geld- und Währungsverhältnisse in Deutschland negativ aus. Politisch starke und in ihren wirtschaftlichen Entscheidungen vom Reichstag unabhängige Staaten versuchten, auf dem Gebiet des Geldwesens ihre individuellen Vorstellungen zu verwirklichen, und jeder Landesfürst bzw. Territorialherr prägte sein eigenes Geld. Zwar stellte die erste deutsche Reichsmünzordnung (1524 Reichstag in Eßlingen), welche unter Kaiser Karl V. die Kölner Mark als Währungsgrundlage offiziell durch Gesetz anerkannte, einen Wendepunkt zwischen mittelalterlicher und neuzeitlicher Münzgeschichte dar; den Zweck, nämlich die Vereinfachung und Vereinheitlichung des Münzsystems, konnte sie und die folgenden Maßnahmen jedoch nicht erreichen.

Erste „Kipper- und Wipperperiode“

So wurden 1618 massenweise unterwertige Münzen geprägt, was zu einer Geldentwertung großen Ausmaßes führte. Diese Periode von 1618 bis 1623 ging in die Geld- und Währungsgeschichte als „1. Kipper- und Wipperperiode“ ein. Erst nach dem Dreißigjährigen Krieg versuchte man, einen gangbaren Weg zur Reformierung des Münzwesens zu finden. Die volkswirtschaftlichen Schäden durch diese Inflation und die Zerstörung, die der Dreißigjährige Krieg in Deutschland hinterlassen hatte, führten zu einer Rückbesinnung auf die alten Münzverhältnisse. Von dieser Zeit an wurden in Nord- und Süddeutschland jedoch getrennte Wege im Bereich des Geldwesens beschritten. Es galt zwar der (Silber-)Taler im gesamten Reichsgebiet als Münzstandard, in Norddeutschland mit Groschen als Kleinmünzen, doch gingen Süddeutschland und Österreich auf die (Silber-)Guldenwährung mit dem Kreuzer als Kleinmünze über.

Zweite „Kipper- und Wipperperiode“

In den sechziger Jahren des 17. Jahrhunderts sank dann der Geldwert wieder, als sich durch unterwertige Ausprägung von Kleinmünzen eine erneute Inflation anbahnte, die als „2. Kipper- und Wipperzeit“ bezeichnet wird. Die Auswirkungen dieser zweiten Krise waren Anlaß genug, um im Reichstag ein Reformprogramm für das Münzwesen zu erstellen. Wesentlichste Forderungen waren die Festlegung des Kurswertes und des Metallgehalts der Scheidemünzen, sowie die Eindämmung deren massenweiser Ausprägung.

Zinnaischer Münzfuß

Im August 1667 legten die Kurfürsten von Brandenburg und Sachsen im Kloster Zinna vertraglich einen neuen Münzfuß fest, der 10½ Taler statt 9 Taler auf die feine Mark Silber vorsah. Der neue Taler entsprach dadurch dem von Sachsen und Brandenburg geforderten Wert von 105 Kreuzern. Durch ihren Vertrag wollten sich die beiden Kurfürstentümer nicht von der Reichsordnung loslösen, sondern den Kaiser vom „Zinnaischen Münzfuß" überzeugen. Sie argumentierten mit einer Vereinfachung der wirtschaftlichen Zusammenarbeit zwischen den Ländern. Zunächst schloß sich kurz darauf Braunschweig-Lüneburg dem neuen Münzfuß an. In den weiteren Gebieten des Reichs konnte sich der Zinnaische Münzfuß aber nicht durchsetzen. Neben dieser fehlenden Akzeptanz im Reich als Ganzem führten Münzverschlechterungen durch erneut geprägte sogenannte Heckenmünzen (unterwertige Münzen) und der allgemeine Rückgang der inländischen Silberausbeute dazu, daß sich der Zinnaische Münzfuß nicht lange behaupten konnte.

Leipziger Münzfuß

Im Jahre 1690 wurde die Geltungsphase des Zinnaischen Münzfußes durch den Leipziger Münzfuß beendet. Dieser Vertrag war eine Vereinbarung zwischen Kursachsen, Kurbrandenburg und dem Gesamthaus Braunschweig-Lüneburg. Obwohl dieser neue Münzfuß anfänglich bei den anderen Reichsständen noch auf Widerstand gestoßen war, traten dem Leipziger Vertrag im Laufe der Zeit neben Schweden und den rheinischen Fürsten 1691 auch die oberen drei Reichsstände 1693 und letztendlich sogar der Kaiser bei. Um die Jahrhundertwende entwickelte sich europaweit, bedingt durch die hohe Geldnachfrage der Fürstenhäuser, eine weitere Inflation, die in Deutschland auch als die „kleine Kipperzeit" (1680–1710) bezeichnet wurde. Verschlimmert wurde diese Situation durch die im Reich vorherrschende Verwirrung im Münzwesen. Da eine Reichsmünzordnung noch fehlte, befand sich eine große Fülle von minderwertigen Landmünzen in Umlauf. Deutschland zerfiel immer noch in die zwei großen Gebiete der Gulden- und Talerwährung. Das späte 18. Jahrhundert brachte dann zwei bedeutsame Wendepunkte in der Münzpolitik Mitteleuropas: Die Friderizianische (Graumannsche) Münzreform in Preußen und die Theresianische in Österreich.

„Kleine Kipperzeit"

Graumannscher Münzfuß

Die autonome Währungspolitik Preußens manifestierte sich 1750 im sogenannten „Graumannschen Münzfuß". Benannt nach seinem Initiator Generalmünzdirektor Johann Philipp Graumann und eingeführt von Friedrich dem Großen stellte dieses Münzsystem, jedenfalls für Preußen, ein solides, funktionsfähiges, vor allem aber den Anforderungen der Zeit entsprechendes Münzsystem dar, das von den anderen Territorialstaaten unabhängig war. Die neue Münzeinheit, der „Reichstaler“, ging von einem 21-Gulden-Fuß aus, der in Preußen jedoch eine untergeordnete Rolle spielte, da man in der Folgezeit nur noch vom „Vierzehntalerfuß“ sprach (Zweidrittel des Guldenfußes). Die gewohnte Unterteilung des Talers in 24 Groschen behielt man bei. Die wichtigsten Veränderungen der „Graumannschen Reform“ im münzpolitischen Sinne waren die erstmalige Aufprägung von Kennbuchstaben für die Münzstätte, die Trennung der Münzen in Währungs- und Scheidemünzen und die Beseitigung der Justierung „al marco“, d. h. ab 1770 wurden alle Sorten des Kurants einzeln justiert, was die indirekte Aushöhlung des Münzfußes für die Zukunft verhindern sollte. Desweiteren wurde den Münzmeistern im Rahmen der Übernahme der Münzstätten durch den Staat die Alleinverantwortlichkeit entzogen, und diese wurden faktisch zu Verwaltungsbeamten des Staates degradiert. Diese Münzreform konnte ihre hochgesteckten Erwartungen hinsichtlich der Durchsetzung ihrer Münzen in den Nachbargebieten nicht erfüllen. Besonders der damalige Silbermangel Preußens verhinderte größere Handelsvolumina mit den angrenzenden Staaten.

Theresianische Münzreform

Das Gegenstück der Graumannschen Münzreform in Preußen bildete in Österreich und Süddeutschland die Theresianische Münzreform mit dem Konventionsmünzfuß. Die Konvention zwischen Österreich und Bayern im Jahre 1753, welche in ganz Süddeutschland auf breite Akzeptanz stieß, legte fest, daß aus einer feinen kölnischen Mark 20 Gulden geprägt werden sollten. Dies war gleichbedeutend mit 24 Gulden nach dem Wiener Markgewicht und entsprach dem 13¹/₃-Taler-Fuß nach „Graumannschem System“. Bezeichnet wurden diese Gulden als „Konventionstaler“. Die bekannteste Ausprägung wurde als wichtige Handelsmünze der „Mariatheresientaler“. Schon 1754 löste sich Bayern jedoch wieder vom Konventionsvertrag. Man hielt zwar am Konventionsmünzfuß fest, prägte aber die Münzen mit einem um 20% erhöhten Nominalwert. Wieder einmal scheiterte somit eine mögliche Vereinheitlichung des Münzwesens durch territorialstaatliche Einzelgänge.

So war das deutsche Reich am Ende des 18. Jahrhunderts in nicht weniger als sieben Regionen mit unterschiedlichen Münzsystemen eingeteilt. Von einer Einheit im Münzwesen konnte folglich nicht gesprochen werden. Nur als Währungsart galt im gesamten Reich die Silberwährung. Eine für das ganze Reich gültige Verordnung fehlte; erst im 19. Jahrhundert gelang dieser Durchbruch zur Zeit des Zollvereins, und im Jahre 1871 wurde schließlich ein reichseinheitliches Münzgesetz erlassen, das die Mark zur neuen Rechnungseinheit und die Goldwährung zur neuen Reichswährung machte.

Papiergeld

Anfang des 19. Jahrhunderts begann auch das Papiergeld, das gegen Mitte und Ende des 18. Jahrhunderts noch eine untergeordnete Rolle gespielt hatte, sich auf breiter Front durchzusetzen. Erste Ansätze zum Papiergeld jedoch entstanden in Deutschland schon während des Dreißigjährigen Krieges (Truppen- und Heeresgutscheine) und verstärkt am Ende des 18. Jahrhunderts (Mainzer Notgeld von 1793). Einen größeren Umfang erzielte das Papiergeld aber erst während des Siebenjährigen Krieges, als die Kriegskosten immer höher stiegen, die Münzen jedoch immer knapper wurden. Auf diesem Geld wurde der Wert und das einlösende Institut vermerkt. In Österreich emittierte der Wiener Stadt Banco 1762 sogenannte „Banco-Zettel" in Höhe von 12 Mio. Gulden zur Abdekkung der Kriegskosten. Dieses Papiergeld, das an jeder Wechselkasse in Silber umgetauscht werden konnte, stieß auf immer breitere Akzeptanz, so daß im Jahre 1806 bereits Banknoten im Wert von 250 Mio. Gulden im Umlauf waren. Weitere Emissionen von Bankzetteln waren die „Pfund Banco" der königlich-preußischen Giro- und Lehnbank im Jahre 1766 sowie die „Curfürstlich Sächsischen Cassen-Billets" in Sachsen und die Reichstalernoten der Schleswig-Holsteinischen Species-Bank von 1787.

Während die Münzpolitik stets Geldpolitik des Reichstages war, fiel die Regulierung des Papiergeldumlaufes in den Aufgabenbereich der Territorialstaaten. Aufgrund der durch fortwährende Kriege und stetige Aufrüstung des Militärs verschärften Finanzlage versuchte Österreich die Defizite im Staatshaushalt über die Notenpresse zu kompensieren. Es kam dadurch zu einem rasant anschwellenden Bankzettelumlauf, der sich zur galoppierenden Inflation entwickelte (Papiergeldumlauf 1810: 900 Mio. Gulden) und im Februar 1811 mit dem Staatsbankrott der Habsburger Lande endete. Geordnete Währungsverhältnisse traten erst wieder nach Gründung der „Österreichischen National-Zettelbank" ein, der Vorläuferin der heute noch existierenden Notenbank Österreichs, die eine vom Staat unabhängige Notenbank war. Durch schrittweise Einlösung und Abwertung der alten Bankzettel erreichte diese eine Reform der Währungsverhältnisse. Ebenso wie im Münzwesen gab es in Deutschland noch bis zum Ende des 19. Jahrhunderts eine verwirrende Vielfalt von Banknoten und Papiergeld. Allein 33 Notenbanken existierten 1871 bei Gründung des Deutschen Reichs. Erst durch Gründung einer neuen Zentralbank, der Reichsbank, im Jahre 1875 schuf man eine Vereinheitlichung des Notenbankwesens.

Buchgeld

Als dritte Gattung des Geldes gewann ab dem 17. Jahrhundert in Deutschland das „immaterielle Geld", also das von Banken geschaffene Buchgeld an Bedeutung. Im Verlaufe der großen Kipper- und Wipperzeit zu Beginn des 17. Jahrhunderts wurde 1619 die Hamburgische Bank als

Gegenmaßnahme zur Münzverschlechterung gegründet. Sie sollte durch bargeldlose Abwicklung der Wechselzahlungen über den Giroverkehr die inflationären Wirkungen des Münzwesens unterbinden. Ihre Verrechnungseinheit war die „Mark Banco". Nach dem Vorbild der Hamburgischen Bank kam es im Verlauf des 17. Jahrhunderts zu weiteren Bankgründungen, wie z. B. dem „Banco Publico" bereits im Jahre 1621 in Nürnberg, dem „Banco di Depositi" 1698 in Leipzig, der „Wiener Stadtbank" im Jahre 1706 oder dem „Königlichen Giro- und Lehn-Banco" in Preußen 1765. Diese Institute erreichten jedoch nicht mehr die große Bedeutung der Hamburgischen Bank, die bis 1875, also bis zur Gründung der Reichsbank, bestand und die Giralgeldbedürfnisse des Handels über diesen Zeitraum unabhängig von den territorialen Münzwirren befriedigte. Nach der Besserung der Münzverhältnisse schrumpfte die Bedeutung des Girowesens bis zum Beginn des 19. Jahrhunderts auf eine nur begrenzte Rolle im Geld- und Währungswesen. Als Substitut für das Giralgeld benutzte man im zunehmenden Maße das Papiergeld. Erst durch die Einführung strenger Deckungsvorschriften für das im Umlauf befindliche Geld setzte um 1800 wieder eine starke Nachfrage für die bargeldlose Abwicklung des Zahlungsverkehrs ein.

3.4 Zusammenfassung

Wirtschaftspolitisches Gesamtkonzept

War die Wirtschaftspolitik bis zum Beginn des 17. Jahrhunderts auf punktuelle Maßnahmen beschränkt, mit denen die Entscheidungsträger auf einzelne Probleme reagierten, so ging das Reich nach dem Dreißigjährigen Krieg dazu über, auf der Basis merkantilistischer Wirtschaftslehren ein wirtschaftspolitisches Gesamtkonzept zu entwickeln. Die ökonomischen Ziele des Reiches, der einzelnen Landesherren und der Reichsstädte stimmten in der Grundtendenz überein, so daß die gesamte Palette des wirtschaftspolitischen Instrumentariums sowohl vom Reich als auch von den Ländern eingesetzt wurde.

Zusammenwirken der einzelnen Politikbereiche

Die angesprochenen Politikfelder, wie Bevölkerungspolitik, Handels- und Zollpolitik, Gewerbepolitik sowie Geld- und Währungspolitik stehen in engem Zusammenhang zueinander. Die Maßnahmen waren weitgehend auf die Förderung der Wirtschaftstätigkeit und des Wirtschaftspotentials gerichtet. So diente die Besiedelungspolitik dazu, eine ausreichende Zahl an Arbeitskräften zu sichern, für die dann mit Hilfe der gewerbepolitischen Maßnahmen ausreichende Arbeitsplätze geschaffen werden sollten. Durch das vergrößerte Angebot an Arbeitskräften konnte das Lohnniveau im Inland niedrig gehalten werden, was wiederum die Produktionskosten senkte und die Wettbewerbsfähigkeit inländischer

Waren gegenüber ausländischen Produkten verbesserte. Das Ziel einer aktiven Handelsbilanz konnte somit leichter erreicht werden. Die höheren Beschäftigtenzahlen wiederum erhöhten zum einen die Steuerkraft der Bevölkerung, bedeuteten somit für den Souverän Mehreinnahmen und waren zum anderen auch noch militärisch relevant. Außerdem wurde dadurch der interne Verbrauch angehoben, was vor allem in der unterbeschäftigten Wirtschaft wachstumsfördernd wirkte. Die Gewerbepolitik war zur Deckung des Inlandsbedarfes und zur Produktion exportfähiger Waren auf die Ausdehnung des inländischen Produktionsvolumens ausgerichtet. Von der Art und dem Umfang der erzeugten Waren hing es schließlich ab, ob sich die Handelsbilanz wie gewünscht positiv entwickeln konnte. Die Reform des Geld- und Währungssystems war die Grundvoraussetzung für die Förderung des Binnenhandels und somit für die Erhöhung des Wirtschaftwachstums. Insgesamt betrachtet wirkten die wirtschaftspolitischen Maßnahmen zusammen in die von den merkantilistischen Lehren vorgegebene Richtung.

II. Grundprobleme und Tendenzen der Forschung

1. Arbeitsbevölkerung und Beschäftigung

Größe und Struktur der Bevölkerung, Arbeitslosigkeit und eine Reihe soziologischer wie institutioneller Rahmenbedingungen beeinflussen wesentlich die Zahl der Beschäftigten. Die Arbeitsbevölkerung umfaßt Beschäftigte (tatsächlich Erwerbstätige) und grundsätzlich dem Arbeitsmarkt zur Verfügung stehende Arbeitslose (Erwerbslose). Damit werden alle Personen im erwerbsfähigen Alter erfaßt, die gesundheitlich in der Lage und auch bereit sind, eine Beschäftigung anzunehmen (Erwerbspersonen) [228: Gömmel, Wachstum, 21].

Definition: Arbeitsbevölkerung

Die Bevölkerung zahlenmäßig zu erhöhen, galt im Rahmen der merkantilistischen Wirtschaftspolitik als sinnvolle und naheliegende Methode, das Arbeitskräftepotential zu steigern. Neben der Arbeitsleistung der Beschäftigten war auch deren Funktion als Steuerzahler und gegebenenfalls, wenn erforderlich, als Soldaten von Bedeutung. Es galt zunächst, die Bevölkerungsverluste infolge des Dreißigjährigen Krieges auszugleichen und darüber hinaus ein zusätzliches Bevölkerungswachstum zu sichern [2: Franz, Volk und 69: Henning, Deutschland, 236–237]. Die Maßnahmen der Peuplierungspolitik [siehe Punkt I.3.3.1.] zielten in diese Richtung: Neben Eheschließungen wurden Einwanderungen gefördert und gleichzeitig Auswanderungen erschwert [69: Henning, Deutschland, 243, 247–248 und 100: Lütge, Wirtschaftsgeschichte, 344–345].

Bevölkerungswachstum

Nur wenn man unterstellen kann, daß sich die Erwerbsquote, d. h. der Anteil der Erwerbspersonen an der gesamten Bevölkerung, langfristig lediglich geringfügig verändert, so kann gefolgert werden, daß die Anzahl der Erwerbstätigen mit der Bevölkerungszunahme gewachsen ist. Dieser Zusammenhang wäre empirisch noch genauer zu fundieren. Insbesondere wären die Zeiträume einzugrenzen, in denen sich Bevölkerung und Erwerbstätige nicht parallel entwickelt haben, d. h. vor allem der Ausschöpfungsgrad der erwerbsfähigen Bevölkerung sich verändert hat. Für den grundsätzlichen, allerdings schwer zu quantifizierenden Zusammenhang, sprechen verschiedene Beispiele. So zeigt eine Erhöhung der

Erwerbsquote

Zahl der arbeitenden Bevölkerung auf 5 Mio. um 1800 (gegenüber 600 000 um 800) den wirtschaftlichen Aufschwung in den Gebieten westlich der Elbe [69: HENNING, Deutschland, 23]. Auch östlich der Elbe und in anderen europäischen Gebieten war die Entwicklung entsprechend. Der Bevölkerungsanstieg und die daraus resultierende zahlenmäßige Zunahme der Arbeitskräfte stand hier in direktem Zusammenhang zur wirtschaftlichen Entwicklung: Zunehmendes Wirtschaftswachstum ließ die Einkommensmöglichkeiten steigen, die dann unter Fortsetzung des Prozesses wiederum Voraussetzungen für ein weiteres Bevölkerungswachstum darstellten [69: HENNING, Deutschland, 23 und 213: BUCHHOLZ, Mittelalter].

Sektorale Entwicklung

Die Betrachtung der Beschäftigtenzahlen insgesamt kann wesentlich durch die Aufteilung in die einzelnen Wirtschaftssektoren bereichert werden. War zunächst noch der weitaus größte Teil der Erwerbstätigen in der Landwirtschaft beschäftigt, so veränderte sich das Bild mit der Zunahme des Grades der Arbeitsteilung und der damit verbundenen Verbesserung der Produktivität in der Landwirtschaft und der Ausbildung des Städtewesens seit dem 12. Jahrhundert. Die Produktivitätssteigerungen in der Landwirtschaft hatten zur Folge, daß über die Befriedigung des Grundbedarfes hinaus Arbeitskapazitäten freigesetzt wurden, die zur Erzeugung anderer Güter und damit für die Ausweitung des sekundären und tertiären Sektors herangezogen werden konnten. Der sekundäre und der tertiäre Sektor zusammen hatten um 1800 zwar noch nicht die Beschäftigtenzahl des primären Sektors erreicht, sie waren in ihrer Bedeutung (seit dem 12. Jahrhundert) jedoch so stark gewachsen, daß bereits Ende des 18. Jahrhunderts eine Ausgangsbasis für die beginnenden Entwicklungen der industriellen Wirtschaft vorhanden war. Der sekundäre Sektor, insbesondere das Gewerbe, aber auch der Bergbau, wurde durch die Arbeitsteilung in ihrer Entwicklung am meisten gefördert. Das ursprünglich auf den örtlichen und später auch auf den regionalen Markt ausgerichtete Handwerk wurde mit dem ausgehenden 14. Jahrhundert durch das mehr auf den überregionalen Absatz zielende Verlagswesen ergänzt. Im 18. und 19. Jahrhundert kamen dann zahlreiche Manufakturen hinzu. Der tertiäre Sektor war bis zur Mitte des 17. Jahrhunderts stark durch die Aufgaben der Organisation des Lebens in den ländlichen Bereichen geprägt (Verwaltung, Rechtsprechung, Kirche). Die Städtegründungsperiode brachte schließlich die Ausbildung des Nah- und Fernhandels und in diesem Zusammenhang auch die des Transportwesens. Im Zeitalter der kameralistischen Wirtschaftspolitik hatte die Verwaltung erneut einen starken Zuwachs, was jedoch im Hinblick auf die Beschäftigtenanteile nicht zur Überflügelung des Handels im weitesten Sinne führte [69: HENNING,

Deutschland, 20–22]. Motive und Konsequenzen der Wanderung der Beschäftigten innerhalb der drei Sektoren im Laufe der Zeit und unter Berücksichtigung unterschiedlicher regionaler Gegebenheiten wären noch detaillierter zu erarbeiten.

Zuwanderung

Auf die große zahlenmäßige Bedeutung von zugewanderten Arbeitskräften wurde weiter oben bereits hingewiesen. Jedoch auch in qualitativer Hinsicht kommt den Einwanderern eine wichtige Funktion zu. So prägte das wirtschaftliche Denken und Handeln der Hugenotten in der Hauptsache die Prädestinationslehre. Sie wurde, ebenso wie das Abreißen früherer Tradition in der Fremde und die Bindung an heimische Beschränkungen und Sitten, zu einer wichtigen Einflußgröße wirtschaftlichen Erfolgs. Solche persönlichen Erfolge brachten in ihrer Gesamtheit auch für ganz Deutschland starke Impulse für die gesamtwirtschaftliche Entwicklung [100: Lütge, Wirtschaftsgeschichte, 266–272]. Welchen Anteil genau die wirtschaftlichen Leistungen der eingewanderten Beschäftigten auf die gesamtwirtschaftliche Entwicklung ausmachten, wäre eventuell mit Hilfe ökonometrischer Modelle zu ermitteln. Die Erhebung der für ein derartiges Vorhaben erforderlichen Daten steht allerdings noch aus.

Abhängige Arbeitskräfte

In diese Epoche seit dem Spätmittelalter fällt auch die Herausbildung einer neuen sozialen Schicht – die der Arbeiterschaft. Der in Verlag und Manufaktur beschäftigte Arbeiter des 17. und 18. Jahrhunderts kann, was sein Tätigkeitsgebiet und seine gesellschaftliche Stellung anbelangt, natürlich nicht dem Fabrikarbeiter des 19. Jahrhunderts gleichgestellt werden. Jedoch darf der Manufakturarbeiter aber als Vorstufe hin zur Entwicklung zum Fabrikarbeiter gesehen werden.

Verlag und Manufaktur benötigten abhängige Arbeitskräfte. Der Grad der Abhängigkeit beim Verlag differierte, je nachdem, ob der Arbeiter mit eigenen Werkzeugen und Rohstoffen arbeitete oder ob ihm eines oder beides vom Verleger gestellt wurde. Durch die Entstehung und Ausbreitung dieser neuen Wirtschafts- und Betriebssysteme nahm die Zahl der abhängigen Arbeitskräfte stark zu, wobei grundsätzlich zwischen gelernten und ungelernten Arbeitskräften unterschieden werden kann.

Diese neue soziale Schicht der Arbeiterschaft war aber auch in der Landwirtschaft vertreten, nämlich überall dort, wo familienfremde Arbeitskräfte benötigt wurden. Bäuerliche Fronverpflichtungen, Gesindedienste und die Beschäftigung freier Landarbeiter (Tagelöhner usw.) gehörten zum bäuerlichen Alltag. Auch im Zeitalter des Merkantilismus wurde dieses System nicht grundsätzlich verändert. Im gewerblichen Sektor konnte man, wie in der Landwirtschaft auch, an die Entwicklung einer älteren Zeit, an das 15. und 16. Jahrhundert, anknüpfen [100: Lütge, Wirtschaftsgeschichte, 273–274].

Die gelernten Arbeitskräfte entstammten in der Regel dem Handwerk. Die Ausdehnung wirtschaftlicher Aktivitäten über den regionalen Bedarf hinaus hatte zur Folge, daß die Verhältnisse der großen Exportgewerbe auch dort Einzug hielten, wo die Gewerbe zuvor in örtlichen Schranken geblieben waren. Der verlagsgebundene kleine Meister wurde nicht selten auf die Stufe einer bezahlten Arbeitskraft herabgedrückt, auf der bisher nur der Geselle stand. Andererseits aber waren die Verleger stets bereit, auch an bisherige Gesellen Arbeit in Stücklohn zu vergeben und sie damit den kleinen Meistern anzugleichen [63: HAUSSHERR, Neuzeit, 172]. Dies weist, zumindest in Teilbereichen des Gewerbes, auf die schrittweise Auflösung der ehemaligen zünftischen Hierarchie hin. Dieser Prozeß der Angleichung dürfte, ebenso wie die Auflösung der Zunftordnung selbst, zu nicht unerheblichen sozialen Spannungen geführt haben, denen die künftige Forschung mehr Bedeutung schenken sollte.

Ungelernte Arbeitskräfte

Große Bedeutung erlangte das Heer der ungelernten Arbeitskräfte. In dieser Gruppe war der Anteil an Frauen und Kindern sehr beachtlich, die nicht nur in der Hausindustrie in größerem Umfang beschäftigt waren, sondern auch in den Manufakturen. Dort überstieg ihre Zahl oft die der männlichen Arbeitskräfte. Auffällig ist, daß Frauen in schweren und ungesunden Gewerben (Salzsieden, Lumpenzerreißen, Ziegelbrennen, Bergbau) arbeiteten.

Auch die Kinderarbeit wurde mit allen Mitteln begünstigt. Die Merkantilisten waren der Ansicht, Arbeit bewahre die Kinder vor Müßiggang und erleichtere den Eltern die Sorge um das tägliche Brot. Diese Beweggründe werden genannt, wenn begründet werden soll, daß Kinder z. B. in England und Holland im Alter von vier bis sechs Jahren zur gewerblichen Arbeit herangezogen wurden.

Die Möglichkeit, Frauen und Kindern unter dem Vorwand, sie seien keine vollwertigen Arbeitskräfte, einen weit geringeren Lohn als den Männern zahlen zu können, verstärkte in den Manufakturen die Tendenz, Frauen und Kinder als billige Arbeitskräfte zu beschäftigen. Dieser Tendenz kam auch der Zwang für den Familienvater entgegen, die Familienmitglieder in den Erwerbsprozeß einzuschalten, da sein Lohn in der Regel für den Lebensunterhalt der Familie nicht ausreichte [93: KULISCHER, Allgemeine, 187; 124: REUTER, Manufaktur, 97; 152: WIEST, Entwicklung, 82 und 100: LÜTGE, Wirtschaftsgeschichte, 276].

Welche Gründe oder besser welche Zwänge Frauen und Kinder dazu veranlaßten, unter derart schlechten Bedingungen zu arbeiten, bzw. warum sich sogenannte „frauentypische" Einsatzbereiche ganz deutlich herausgebildet haben, verdiente ebenfalls eine genauere Betrachtung. Rein ökonomische Erklärungen können hier nicht befriedigen, vielmehr sollten interdisziplinäre Arbeiten wesentliche Aufschlüsse geben. Außerdem wäre es interessant, Parallelen zur Frauen- und Kinderarbeit in der heutigen Zeit in den Entwicklungsländern und dort insbesondere in der Textilindustrie zu ziehen.

Zahlenmäßig weit weniger bedeutend war die Gruppe der männlichen ungelernten Arbeitskräfte (Handlanger und Tagelöhner). Diese Gruppe setzte sich weitgehend aus Alten, Invaliden, Verarmten und Soldaten zusammen.

Nicht arbeitswillige Personen

Bei der Abgrenzung der Erwerbspersonen innerhalb der gesamten Bevölkerung ist auch die Gruppe der zwar erwerbsfähigen, jedoch nicht arbeitswilligen Personen zu nennen. Der damals durchaus weit verbreitete „Müßiggang“ beschränkte sich nicht nur auf Sonn- und Feiertage und auf den sogenannten „blauen Montag“. Es ist weitgehend unbekannt, welchen Anteil an der potentiellen Arbeitszeit z. B. das Herumziehen von Gesellen oder das Herumvagabundieren nicht Arbeitswilliger über einen längeren Zeitraum hinweg einnimmt. Der Umfang der Bevölkerungsgruppe der „Nichtseßhaften“ und „Nichtarbeitenden“ kann nicht genau beziffert werden, man kann jedoch davon ausgehen, daß es sich um mehrere hunderttausend Personen gehandelt haben dürfte [282: SOMBART, Kapitalismus, 788 f.; 237: HINZE, Arbeiterfrage, 13, 41 und 100: LÜTGE, Wirtschaftsgeschichte, 382]. So entstand das Phänomen des Arbeitskräftemangels in Gewerbe und Manufaktur bei gleichzeitig hoher Arbeitslosigkeit [283: STIER, Disziplinierung, 22]. Vielfach wurde der Arbeitseifer auch stark zurückgeschraubt, wenn die augenblickliche finanzielle Situation nicht direkt zur Arbeit zwang. Daß diese Phänomene durchaus von Bedeutung gewesen sein müssen, belegt auch die Existenz von „Arbeits-“, „Zucht-“ oder „Werkhäusern“, in denen „Arbeitsscheue“ und „Vaganten“ zur Arbeitsdisziplin erzogen werden sollten, um dadurch die Arbeitsleistung in quantitativer und auch qualitativer Hinsicht zu verbessern [162: BLAICH, Kameralismus, 40 und auch Punkt II.5.].

Unternehmerische Aktivitäten

Die Unternehmer dürfen in dem Kreis der Erwerbstätigen nicht vergessen werden. Mit der Ausbildung der Stadtwirtschaft und vor allem mit der parallel verlaufenden Herausbildung der Arbeitsteilung wurden die Produktionsverhältnisse soweit entwickelt, daß sich eine kapitalintensive Wirtschaftsweise etablieren konnte. Die Sammlung des Kapitals in einer Hand führte zu einem neuen Wirtschaftstypus – dem Unternehmer. Dieser übernahm die für ihn typischen Funktionen: das Aufspüren neuer geschäftslohnender Möglichkeiten, das Planen, das Beobachten des Marktes usw. Teilt man diese Unternehmer nach ihrer sozialen Herkunft ein, so lassen sie sich nach Fürsten, Landadeligen, Bürgern und

Einwanderern differenzieren [100: Lütge, Wirtschaftsgeschichte, 265 und 69: Henning, Deutschland, 213].

Unter den unternehmerischen Persönlichkeiten nehmen die Fürsten eine bedeutende Stellung ein. Sie waren nicht nur politische Leiter der gesamten Volkswirtschaft, sondern sie wurden vielfach auch als Unternehmer tätig. Die diesbezüglichen Aktivitäten der Preußenkönige, die mit dem Großen Kurfürsten einsetzten, sind die bekanntesten Beispiele fürstlicher Wirtschaftsführung. Friedrich Wilhelm I. und sein Sohn wandten sich der inneren Verwaltung zu, der auch die Wirtschaftspolitik angehörte [siehe Punkt I.3.]. Ihre Domänen- Bergbau- und Forstverwaltung war, wie ihre Gewerbepolitik, beispielhaft. Franz I. von Österreich, der von Friedrich dem Großen als einer der „größten Fabrikanten seiner Zeit" bezeichnet wurde, war ebenfalls ein wichtiger Vertreter dieser fürstlichen Unternehmerpersönlichkeiten. Der Stellenwert des fürstlichen Unternehmers im Vergleich zu anderen Unternehmern dieser Zeit ist jedoch noch nicht eindeutig festgelegt; weitere Forschung in dieser Richtung könnte mehr Klarheit bringen.

Auch vom Landadel gingen zahlreiche unternehmerische Aktivitäten aus. Die ostelbischen Rittergüter stellten beispielsweise Unternehmungen dar, da ihre Produktion weitgehend marktorientiert war. Sie produzierten Getreide für den Export nach England und Spanien und Wolle für die heimische Industrie. Dazu kamen noch Gründungen von gewerblichen Unternehmungen, wie Ziegeleien, Bergwerken, Brennereien, Brauereien, Mühlen, Sägewerken etc. Das ländliche Gewerbe auf grund- und gutsherrlicher Basis (also über das dörfliche Handwerk hinausgehend) erfuhr in dieser Zeit, insbesondere im 18. Jahrhundert, durch diese Gründungen eine merkliche Zunahme.

Bürgerliche Unternehmer entstammten meist dem Handelsgewerbe, da hier von jeher das größte Ausmaß an Eigeninitiative und Risikobereitschaft vorhanden war. Dazu kamen noch Unternehmer aus dem Handwerkerstand und gelegentlich auch aus dem Bauernstand. „Projektmacher" und „Gründer", also Menschen mit einer vergleichsweise hohen spekulativen Veranlagung, konnten in dieser Zeit eine nicht unbedeutende Rolle einnehmen. Der Vergleich merkantilistischer Unternehmer mit dem „Unternehmertyp" des 19. Jahrhunderts, der den Prozeß der industriellen Revolution ganz wesentlich geprägt und vorangebracht hat, wäre sehr interessant; nicht zuletzt bezüglich der Fragestellung ob eine kontinuierliche Entwicklungslinie erkennbar ist.

Arbeitsbedingungen

Von Bedeutung aber waren nicht nur die Arbeitskräfte und die Unternehmer, sondern auch die Bedingungen, die den Rahmen des Arbeitslebens bildeten. In der vorindustriellen Zeit, als der größte Teil der Bevölkerung lohnunabhängig war, ist die aus dem Arbeitseinsatz hervorgegangene Produktionsmenge von Gütern und Dienstleistungen nur schwer zu bestimmen. Die Leistungen der Menschen dienten zum Großteil ihrer und ihrer Familie Ernährung. Nur ein kleiner Überschuß wurde am Markt angeboten. Auch diese zum eigenen Überleben und zur Erhaltung der Familie aufgewandte Arbeit ist für die Bestimmung des Beschäftigungsgrades und der Arbeitszeit von Bedeutung.

2. Arbeitszeit, Einkommen und Preise

Datenlage

Für die Zeit bis zum Ende des 18. Jahrhunderts läßt sich nach dem momentanen Forschungsstand über die Höhe, die Zusammensetzung und die Entwicklung der Einkommen und der Preise nur Unvollständiges aussagen. In vergleichsweise größerem Umfang stehen lediglich die Lohnentwicklungen der Bauarbeiter zur Verfügung und in geringerem Umfang höchstens noch die Löhne von Bergarbeitern und Tagelöhnern. Außerdem können derzeit noch keine für das gesamte Reichsgebiet repräsentativen Aussagen gemacht werden; vielmehr gelang es bisher nur, die Löhne bis zum Anfang des 19. Jahrhunderts lediglich für einzelne Orte und Berufe sinnvoll quantitativ zu erfassen. Ein wichtiges Problem der Forschung ist die Qualität des vorhandenen Datenmaterials: Die Löhne sind fast immer als Tage- oder Wochenlöhne überliefert und nur in seltenen Fällen als Stücklöhne. Um also Jahreseinkommen sinnvoll ermitteln zu können, müssen Informationen über die Länge des Arbeitseinsatzes, also die Anzahl der tatsächlich abgeleisteten Arbeitstage, vorliegen [81: KAUFHOLD, Deutschland, 554].

Arbeitsjahr

Das Arbeitsjahr der vorreformatorischen Phase unterschied sich von dem Arbeitsjahr nach dieser Zeit. Die besten Anhaltspunkte zur Bestimmung der Anzahl von Tagen, an denen ein Mensch jährlich arbeitete, liefern Feiertage, auch wenn diese nach Zeit und Ort sehr verschieden waren und sich die Bearbeiter dieses Themenkreises weder über ihre Anzahl noch über die Strategie ihrer Einhaltung einig zu sein scheinen. Je nach Autor könnte es im Mittelalter außer Sonntagen 115, 77 oder gar keine Feiertage gegeben haben. Dementsprechend könnte das Arbeitsjahr zwischen 200 und 328 Tage gezählt haben [225: FREUDENBERGER, Arbeitsjahr, 309].

Für einzelne Städte und Regionen aber liegen bereits gesicherte Werte vor. So belegen Bauabrechnungen des Nürnberger Handwerks im 16. Jahrhundert, daß das Arbeitsjahr durchschnittlich 260 bis 264 Tage dauerte. Ähnliche Ergebnisse ergab auch die Auswertung von Bauabrechnungen für das 13. und 15. Jahrhundert im deutschsprachigen Raum vom Niederrhein bis zu den Alpen. Danach wurde durchschnittlich an fünf Tagen pro Woche oder an rund 265 Tagen im Jahr gearbeitet. Für die Stadt Xanten ergaben Schätzungen für 1356 ein Mittel von 250 und für 1495 ein solches von 270 Arbeitstagen. Im Ergebnis kann man somit davon ausgehen, daß in der Zeit vor der Reformation an durchschnittlich fünf Tagen pro Woche gearbeitet wurde und der kirchliche Festkalender etwa 90 bis 100 arbeitsfreie Sonn- und Feiertage verzeichnete [229: Gömmel, Bauwirtschaft, 205, 207; 218: Dirlmeier,Arbeitsbedingungen, 38; 206: Abel, Pauperismus, 21 und 225: Freudenberger, Arbeitsjahr, 310].

Nach der Reformation erhöhte sich in Nürnberg die Maximalzahl der Tage, an denen gearbeitet werden konnte, auf durchschnittlich 294. In Frankfurt ist das Arbeitsjahr nach Abschaffung von Feiertagen rein rechnerisch sogar auf 308 Arbeitstage angestiegen. Die Anzahl der Wochentage, an denen gearbeitet wurde, erhöhte sich um etwa einen halben bis einen ganzen Tag. Selbst wenn man in der Mehrzahl der Wochen tatsächlich an sechs Tagen gearbeitet hat, blieb die Maximalzahl der tatsächlich abgeleisteten Arbeitstage bis mindestens zur Mitte des 18. Jahrhunderts weiterhin begrenzt, insbesondere durch Sonntage, Feiertage und andere Verpflichtungen, wie Kirchweihen, Familienfeste, Aufwartungen bei der Herrschaft für das Landvolk und Zunftversammlungen für die Städter. Wetter, Kriege und Seuchen übten, wenn auch in unterschiedlichem Ausmaß, ihren Einfluß auf die Stadt- und Landbevölkerung und damit auch auf die Anzahl der Arbeitstage aus. Aufgrund derartiger schwerwiegender Ereignisse kam es auch vor, daß in nachgelagerten Gewerben potentielle Arbeitszeit verloren ging, da die einzelnen Produktionsprozesse nur ungenügend aufeinander abgestimmt waren und so nur allzu häufig Wartezeiten entstanden. Schließlich ging Arbeitszeit auch aufgrund wirtschaftlicher Wechsellagen, die zum einen dem Konjunkturzyklus, zum anderen kurzfristigen, zeitlich bedingten Schwankungen zugeordnet werden können, verloren [218: Dirlmeier, Arbeitsbedingungen, 41; 229: Gömmel, Bauwirtschaft, 207 und 225: Freudenberger, Arbeitsjahr, 308].

Arbeitstag

Für lange Zeit wurde der Arbeitstag von Sonnenaufgang bis Sonnenuntergang (wobei die Länge mit der Jahreszeit wechselte) als Standard-Einheit betrachtet, ohne daß der Stundenzahl eine größere Bedeutung beigemessen wurde. Doch bereits für das Jahr 1555 ist bekannt, daß im Nürnberger Bauhandwerk der Arbeitstag, je nachdem, ob es sich um einen Sommertag (1. März–30. September) oder um einen Wintertag (1. Oktober–28. Februar) handelte, zwischen elf und acht Stunden gedauert hat. Daraus kann jedoch nicht geschlossen werden, daß die effektive wöchentliche Arbeitszeit bis zu 66 Stunden betragen hat [225: Freuden-

BERGER, Arbeitsjahr, 310–311; 228: GÖMMEL,Wachstum, 70 und 229: GÖMMEL, Bauwirtschaft, 204]. Tatsächlich war die Zeit, in der sich ein Mensch der Arbeit widmete und widmen konnte, bis weit in das 19. Jahrhundert hinein durch eine Reihe von Faktoren begrenzt, gleichzeitig aber auch starken Schwankungen unterworfen.

Effektive Arbeitszeit

Vor allem der „blaue Montag" und der „graue Dienstag" trugen zu einer nicht unerheblichen Verkürzung der effektiven Arbeitszeit bei. Der sogenannte „blaue Montag" war auf den einem festlichen Sonntag folgenden Katzenjammer zurückzuführen, dessen Behebung eine Erholung am Montag erforderte, oftmals verbunden mit einem weiteren Alkoholkonsum. Dieser wiederum zog eine etwas kürzere Erholung am Dienstag nach sich. Der Brauch des „blauen Montags" hielt sich in Österreich bis zur Mitte des 18. Jahrhunderts, in einigen Gebieten sogar bis in das 19. Jahrhundert.

Der „blaue Montag" diente jedoch auch anderen Zwecken. Bis in das 14. und 15. Jahrhundert lassen sich Handwerksordnungen verfolgen, die das „Feiern" am Montag zum Zweck des Bades im gemeindlichen Badehaus erlaubten. Daneben war der Montag auch traditionell der Tag, an dem Gesellen, die ihre Stellung gekündigt hatten, sich zum nächsten Ort begaben. Es war dabei üblich, daß die Berufsgenossen des jeweiligen Ortes sie bis in das nächste Dorf begleiteten [225: FREUDENBERGER, Arbeitsjahr, 312 und 228: GÖMMEL, Wachstum, 71]. Die Forschungstätigkeit auf diesem Gebiet wird nicht nur durch die ungenügende Quellenlage erschwert, sondern auch durch die regional stark differierenden Gepflogenheiten bzw. Sitten und Umgangsformen. Somit können derzeit lediglich auf bestimmte Regionen zutreffende, kaum aber allgemein gültige Schlußfolgerungen gezogen werden.

Darüber hinaus gab es noch weitere Faktoren, welche die Arbeitszeit verkürzten. Im 18. Jahrhundert trafen sich beispielsweise in den Ländern der Habsburger Monarchie die zünftigen Meister einmal in der Woche vormittags zur „Morgensprache", um über gemeinsame Probleme zu tagen. Es liegt auf der Hand, daß in dieser Zeit Gesellen und Lehrlinge der Arbeit nicht die übliche Aufmerksamkeit zukommen ließen oder sogar spielten.

Beschäftigungsschwankungen

Auch die nicht dem Verschulden der Arbeitskräfte zuzuschreibende Arbeitslosigkeit schränkte die tatsächliche Arbeitsleistung ein. Nicht nur die Landwirtschaft, sondern auch das Gewerbe unterlag zum Teil ganz erheblichen saisonalen und ähnlichen Beschäftigungsschwankungen, wenn zum Beispiel zugefrorene Wasserläufe die Energieversorgung der meist mit Wasserkraft arbeitenden Manufakturen zum Erliegen brachten. Außerdem war das Gewerbe oftmals von Arbeitslosigkeit infolge von Absatzstockungen betroffen [160: Blaich, Merkantilismus, 94]. Eine gewisse Entlastung erfuhr der Arbeitsmarkt durch das übliche Wandern der Gesellen. Vor allem in der zweiten Hälfte des 18. Jahrhunderts konnte allerdings für breite Schichten der Bevölkerung die tägliche Arbeitszeit ganz erheblich ausgedehnt werden. Das aufgrund der zunehmenden Bevölkerungszahl wachsende Angebot an Arbeitskräften versetzte insbesondere die Verleger in die Lage, den Stücklohn niedrig zu halten oder gar zu senken. Dadurch waren die Heimarbeiter gezwungen, die effektive Arbeitszeit auszudehnen [68: Henning, Sozialgeschichte, 933]. In welchem Maße, ist weitgehend unbekannt.

Im Ergebnis war die Arbeitszeit vor der Industriellen Revolution durch zahlreiche Faktoren beeinflußt, die außerhalb der Einflußnahme des einzelnen Arbeitenden zu suchen sind. Auch die noch wenig erforschte Einstellung der einzelnen Arbeiter zu ihrer Tätigkeit und die daraus resultierenden „Gewohnheiten" bezüglich der Umgehung der Arbeitspflichten spielten sicherlich eine nicht unwesentliche Rolle. In England wird daher die Arbeitszeit des vorindustriellen Arbeiters auf 30 bis 40 Stunden geschätzt. Sie erhöhte sich erst im 18. Jahrhundert und frühen 19. Jahrhundert auf 60 bis 80 Stunden pro Woche [225: Freudenberger, Arbeitsjahr, 312–313, 317]. Soll die Arbeitsleistung im 17. und 18. Jahrhundert beurteilt werden, so ist die Erforschung der Arbeitsstunden allein nicht ausreichend. Erkenntnisse über die Produktivität bzw. den Produktivitätsfortschritt dürfen theoretisch nicht fehlen. Inwieweit die Quellenlage derartige Untersuchungen über längere Zeiträume zuläßt, wäre noch zu überprüfen.

Einkommensermittlung und -entwicklung

In welchem Maße die aufgrund der geleisteten Arbeitszeit erzielten Einkommen für die Sicherung des Lebensunterhaltes ausreichten, ist noch nicht hinreichend geklärt. Meistens werden zur Ermittlung von Realeinkommen Getreidepreise herangezogen, mit der Begründung, der größte Anteil der Löhne wurde für Getreide ausgegeben. Zweifellos werden die Probleme dadurch stark vereinfacht, denn die Ausgaben für Wohnung und Kleidung belasteten das Budget eines Arbeiters in nicht unerheblichem Maße. Das Verfahren der sogenannten Kornlöhne ist aber die einzige sinnvolle Möglichkeit, Realeinkommen zu errechnen, da allenfalls für Getreidepreise die erforderlichen Daten vorhanden sind; Warenkörbe in ähnlicher Form, in welcher sie heutige Statistiker liefern, können für das 17. und 18. Jahrhundert aufgrund der lückenhaften Quellenlage nicht erstellt werden. [81: Kaufhold, Deutschland, 554–555].

Dem Gebiet der Reallohnentwicklung bzw. der Entwicklung von Löhnen und Preisen hat sich die Forschung seit Jahrzehnten mit wechselnder Intensität gewidmet. Unter dem Eindruck der Weltwirtschaftskrise wurde 1930 das Internationale Komitee für die Geschichte der Preise gegründet, dessen Präsident Sir William, später Lord Beveridge war. Das deutsche Komiteemitglied Dr. Moritz J. Elsas emigrierte später nach London und publizierte ab 1936 wenigstens einen Teil seines reichen Quellenmaterials [221: ELSAS,Umriß] zu mehreren Städten. Die durch den Krieg abgebrochenen Forschungen wurden erst seit den 1960er Jahren wieder aufgenommen, als Wilhelm Abel (Göttingen) die Überführung des Elsas-Materials von London nach Göttingen veranlaßte und eine Erweiterung für die Zeit 1750 bis 1850 anregte. [241: KAUFHOLD, Forschungen].

Abel selbst hat in seinem fundamentalen Werk (Agrarkrisen und Agrarkonjunktur) Daten von Elsas verwendet, um langfristige Trends für Getreidepreise und Bauhandwerkerlöhne darzustellen [20: ABEL, Agrarkonjunktur, 164, 196, 197]. Neben Karl Heinrich Kaufhold hat sich dann vor allem Hans-Jürgen Gerhard in Göttingen in besonderem Maße der Lohn- und Preisgeschichte für Deutschland gewidmet. Das Material für die von Elsas und seinen Mitarbeitern erfaßten Städte Augsburg, Frankfurt am Main, München, Speyer und Würzburg sollte bis 1850 fortgeführt und dann die von Elsas vorgesehenen Städte Aachen, Bremen, Hamburg, Köln, Neustadt/Weinstraße und Nürnberg behandelt werden. Hinsichtlich der Löhne, vorwiegend Tagelöhne für verschiedene Bauhandwerker und Handlanger, wurde bislang umfangreiches Datenmaterial für die Zeit um 1750 bis zur Mitte des 19. Jahrhunderts aus den Städten Ansbach, Bremen, Göttingen, München, Neustadt (Holstein), Nürnberg (nur Handlanger 1781–1850), Stauf (ein mittelfränkisches Dorf südlich von Nürnberg) und Windsbach (Mittelfranken) veröffentlicht [226: GERHARD, Löhne]. Diese Daten zeichnen sich auch dadurch aus, daß eingehend auf ihre Möglichkeiten und Grenzen hingewiesen wird und sie quellennah und transparent präsentiert sind.

Für Grundnahrungsmittel (Getreide und Fleisch) des nordwestdeutschen Raumes haben H.-J. Gerhard und K.H. Kaufhold [227: GERHARD/KAUFHOLD, Preise] umfangreiches Datenmaterial für die Zeit um 1650 (des öfteren auch wesentlich früher) bis um 1850 vorgelegt. Auch diese Edition zeichnet sich durch sorgfältige Auswahl und Kommentierung aus. Von beiden Herausgebern wird in naher Zukunft noch umfangreiches Material zur Lohn- und Preisgeschichte zu erwarten sein; der 2. und 3. Band der Preisedition sind bereits in Vorbereitung und stehen kurz vor der Veröffentlichung.

Daneben bildete sich um Franz Irsigler (zunächst Bielefeld, dann Trier) ein weiterer Forschungsschwerpunkt, der bislang vor allem lange Reihen über die Entwicklung der Getreidepreise in rheinischen Städten, vor allem Köln, hervorgebracht hat [220: EBELING/IRSIGLER, Getreideumsatz]. Zu erwähnen ist auch Jürgen Kuczynski, der die Veröffentlichung von Preisreihen aus einigen Städten Mitteldeutschlands in mehreren Bänden des Jahrbuchs für Wirtschaftsgeschichte gefördert hat [285: Strauss, Preise und 278: Schulze, Preise].

Im Rahmen eines Schwerpunktprogramms der Deutschen Forschungsgemeinschaft „Quellen und Forschungen zur historischen Statistik in Deutschland" (1981) konnten für Nürnberg Tagelöhne und Jahresverdienste der Beschäftigten des Bauamtes (einschließlich Transport und Verwaltung) von 1500 bis 1800 sowie für den gleichen Zeitraum Getreidepreise und (mit Lücken) Preise für Baumaterial (Steine und Holz) vorgelegt werden [229: Gömmel, Bauwirtschaft]. Daneben existieren Lücken vor allem für Löhne außerhalb des Bauhandwerks und für landwirtschaftliche Löhne (pekuniär und in natura) sowie für Preise solcher Güter, die über den elementaren Bedarf an Nahrungsmitteln hinausgehen. Ähnliches gilt für Wohnungs- und Mietpreise. Nur auf dieser erweiterten Basis wäre die Berechnung eines Reallohnes sinnvoll.

3. Die öffentliche Finanzwirtschaft

Wandlung des Staatsverständnisses

Nach dem Dreißigjährigen Krieg hatte sich das Staatsverständnis gewandelt. Es setzte sich immer mehr die Auffassung durch, der Staat solle auf das Wirtschaftsleben und den Wirtschaftsablauf Einfluß nehmen. Die finanzpolitischen Maßnahmen wurden in ein auf Ziele und Methoden aufeinander abgestimmtes System obrigkeitlicher Interventionen integriert. Die Finanzwirtschaft, die nun mit der Wirtschaftspolitik, der Gesetzgebung und der Verwaltung eine Einheit zu bilden begann, sollte nicht mehr nur dem Wohle des Fürsten dienen, sondern auch gesamtwirtschaftliche Ziele verfolgen und das Wohl der Gesamtwirtschaft fördern [161: Blaich, Wirtschaftspolitik, 430]. Wenngleich die Grundtendenz dieser Entwicklung klar erkennbar und unbestritten ist, so bleiben die relvanten interaktiven Prozesse, insbesondere im Bereich der unterschiedlichen Einstellungen der einzelnen Landesherren, noch im dunkeln.

Die Finanzwirtschaft sollte gleichzeitig dem Gedanken der Steuergerechtigkeit Rechnung tragen. Bisher litten Bürger und Bauern unter einer hohen Steuerlast, während privilegierte Schichten (z. B. Adelige, Geistliche, Lehrer oder andere einflußreiche Bürger) von der Steuer befreit waren oder versuchten, ihre Belastung soweit wie möglich auf den „kleinen Mann" abzuwälzen. Der Abwälzungsgrad dürfte aber sehr unterschiedlich gewesen sein. Aus diesem Grunde stieß man in den Bereich der indirekten Besteuerung vor. Die Landesfürsten führten nach dem Vorbild der

Städte unter der Bezeichnung „Akzise" eine Vielfalt von Aufwand- und Verbrauchssteuern ein, von denen auch der Adel und die Kirche nicht ausgeschlossen waren. Der Begriff der Steuergerechtigkeit ist für die damalige Zeit wie auch für heute sehr schwer zu fassen. Welche sich im Zeitablauf wandelnde Inhalte diesem Begriff im 17. und 18. Jahrhundert beigemessen wurden, bedarf noch einer genaueren Untersuchung.

Neuorganisation der Finanzverwaltung

Eine Neuorganisation der Finanzverwaltung war aus verschiedenen Gründen notwendig geworden: Zum einen erforderte das Anwachsen der Verwaltungsgeschäfte die Aufspaltung der aus dem Mittelalter übernommenen Einheitsverwaltung in Spezialbehörden. Doch um eine zu starke Zersplitterung der Verwaltungsgeschäfte zu verhindern, sollte eine straffe Zentralverwaltung errichtet werden. Zum anderen war das städtische Finanzwesen aufgrund der getrennten Kassenführung und des Fehlens einer Kasseneinheit recht schwerfällig bzw. waren in den Territorialstaaten zusätzliche Einnahmen zur Finanzierung des Heeres, des Beamtenapparates und infrastruktureller Maßnahmen nötig [161: Blaich, Wirtschaftspolitik, 433]. Der Vorgang der Umgestaltung und Verbesserung der Finanzverwaltung selbst, sowie sein Beitrag zur leichteren Umsetzung des neuen wirtschaftspolitischen Verständnisses, verdient neben der besonderen Berücksichtigung der sich wandelnden Aufgaben der Beamtenschaft eine genauere Untersuchung. Denn in der betrachteten Periode wurde in Deutschland der Beamtenapparat ständig erweitert. Die Beamtenpositionen waren meist unterschiedlich besetzt. Adelige oder ausgebildete Juristen hatten höhere Dienststellen inne, während untergeordnete Tätigkeiten z. B. von ausgemusterten Unteroffizieren ausgeführt wurden, wie es in Preußen in der letzten Hälfte des 18. Jahrhunderts der Fall war [68: Henning, Sozialgeschichte, 913]. Welche Bedeutung die Ausübung der Beamtentätigkeit durch Adelige und ehemalige Militärs als wirtschaftspolitische Laien im Vergleich zu einer Ämterbesetzung mit ökonomisch geschultem Fachpersonal hatte, wurde bislang noch nicht thematisiert.

Als beispielhaft gilt die Finanzreform in Brandenburg-Preußen. Nach dem Dreißigjährigen Krieg waren hauptsächlich die „Normalbürger" die Leidtragenden der Besteuerung. Der Umstand, daß das Steuerbewilligungsrecht bei denen lag, die keine oder wenig Steuern zahlen mußten, also bei Adel und Landadel, war der Grund für diese Misere. Ab 1670 wollte Friedrich Wilhelm seine extreme Finanznot durch die Einführung einer neuen Steuer, nämlich der Akzise, einer indirekten Konsumsteuer, beheben. Nach anfänglichem Widerstand des Landadels konnte die Akzise erst ab 1680 verbindlich für Bier, Fleisch, Getreide, Salz und Wein erhoben werden. Preußen leitete ab 1673 die Trennung zwischen Fürstenhof- und Staatshaushalt mit der Gründung einer Hofstaatsrentei ein. 1713 erfolgte als zweiter Schritt die Vereinigung der Schatullgüter mit den Staatsdomänen und gleichzeitig die Festlegung einer Rente für den Hof aus dem Ertrag der beiden Güter. Die Durchführung dieser Angelegenheit wurde erst unter Friedrich II. abgeschlossen. 1722 wurde das 1713 gegründete Generalfinanzdirektorium, das die oberste Verwaltung der Domänen übernahm, mit dem Generalkriegskommissariat zusammengelegt, dessen neue Bezeichnung nun „General-Ober-Finanz-Kriegs-und-Domänen-Direktorium“ oder kurz „Generaldirektorium“ lautete [257: Mayer, Finanzwirtschaft, 265]. Durch diese Maßnahme wurden alle staatlichen Verwaltungsstellen unter einer Zentralstelle vereint. Die Vereinigung der provinzialen Kommissariate, die sich um ständische Steuerangelegenheiten kümmerten, mit den Kammern zu den Kriegs- und Domänenkammern wurde 1723 durchgeführt; damit war der Dualismus im Finanzwesen zugunsten einer einheitlichen staatlichen Verwaltung überwunden.

Staatseinnahmen

In den einzelnen deutschen Staaten zielte die kameralistische Politik auf eine Einkommenserhöhung weiter Bevölkerungsteile bei einer gleichmäßigen Steuerbelastung aller Einwohner. Die Staatseinnahmen setzten sich am Ende des 18. Jahrhunderts im allgemeinen wie folgt zusammen: Ein knappes Drittel wurde von Domänen und Forsten, einschließlich der Abgaben der landesherrlichen Bauern eingenommen. Ebensoviel brachten Zölle und andere indirekte Abgaben ein, insbesondere die Akzise. Die direkten Steuern, vor allem aus dem nichtlandesherrlichen Grundbereich, brachten etwa ein Viertel ein und die staatlichen Gewerbeanstalten und Regalien, z. B. Tabakmonopol, Münzprägung und Porzellanmanufakturen, etwa ein Zehntel. Im Durchschnitt wurden nur etwa 3 v.H. der Gesamtausgaben über Neuverschuldung finanziert. In einigen Ländern betrug diese jedoch bis zu einem Fünftel der jährlichen Ausgaben (Österreich, Bayern in einzelnen Jahren), während andere Länder wenigstens zeitweise sogar einen Staatsschatz anlegen konnten, so vor allem Preußen [68: Henning, Sozialgeschichte, 909]. Die Ausgewogenheit der Steuereinnahmen und deren Einfluß auf den Wirtschaftsablauf wurden bislang noch nicht untersucht. Außerdem wären neue Erkenntnisse über den Prozeß der Zurückdrängung des fiskalischen Interesses zugunsten wirtschaftspolitischer Zielsetzungen wichtig. Zu vermuten ist, daß dieser Prozeß im Zeitablauf starken Schwankungen unterlag, die im Zusammenhang mit der politischen Lage stehen dürften.

Staatsausgaben

Die Ausgaben der Länder bestanden am Ende des 18. Jahrhunderts aus folgenden Positionen: Etwa 40 v.H. der Gesamtausgaben nahmen die Militärausgaben ein (früher häufig bis zu 80 v.H.). Die Ausgaben im zivilen Bereich, z. B. für allgemeine Verwaltung, Bildungswesen, Gerichtsbarkeit und für den fürstlichen Hof betrugen etwa ein Viertel; in größeren Ländern war dieser Anteil geringer (z. B. Preußen, Sachsen), in kleineren Ländern höher (z. B. vor allem in den thüringischen Staaten und in Südwestdeutschland). Etwa ein Siebtel wurde für den Schuldendienst verwendet, wobei in einigen Ländern, z. B. Bayern und Österreich, dieser Posten besonders hoch war [68: HENNING, Sozialgeschichte, 909–910] Den überwiegenden Teil der Hofausgaben stellten die Baukosten und Ausstattungskosten von Schlössern, Theatern u.ä. dar. Da auch die Zivilausgaben, also für Verwaltung und infrastrukturelle Maßnahmen, erst gegen Ende des 18. Jahrhunderts steigende Tendenz aufwiesen, bezweifelt Henning den wirtschaftlichen Impuls, der von der staatlichen Finanzpolitik ausgehen sollte. Seiner Meinung nach wurde durch die einseitige Verwendung der Mittel für militärische Zwecke und den geringen Anteil der Zivilausgaben kein bzw. nur ein geringes Wachstum der Wirtschaft gefördert [68: HENNING, Sozialgeschichte, 910].

Multiplikatoreffekte

Häuser ist der Auffassung, daß sich die Erkenntnis durchsetzte, die Steuerkraft des Landes und damit der Reichtum der Fürsten hänge vom Produktivvermögen und dem Wohlstand der Untertanen ab. Deshalb trieb der Staat nicht nur öffentliche Arbeiten voran (z. B. Kanal-, Straßen- und Brückenbau, Sumpfentwässerungen, Meliorationen), sondern betätigte sich auch selbst unternehmerisch mit der Gründung von Manufakturen, Banken, Sparkassen und Leihinstituten, da er oftmals als Wegbereiter zu unternehmerischer Initiative anregen mußte [235: HÄUSER, Entwicklung, 41]. Die Frage, welche Multiplikatoreffekte von den Staatsausgaben – gegebenenfalls unterschiedlichen regionalen Bedingungen Rechnung tragend – ausgegangen sind, bietet noch breiten Raum für weitere Forschungen.

Staatshaushalt

Bedingt durch verstärkte politische Betätigung der Landesfürsten erweiterten sich die öffentlichen Verwaltungsaufgaben zunehmend. Die Bezahlung der immer größer werdenden und besser ausgerüsteten Heere machte die Erschließung neuer Finanzquellen notwendig. Die ordentlichen Mittel wurden zu knapp. Der Prunk an den fürstlichen Höfen hatte noch zusätzliche Kostenbelastungen für die öffentlichen Haushalte zur Folge. Bisher waren die Haushalte der Länder eher Privatsache der Fürsten – geprägt von dessen Privatausgaben – gewesen, wandelten sich aber langsam in eigentliche Staatshaushalte um, in denen die die Allgemeinheit betreffenden Ausgaben, insbesondere im Zusammenhang mit wirtschaftspolitischen und sozialpolitischen Aufgaben, einen höheren Stellenwert erlangten. Solange nämlich der Dualismus herrschte, galt der Staat mit seinen Einkünften als Eigentum des regierenden Hauses. Mit dem Übergang zum Absolutismus stellte sich der Landesfürst dann in den

Dienst seines Landes [257: Mayer, Finanzwirtschaft, 246]. Der im Finanzwesen existierende Dualismus bezog sich auf das vom Landesfürsten verwaltete „Camerale“ und einem landständischen „Contributionale“. Das Camerale wurde unabhängig vom Contributionale erhoben und diente im allgemeinen zur Finanzierung der fürstlichen Hofhaltung und der zivilen Verwaltung. Das Contributionale beinhaltete Steuern, die von den Ständen dem jeweiligen Fürsten für bestimmte Zwecke bewilligt worden waren, z. B. für Militärausgaben. Die Stände kontrollierten dabei die Mittelverwendung selbst. Im Verlaufe des 17. und 18. Jahrhunderts wurden die außerordentlichen Steuern eine ständige Einrichtung. Die Fürsten erreichten zunehmend Steuerbewilligungen für mehrere Jahre und setzten außerdem durch, daß die Stände nur noch über die Steuerhöhe, aber nicht mehr über die Steuererhebung überhaupt zu entscheiden hatten. Den Fürsten gelang zudem der allmähliche Anschluß der Contributionale an die Camerale [257: Mayer, Finanzwirtschaft, 252]. Insgesamt bedeuteten diese Veränderungen einen großen Fortschritt für die Finanzverwaltung. Die schlechte Steuerverwaltung der Stände wurde durch eine bessere Finanzorganisation der Fürsten ersetzt. Der Dualismus im Finanzwesen wurde somit überwunden. Der Fürst zentralisierte die Steuer- und Finanzverwaltung an seinem Hof.

Entwicklung der Staatsfinanzen

Daß sich die Finanzlage im Laufe des 18. Jahrhunderts tendenziell verbessern konnte, ist nicht zuletzt das Ergebnis eines starken Sparwillens der Fürsten, des Zuflusses von Hilfsgeldern aus England (Bündnispartner), der einfachen politischen Verhältnisse (gegenüber Österreich) und des zielstrebigen Erschließens neuer Finanzquellen für den Staat durch die Verwaltung [257: Mayer, Finanzwirtschaft, 259]. Inwieweit die Fortschritte bei der Art der Steuererhebung dazu beigetragen haben, so zum Beispiel die Einführung von Katastern ab 1745 in Ostpreußen und ab 1742 in Schlesien und Westpreußen zur Vereinfachung der Grundstücksbesteuerung, stellt eine interessante Frage dar. Nicht zuletzt deshalb, weil sich in Österreich, wo die provinzialen Verschiedenheiten lange Zeit kein einheitliches Steuersystem erlaubten, die finanzielle Situation im 17. und 18. Jahrhundert wesentlich schlechter darstellt als in Preußen. Die Schulden des Staates stiegen 1711 bis 1800 von annähernd 30 Mio. fl. auf 605 Mio. fl. Die Bevölkerung Österreichs wurde stärker besteuert als die in Preußen. Die Durchführung der Finanzreform in Österreich erfolgte bewußt nach dem Vorbild Preußens. Man war nun in der Lage, eine Kalkulation der jährlichen Einnahmen vorzunehmen [161: Blaich, Wirtschaftspolitik, 434]. Im Mittelalter errichtete österreichische Zollprovinzen wurden 1775 mit Ausnahme von Tirol zu einem einheitlichen Zollgebiet zusammengefaßt. Nach der Überwindung des Finanzdualismus in Österreich blieben den Ständen nur die „Domästicale" als Einnahmequelle. Mehr Erfolg als bei der Schuldenreduzierung hatte Österreich beim Aufbau eines allumfassenden Staatsbudgets. Nach ersten Entwürfen um 1749 wurde 1768 die volle fiskalische Kasseneinheit (Budget) erreicht.

In Bayern jedoch führten ab Ende des 17. Jahrhunderts Kriege zur Zerrüttung der Staatsfinanzen. Als Folge wuchs die Staatsschuld von 1679 von 8 Mio. fl. bis 1722 auf 20 Mio. fl. an. Im Jahr 1728 begann die Sanierung des Haushalts unter Mithilfe der Stände [257: Mayer, Finanzwirtschaft, 259].

Reichsfinanzen

Die Reichsfinanzen, Steuereinkünfte des Kaisers, stützten sich seit dem Beginn der Neuzeit auf Matrikularbeiträge der Reichsstände, d. h. die einzelnen Fürsten und sonstigen Reichsstände hatten entsprechend den mittelalterlichen Römerzügen einen Anteil eines inzwischen fiktiv gewordenen Ganzen zu entrichten, was aber bei weitem nicht für die Finanzierung der Reichsangelegenheiten ausreichte. Weitere, aber geringe Einkünfte erzielte der Kaiser aus dem sogenannten „Kammerzieler", der zur Erhaltung des Reichskammergerichts diente. Unter dem Namen „subsidia charitativa" zahlte die Reichsritterschaft Steuern an den Kaiser, welche aber nur fallweise als einmalige, nicht als fortlaufende Zahlungen bewilligt wurden. Die Steuerzahlung erfolgte aufgrund von Verhandlungen zwischen Kaiser und Ritterschaft. Sonstige nennenswerte direkte Steuereinkünfte des Kaisers gab es nicht. Die zentralen Reichsstellen mußten sich durch Taxen und Gebühren selbst tragen [257: Mayer, Finanzwirtschaft, 243]. Welche Konsequenzen sich aus dieser starken Abhängigkeit des Reiches in finanzwirtschaftlicher Hinsicht ergaben, kann noch nicht mit Sicherheit gesagt werden.

Steuererhebung

Offenbar gab es keine wirksame Reichsexekutive zur Steuereinziehung. Die Steuererhebung wurde von den Gemeinden bzw. gemeindlichen Funktionären durchgeführt. Die Funktionäre standen oftmals unter Kontrolle landesfürstlicher Organe. Örtliche Besonderheiten bestimmten die Steuereinziehung. In den einzelnen deutschen Ländern existierte nicht einmal ein landeseinheitliches System. Jedoch darf nach Auffassung von Fritz Blaich das bisher noch relativ unerforschte Steuer- und Haushaltswesen nicht unterschätzt werden. Nach dem Dreißigjährigen Krieg übernahmen die Reichskreise [zur Politik der Reichskreise siehe Punkt II.6.] diese Aufgaben und waren, da sie keine eigene Einnahmequellen hatten, auf die finanzielle Unterstützung der Fürsten und Stände angewiesen [161: Blaich, Wirtschaftspolitik, 434–435]. Jene wurden in sogenannte „Kreismatrikel" aufgeteilt, und der „Kreiskassierer" erstellte einen Haushaltsvoranschlag, auf dessen Basis der „Kreiskonvent" seine finanzpolitischen Beschlüsse traf [280: Sicken, Ämter, 266 f.].

Städtisches Finanzwesen

Das städtische Finanzwesen war von Beginn an dem heutigen Finanzwesen sehr ähnlich. Die öffentlichen Haushalte finanzierten sich nicht durch Zuwendungen aus dem Einkommen eines Herrschers (z. B. Landesfürst), sondern mittels selbständiger Erhebung allgemeiner Steuern und Abgaben von den Einwohnern. Der Stadt- oder Landesherr bezog aus der Stadt eine vorher festgelegte Pauschalsumme, welche die Städte aufzubringen hatten, d. h. die Zahlungen an die Stadtherren wurden durch städtische Steuern mitfinanziert, wobei die Steuern nicht der Herrschaft, sondern dem allgemeinen öffentlichen Wohl dienten. Es bildete sich daher schon frühzeitig eine organische Verbindung zwischen Finanzwirtschaft und Volkswirtschaft in den Städten. Zudem förderte diese Art der Finanzwirtschaft die Entwicklung der Städte zu politisch und finanziell selbständigen Körperschaften und deren Autonomie in Finanzsachen [257: Mayer, Finanzwirtschaft, 267].

Städtisches Steuerwesen

Bei der Steuererhebung in den Städten, deren praktischer Ablauf gerade auch unter dem Aspekt der Steuergerechtigkeit noch genauer zu betrachten wäre, galt in Bezug auf die ordentlichen direkten Steuern theoretisch der Grundsatz der Steuergleichheit nach Maßgabe der Steuerkraft. Die direkten Steuern dienten zur Finanzierung der ureigensten Bedürfnisse der Stadt (Militär, Verwaltung, Wohlfahrtspflege). Da die Städte aber in der Praxis bestrebt waren, Steuern dort zu erheben, wo es am bequemsten und einfachsten erschien (Besteuerung des Grundbesitzes) entstand im Zusammenhang mit dem Postulat der Steuergleichheit nicht selten ein Spannungsfeld, das Gegenstand weiterer Forschungsarbeiten sein könnte. Diese Bestrebungen führten zu Versuchen der Städte, den gesamten Grundbesitz in ihrem Gebiet zu besteuern. Dabei wurde aber auch die unterschiedliche Höhe des Vermögens einzelner Steuerzahler bei der Steuererhebung berücksichtigt. Eine weitere direkte Steuer stellte neben der Haus- und Grundbesitzsteuer die Besteuerung der Mieterträge der Häuser dar. Insgesamt war aber die Besteuerung der Häuser im Vergleich zur Besteuerung der Vermögen niedrig. Reiche Stadtbewohner konnten in einigen Städten Steuerverträge mit der Stadt abschließen. Die Fugger in Augsburg beispielsweise konnten sich nach regelmäßiger Zahlung von 600 fl. an den Stadthaushalt von der Pflicht der Selbstveranlagung (Selbsteinschätzung) befreien. Die Steuerhöhe wurde nach oben begrenzt, hohe Vermögensbeträge waren ab einer bestimmten Summe steuerfrei. Die Auswirkungen, die von derartigen Steuervergünstigungen für das Staatsbudget ausgingen, lassen sich derzeit noch nicht genau quantifizieren. Daß sie nicht unbedeutend waren, scheint jedoch plausibel zu sein.

Die Akzise war nicht nur für die Länder, sondern auch für die Städte von Bedeutung. Diese indirekte Steuer wurde an den Stadttoren erhoben und stammte bis zu 90 v.H. aus der Belastung der in die Städte eingeführten Nahrungsmittel. Bei hohem Geldbedarf gingen auch die Städte zur Kreditaufnahme über und verkauften Wertpapiere in Form von Renten (Leibrenten, Ewigrenten), die in der Regel nur von ihnen selbst kündbar waren, nicht aber vom Käufer. Was die Finanzkraft der Städte anbelangt, so vermittelt der derzeitige Stand der Forschung den Eindruck, daß sich viele Städte im 17. und 18. Jahrhundert „am Rande der Zahlungsfähigkeit bewegten" [286: Thomes, Kommunalhaushalte, 98] und um ihr Überleben zu kämpfen hatten. Welchen eventuell im Zeitablauf wechselnden Anteil einzelne Ausgabenposten an dieser Misere hatten, kann derzeit noch nicht abschließend beurteilt werden. Es kann lediglich allgemein festgestellt werden, daß die Städte mit ihrem Haushalt den Bau von Stadtmauern, das Kriegswesen und Kriegszüge, die Sicherung der Selbständigkeit der Stadt ebenso finanzierten wie die Verzinsung der öffentlichen Schulden. Gegen Ende des 18. Jahrhunderts waren die Unterstützungen für die ständig anwachsende Zahl der Armen meistens sogar der wichtigste Ausgabeposten [68: Henning, Sozialgeschichte, 912].

Im Ergebnis läßt sich festhalten, daß die Einnahmen der Städte auf einem unsystematischen Steuerwesen basierten. Trotz bereits erheblicher Belastung mußten die unteren Bevölkerungsschichten oftmals noch zusätzlich erhobene Steuern tragen. So bezeichnet Henning die Verbrauchssteuern als sozial unausgewogen, da diese zusammen mit der landesherrlichen Akzise zu einer unzumutbaren Bürde für den Durchschnittsbürger führten [69: Henning, Deutschland, 282]. Gerade zu der Frage der Auswirkungen einzelner Steuern bzw. zu deren Überwälzbarkeit – nicht nur im kommunalen Bereich – besteht noch Forschungsbedarf. Nach Ansicht Hennings waren auch in den Städten die Investitionen für Infrastrukturmaßnahmen wenig umfangreich und nicht systematisch eingesetzt. Dies habe, so seine Folgerung, langfristig gesehen keine wirtschaftlichen Auswirkungen erzielt. Außerdem sei die gemeindliche und teilweise die landesherrliche Finanzwirtschaft nicht auf die Zukunft ausgerichtet gewesen [68: Henning, Sozialgeschichte, 912]. Inwieweit es überhaupt in der Absicht der Kommunen gelegen hat, unter Verfolgung wirtschaftspolitischer Zielsetzungen auf den Wirtschaftsablauf einzuwirken, oder ob ihre Ausgabenstruktur lediglich die momentanen Anforderungen der jeweiligen Gegebenheiten widerspiegeln, kann derzeit insgesamt noch nicht beantwortet werden. Der aktuelle Forschungsstand auf dem Gebiet der Kommunalhaushalte wird anschaulich von Paul Thomes beschrieben [286: Thomes, Kommunalhaushalte, 91–108].

Entwicklung der Staatswissenschaften

Im 18. Jahrhundert wuchs der Anteil des Staates am Wirtschaftsgeschehen. Durch seine Nachfrage nach Waffen, Munition, Kleidung und sonstiger militärischer Ausrüstung in großem Umfang erlebte jene Produktionsweise einen Aufschwung, die für die Massenproduktion besonders geeignet war, nämlich Verlag und Manufaktur. Die durch Kameralismus und Merkantilismus eingeleitete volkswirtschaftliche Orientierung der Staatswissenschaft hat keineswegs schon im Laufe des 18. Jahrhunderts überall die vom Ende des Mittelalters überkommene Finanzierung der Höfe und das Steuerwesen grundlegend verändert, sondern zunächst mehr zu administrativen Verbesserungen und vereinzelten Neuerungen geführt, z. B. zur Einführung der fiskalischen Kasseneinheit in der ersten Hälfte des 18. Jahrhunderts in Preußen und um die Mitte des 18. Jahrhunderts in Österreich. Damit wurde jene typische und in einer Reihe von Ländern noch lange fortgeführte „Topfwirtschaft" mit separaten Fonds und Schatzverwaltungen abgeschafft, die den Gesamtüberblick über Aufwendungen und Mittel und deren sinnvolle Disposition lange beeinträchtigt hatte.

Der Staatswissenschaft des 18. Jahrhunderts fehlte vor allem die Planung von Einnahmen und Ausgaben, das verbindliche Budget, ohne welches geordnete Finanzen kaum realisierbar sind. Die Bemühungen einzelner Verwaltungen, wenigstens die Einnahmen vorauszuschätzen, konnten dem Finanzwesen solange keinen Halt verschaffen, als nicht auch die Ausgaben festgelegt oder wenigstens überschaubar gehalten wurden, sondern den Notwendigkeiten und Launen täglicher Entscheidungen ausgeliefert waren. Das Haupthindernis gegen die Festlegung der Ausgaben bestand in der Weigerung absolutistischer Herrscher, sich eigener Planung und einer darauf verpflichteten Verwaltung zu unterwerfen [257: MAYER, Finanzwirtschaft, 236–266 und 235: HÄUSER, Entwicklung, 40 ff.].

Eine umfassende und präzise Schilderung der staatswissenschaftlichen, insbesondere finanzwirtschaftlichen Entwicklung im 17. und 18. Jahrhundert ist derzeit also noch kaum möglich. Das mag zum Teil an den heterogenen Gegebenheiten liegen, die in den einzelnen Ländern und Regionen vorherrschten. Hier ist das vorhandene Quellenmaterial verhältnismäßig spärlich und darüber hinaus bei weitem noch nicht vollständig ausgewertet. Jedoch ein wesentlicher Grund ist auch in der Systematik des Forschungsgeschehens zu sehen. Zunächst sind die wichtigsten Arbeiten auf diesem Gebiet schon älteren Datums; zum anderen aber liegen im wesentlichen punktuelle Forschungsschwerpunkte vor. Als Beispiele der neueren Literatur wären hier die Beiträge von Michael North über die ostdeutsche Landwirtschaft [263: NORTH, Abgaben, 77–89], von Christian Dirninger über das Steuersystem im Erzstift Salzburg [219: DIRNINGER, Abgabensystem, 109–145] oder von Wilfried Reininghaus über die Steuerwirkungen in der Grafschaft Mark [268: REININGHAUS, Wirkung, 147–169] zu nennen. Zweifellos liefern derartige partialanalytische Ansätze wichtige Erkenntnisse und stellen wesentliche Bausteine in dem Gesamtbild der Finanzwirtschaft jener Zeit dar. Allerdings ist auf diesem Gebiet noch vieles zu leisten, sei es einmal durch Erarbeitung der finanzwirtschaftlichen Situation in weiteren Regionen oder aber, was mittelfristig die wünschenswertere Richtung wäre, durch den Versuch einer flächendeckenden Forschung.

4. Der Außenhandel

Ausgangslage nach dem Krieg

Der Handel Deutschlands wurde von je her von seiner geographischen Lage günstig beeinflußt. Im 16. Jahrhundert nahm er sogar eine Spitzenstellung im internationalen Vergleich ein. Jedoch bereits zu dieser Zeit und fortgesetzt im 17. und 18. Jahrhundert zeichnete sich eine Verschiebung der wichtigsten Handelszentren, mit denen Deutschland Handelsbeziehungen unterhielt, weg vom Mittelmeerraum hin zu Amsterdam und London, ab [81: Kaufhold, Deutschland, 571]. Die Schwerpunktverlagerung auch des innerdeutschen Handels in weniger kriegszerstörte Gegenden nahm ehemals bedeutenden Städten wie Augsburg und Nürnberg ihre Vorherrschaft und begünstigte im Norden gelegene Gebiete. Jedoch nicht alle Hansestädte konnten in dem Maße wie Hamburg und Bremen profitieren. Die meisten nordöstlichen Hansestädte standen zunehmend im Schatten Englands und Hollands.

So hinterließ der Dreißigjährige Krieg also auch im Bereich des Außenhandels seine Spuren. Internationale Handelsverbindungen und Verkehrswege waren zerstört, und die verminderte Produktion sowie fehlende Geldmittel führten zu einem Absinken des Handelsvolumens unter den Vorkriegsstand. Jedoch schon bald nach dem Krieg kam es zu einer erneuten Belebung der Handelsaktivitäten, so daß die Verluste bis zum Anfang des 18. Jahrhunderts wieder ausgeglichen werden konnten.

Entwicklungstrends

In welchem Maße sich der Außenhandel der deutschen Territorien seit der Mitte des 17. Jahrhunderts entwickelte, läßt sich nur vermuten und grob abschätzen. Es fehlen sowohl Gesamtstatistiken wie auch vollständige Statistiken einzelner Territorien. Insofern können zunächst nur Trends skizziert und größenordnungsmäßige Aussagen gemacht werden. Demnach lag der Außenhandel von etwa 1650 bis Anfang des 18. Jahrhunderts, also in der Phase der Erholung von den Kriegsschäden, auf einem niedrigen Niveau. Danach wuchs er im Zusammenhang mit der Bevölkerung und der Ausdehnung des Gewerbes infolge der staatlichen Wirtschaftspolitik, während seit der Mitte des 18. Jahrhunderts die Privatinitiative stärker wirkte [68: Henning, Sozialgeschichte, 864, 865]. Um 1800 dürften Export und Import bei einem Wert von jeweils rund 120 Mio. Taler (= 360 Mio. Mark) gelegen haben, was einer Exportquote (Export gemessen am Sozialprodukt) von knapp 10 v.H. entsprochen hätte [68: Henning, Sozialgeschichte, 865 sowie die dort genannte Literatur]. Doch sei noch einmal nachdrücklich betont, daß es sich bei den genannten Zahlen um vorläufige, teilweise grob geschätzte Werte handelt. Im folgenden sollen deshalb vorrangig die bisherigen Schwerpunkte der Forschungen und die Ergebnisse dargestellt werden.

Exportgüter

Zu den wichtigsten Exportgütern Deutschlands zählte vor allem Leinwand, die insbesondere nach England und Portugal, aber auch nach Holland, Spanien, Frankreich und Italien verkauft wurde [293: Zorn, Ausfuhrindustrie, 426–428]. Schlesische und sächsische Leinengewebe aus dem Gebiet der Oberlausitz gewannen dabei besondere Bedeutung. Als weitere Zentren im Textilgewerbe bildeten sich die Städte Elberfeld und Barmen heraus, die vor allem über Antwerpen nach Flandern und Frankreich exportierten. Für den Export in südliche Regionen, wie Venedig und Triest, produzierte vor allem das württembergische Oberland [293: Zorn, Ausfuhrindustrie, 429–430]. Augsburg wurde wegen seiner Kattunmanufaktur berühmt; die nötigen Rohstoffe kamen aus Zypern, Westindien und der Levante.

An Metallen sind vor allem Kupfer, Blei und Roheisen zu nennen; diese wurden vornehmlich aus der Harzgegend exportiert. Bayerisches Salz ging in die Schweiz, und auf dem Rhein wurden die nach Holland verkauften Steine und Tone transportiert. Ein wichtiges Exportgut war das Holz des Schwarzwaldes. Von den landwirtschaftlichen Exporterzeugnissen ist vor allem Getreide aus dem ganzen norddeutschen Raum zu nennen [254: Lütge, Wirtschaftliche Situation, 9–10]. Der Handel mit Glas und Porzellan erreichte ebenfalls eine ansehnliche Größenordnung. Vor allem die nordböhmische Glaswarenfabrikation und das Meißner Porzellan erlangten Weltruf [293: Zorn, Ausfuhrindustrie, 444]. Deutschland hatte im Vergleich zum Ausland nur relativ wenige gewerbliche Produkte anzubieten. Obwohl Deutschland im 17. und 18. Jahrhundert noch weitgehend agrarisch geprägt war, betrug der Export von Nahrungsmitteln dennoch nur einen geringen Anteil an den Exporten insgesamt.

Importgüter

Der Katalog der Importwaren ist sehr breit gefächert. Als wichtigste Beispiele seien hier nur folgende genannt: Holz, Getreide, Fische und Eisen aus den skandinavischen Ländern; Südfrüchte, Öl und Wein aus den mediterranen Häfen; Manufakturwaren, Kohle und Salz aus Großbritannien; Luxusartikel, Kolonialwaren und Wein aus Frankreich; Pelze und Rohstoffe aus dem europäischen Osten [254: Lütge, Wirtschaftliche Situation, 8–9]. Die Schweiz erhielt insbesondere als Transitland nach Italien Bedeutung, jedoch auch Schweizer Produkte, wie beispielsweise Uhren, waren gefragte Handelsobjekte.

Handelspartner

Von 1650 bis 1800 beschränkte sich der Handel Deutschlands hauptsächlich auf die europäischen Nachbarstaaten, wobei Holland die Rolle des wichtigsten westlichen Handelspartners übernahm [83: Kellenbenz, Wirtschaftsgeschichte, 353], im Osten waren es Polen und Rußland. Danzig war für Polen, das durch seine Teilung schwer in seinem Handel eingeschränkt war, der bedeutendste Hafen. Deutsche Produkte, wie Getreide, Holz und Holzwaren gelangten über den Seeweg dorthin. Die Handelsverbindungen mit Rußland beschränkten sich vor allem auf die Städte Riga, Reval und St. Petersburg, die mit deutschen Hansestädten (z. B. Lübeck) in Verbindung standen und den Handel mit russischem Getreide und deutschen gewerblichen Produkten abwickelten [251: Kutz, Außenhandel, 195].

Handelswege

Der Handel auf dem Landweg hatte in dieser Zeit unter sehr schlechten Straßenverhältnissen und hohen Binnenzöllen zu leiden [284: Stolz, Entwicklung, 20], wenngleich schon zahlreiche Territorien mit der Verbesserung der Straßenverhältnisse begonnen hatten. Die Erhöhung von Binnen- und Durchfuhrzöllen führte zu einem Rückgang des Transithandels, und die mittelalterlichen Handelswege wurden mehr und mehr verlassen [292: Zorn, Industriegeschichte, 14–15]. Während die Bedingungen für die Landtransporte ziemlich konstant – also schlecht – geblieben sind, konnten auf dem Gebiet der Binnenschiffahrt durchaus Verbesserungen erzielt werden, da Ende des 17. Jahrhunderts die Regulierung von Flüssen und der Bau von Kanälen verstärkt in Angriff genommen wurden. Der Seehandel allerdings entwickelte sich bis 1740 nicht so positiv, wie dies in anderen europäischen Staaten der Fall gewesen war [69: Henning, Deutschland, 272–274]. Die Frage, inwieweit eine Verbesserung der Infrastruktur die Richtung und die Intensität der Handelstätigkeit beeinflußte, bietet für die künftige Forschung einen überaus großen Raum. Die Auswirkungen der zahlreichen Binnenzölle dürfen dabei ebenso nicht vernachlässigt werden, wie die mit der Währungsvielfalt verbundenen Abrechnungsprobleme.

Messestädte

Von großer Bedeutung für den Außenhandel, der sich vor allem auf den Importhandel, den Auktionshandel und den Konsignationshandel konzentrierte, waren die Messestädte Leipzig und Frankfurt am Main. Der Messehandel wurde zu dieser Zeit, als noch der Typ der Warenmesse dominierte, vor allem in zur Straße offenen Gewölben abgehalten [234: Hasse, Messen, 485], in denen alle verfügbaren Waren angeboten wurden, ganz im Gegensatz zur später üblichen Mustermesse [246: Knabe,

Ost-West-Handel, 204–239], auf der der Käufer nach der Prüfung von Musterexemplaren Bestellungen aufgab. Seit dem Mittelalter stand Frankfurt am Main in dem Ruf, als Messestadt im deutschen Raum unübertroffen zu sein. Auch nach dem Krieg gelang es Frankfurt am Main – im Gegensatz zu anderen Städten – wieder an seine frühere Bedeutung anzuknüpfen. Die Handelsbeziehungen reichten nach Westen, Süden und Südwesten, vor allem in die Schweiz und nach Frankreich [244: Kellenbenz, European Economy, 287 und 83: Kellenbenz, Wirtschaftsgeschichte, 345,354]. Mit dem Beginn des 18. Jahrhunderts trat Leipzig aus dem Schatten Frankfurts heraus. Leipzig profitierte von den guten Absatzmöglichkeiten nach Osten und Südeuropa sowie nach dem Mittleren Osten. Es gab noch eine ganze Reihe anderer Messestädte im Reich, von denen insbesondere Naumburg, Frankfurt an der Oder, Braunschweig, Linz, Straßburg und Salzburg Erwähnung verdienen. Sie fielen zwar unter die Rubrik „Messen zweiten Ranges" [250: Kroker, Handelsgeschichte, 164], doch sie waren dennoch – zumindest zeitweise – nicht nur von lokaler Bedeutung. Trotz einzelner Aufwärtstendenzen zeichnete sich allerdings schon bald der langsame Niedergang dieser Messen ab [238: Hoffmann, Oberösterreich, 144].

Seehandel

An der Nord- und Ostsee verfügte Deutschland über eine ganze Reihe von Häfen, von denen jeder für sich ein Tor für den Außenhandel darstellte. Von den ostfriesischen Häfen war Emden der bedeutendste [254: Lütge, Wirtschaftliche Situation, 21]. Lübeck hatte den Krieg ohne nennenswerte wirtschaftliche Einbußen überstanden, mußte nun aber feststellen, daß die Privilegien, welche die Stadt früher aufgrund ihrer Mitgliedschaft bei der Hanse genossen hatte, nicht mehr erneuert wurden. Ehemalige Hansestädte, wie Stralsund, Wismar und Stettin, die nun unter schwedischer Herrschaft waren, profitierten von besseren Handelsbedingungen [264: Olechnowitz, Seeschiffahrt, 180]. Dennoch gelang es Lübeck, neben Danzig und Hamburg der bedeutendste Transithafen für die Ex- und Importe der nordosteuropäischen Länder zu werden [238: Hoffmann, Oberösterreich, 138]. Für den Rußlandhandel [232: Harder-Gersdorff, Handelskonjunkturen, 15–45], auf dem Seeweg war Lübeck der Hauptumschlagplatz, nahm jedoch aufgrund der englischen Konkurrenz das Handelsvolumen nur langsam zu [259: Menke, Beziehungen, 44 und 290: Wiskemann, Welthandelspolitik, 104]. Hamburg, das sich erst Ende des 16. Jahrhunderts zu einer selbständigen, von Lübeck unabhängigen Handelsstadt entwickelt hatte, erlebte gerade in der ersten Phase des Dreißigjährigen Krieges einen starken wirtschaftlichen Aufschwung, dem die Stadt ihre Bedeutung nach dem Kriege zu verdanken hatte [289: Vogel, Wirtschaftskrisen, 62–63 und 256: Mauersberg, Sozialgeschichte,

217]. Wenngleich die Stadt mit vielerlei Problemen zu kämpfen hatte, stieg sie dennoch zur unbestrittenen Nummer 1 unter den Seehandelsstädten der Nord- und Ostsee auf [69: HENNING, Deutschland, 268]. Das spezifisch hamburgische Handelsgebiet umfaßte die Stromgebiete der Elbe und der Oder. Auch aus der Fertigstellung des Oder-Spree-Kanals hatte die Stadt großen Nutzen gezogen, denn insbesondere Leinen, der wichtigste deutsche Exportartikel, gelangte aus Schlesien über diese Strecke nach Hamburg [208: BEUTIN, Mittelmeergebiet, 59]. Hinter Hamburg, dessen souveräne Vormachtstellung ungefährdet blieb, wurde Bremen zur zweitmächtigsten deutschen Seehandelsstadt.

Handelsgesellschaften

Da beim Überseehandel die Transportkosten sehr hoch waren und oftmals Stützpunkte oder Faktoreien errichtet werden mußten, ergab sich ein sehr hoher Kapitalbedarf. Diese Tatsache führte zur Gründung sogenannter Handelsgesellschaften oder Handelskompagnien [63: HAUSSHERR, Neuzeit, 178–186], die das Finanzierungsproblem üblicherweise über die Ausgabe von Aktien lösten [146: TREMEL, Sozialgeschichte, 274 und 160: BLAICH, Merkantilismus, 169]. Diese Gesellschaften genossen zum Großteil wesentliche Privilegien ihrer Landesherren, wie z. B. günstigere Zollbedingungen oder die Zuerkennung von Monopolen [146: TREMEL, Sozialgeschichte, 274–275]. Somit stand der direkte Fernhandel sehr unter dem Einfluß der mächtigen Landesfürsten, welche die Handelskompagnien als Instrumente ihrer Kolonialpolitik einsetzten [267: REIN, Europa, 329]. Als wichtigste Gesellschaften sind zu nennen: die Brandenburgisch-Afrikanische Handelskompagnie, die Ostindische Handelskompagnie, die Orientalische Kompagnie und die Russische Kompagnie.

Merkantilistische Außenwirtschaftstheorie

Die Außenwirtschaft nach dem Dreißigjährigen Krieg war ganz von der merkantilistischen Denkweise geprägt. Die Merkantilisten erkannten die Bedeutung der Zahlungsbilanz und hier wiederum der Handelsbilanz für die Entwicklung eines Landes. Mit zahlreichen wirtschaftspolitischen Maßnahmen [siehe Punkt I.3.3.2.], die auf einen aktiven Handelsbilanzsaldo hinwirken sollten, versuchten sie die Außenhandelsposition des Landes zu verbessern. Dieses Ziel – verfolgt von allen in Handelsbeziehung stehenden Staaten – läßt sich jedoch nicht realisieren. Zum einen deshalb, weil der Mechanismus des Zahlungsbilanzausgleichs mit den induzierten Kapitalströmen und deren Einfluß auf die Preise ausgleichend wirkte [160: BLAICH, Merkantilismus, 88] und weil die vom internationalen Handel abhängigen Kaufleute in der Regel versuchten, Handelsbeschränkungen seitens des Reiches oder der Länder zu umgehen. Französische Waren, die hauptsächlich von handelspolitischen Beschränkungen betroffen waren, kamen oftmals über Drittländer nach Deutschland [163: BOG, Reichsmerkantilismus, 123–126]. Der zum Teil massive Widerstand der exportorientierten Handelsstädte stellte jedoch das Hauptproblem bei der Umsetzung der Handelsbeschränkungen dar. Diese versuchten ständig darauf hinzuwirken, die Handelsschranken abzuschaffen, einzuschränken oder aber wenn nötig auch zu umgehen [244: KELLENBENZ, European Economy, 126]. Durch die Errichtung von Filialen in neutralen Nachbarländern, wie der Schweiz, Dänemark und Polen gelang es einigen deutschen Handelshäusern, ihre Handelsbeziehungen zu Frankreich aufrechtzuerhalten [211: BOG, Kaufleute, 27–28 und 243: KELLENBENZ, Reichsstädte, 146, 161].

Festzuhalten ist, daß Deutschland meist eine passive Handelsbilanz aufwies. England exportierte Ende des 18. Jahrhunderts mit zunehmender Rate nach Deutschland. Von 1788 bis 1793 stieg der Wert von etwa 8,4 Mio. auf etwa 72 Mio. Taler. Deutschland importierte schätzungsweise sechsmal mehr aus England als es dorthin exportierte [242: KELLENBENZ, Außenhandel, 51]. In der Statistik wurde mit „offiziellen Preisen" gerechnet, die tatsächlichen Preise aber änderten sich. So behauptet Kutz, daß in der Zeit von 1796 bis 1853 England nur in fünf Jahren einen Exportüberschuß erwirtschaftet habe [251: KUTZ, Außenhandel, 16]. Damit bringt Kutz ein weiteres Problem zur Sprache: die Aussagefähigkeit der in Statistiken genannten Preise. Im Handel mit Frankreich erzielte Deutschland ebenfalls ein Defizit. Vogel ermittelte für den deutschen Export im Jahr 1780 einen Wert von 3,18 Mio. Taler, der bis 1789 auf 7,5 Mio. Taler anstieg [288: VOGEL, Seeschiffahrt, 238]. Für andere Länder (Holland, Rußland, Spanien, Portugal, Schweden) liegt nur spärliches Zahlenmaterial vor, so daß keine eindeutigen Aussagen getroffen werden können, sondern nur festzustellen ist, daß in der Gesamttendenz der Handelsbilanzsaldo aus deutscher Sicht negativ gewesen sein dürfte. Auch die verschiedenen Bewertungen der Waren aufgrund von unterschiedlichen Münzfüßen erschweren die statistische Erfassung [242: KELLENBENZ, Außenhandel, 52]. Noch problematischer ist die Aufstellung einer Zahlungsbilanz. Zahlen über Ausgaben für Dienstleistungen, Kommissionshandelsprovisionen, Lohnverdienste von Wander- und Saisonarbeitern usw. ließen sich bislang nicht ermitteln [23: AUBIN/ZORN, Handbuch, 569].

Problematische Datenlage

Einen vollständigen Überblick über die deutsche Außenhandelsgeschichte geben zu wollen ist also sehr problematisch. Es gibt zwar eine stattliche Anzahl von Abhandlungen über einzelne Entwicklungstendenzen, die jedoch noch sehr lückenhaft sind, so daß Schlußfolgerungen grundsätzlicher Art entsprechend unsicher, wenn überhaupt möglich sind [81: KAUFHOLD, Deutschland, 571]. Zahlreiche Quellen und Statistiken sind unzureichend oder noch nicht ausgewertet. Außerdem wurde im betrachteten Zeitraum auch der Handel innerhalb der einzelnen deutschen Länder als Außenhandel bezeichnet; nach heutigem Verständnis würde man hier von Binnenhandel sprechen. Nicht zuletzt deshalb ist es sehr schwer, wenn nicht gar unmöglich, aus der gegebenen Quellenlage richtige Ergebnisse zu erarbeiten. Künftige Forschungsarbeiten könnten auf die Statistiken und Aufzeichnungen der deutschen Handelspartner zurückgreifen, was Martin Kutz bereits versucht hat [251: KUTZ, Außenhandel]. Dort liegen nämlich zum einen teilweise bessere und vollständigere Statistiken vor, zum anderen wird Deutschland als geschlossener Raum betrachtet. Der deutsche Außenhandel könnte also nur in mühsamen Neuberechnungen erarbeitet werden, so daß vermutlich eine Vielzahl von Thesen zur Wirtschaftsentwicklung dieses Zeitraums geändert oder relativiert werden müßte. Jedoch auch ausländische Quellen müssen von Fall zu Fall mit Vorsicht verwendet werden [251: KUTZ, Außenhandel, 14].

Auch aus einem anderen Grund ist es sehr schwierig, korrekte Aussagen über die Werte von Ein- und Ausfuhren zu machen. Es wurde nämlich in der Regel nicht zwischen Einfuhr und Durchfuhr unterschieden. Die Zahlen in den Statistiken sind weiterhin oft unvollständig, da sie auf Zollangaben basieren und manche Im- oder Exporte vom Zoll befreit waren, beispielsweise staatliche Geschäfte, die dem Armee- und Flottenbedarf dienten. Zudem wäre eine Ergänzung der vorhandenen Daten durch den Umfang der Schmugglerwaren vorzunehmen. So ermitteln auch verschiedene Autoren unterschiedliche Zahlen über den Umfang des europäischen oder internationalen Handels [83: KELLENBENZ, Wirtschaftsgeschichte, 374; 282: SOMBART, Kapitalismus, 953 und 242: KELLENBENZ, Außenhandel, 50].

Die zu Teilbereichen des deutschen Außenhandels zwar zahlreich vorhandene Literatur ist in der Hauptsache älteren Datums. In der jüngeren Vergangenheit wurde zu diesem Themenbereich recht wenig publiziert. Eine dieser Lücken will ein Forschungsprojekt von Adelheid Simsch (Berlin) zum Thema „Deutsche Kaufleute in Genua (1590–1648)“ schließen helfen. Dabei geht es vorrangig um die eigenständige Teilnahme deutscher Kaufleute am Genueser Handel, die Exporte oberdeutscher Handelshäuser über die Alpen und den deutschen Mittelmeerhandel über den atlantischen Seeweg. Gerade das zuletzt genannte Problem zeigt die bisherige Vernachlässigung wesentlicher Aspekte der deutschen Außenhandelstätigkeit, denn seit einer kurzen Studie zum deutschen Leinenhandel in Genua im 17. und 18. Jahrhundert [209: BEUTIN, Leinenhandel], ist dazu nicht mehr geforscht worden. Im übrigen zeigt jenes Forschungsprojekt, wie mit Hilfe von Erkenntnissen über den Außenhandel neuen Fragestellungen nachgegangen werden kann, in diesem Fall der Frage nach dem

Beitrag von Fernhandelskaufleuten zur Entwicklung eines zusammenhängenden deutschen Wirtschaftsgefüges.

Seit etlichen Jahren wird im Rahmen des Sonderforschungsprogramms „Historische Statistik von Deutschland" der Deutschen Forschungsgemeinschaft in Bamberg unter der Federführung von Jürgen Schneider eine intensive Forschung zu den Währungen der Welt betrieben. Diese wird durch ihre umfassende Darstellung sämtlicher wichtiger Wechselkurse seit dem 17. Jahrhundert alle künftigen Arbeiten zum Außenhandel wesentlich erleichtern und bisherige Ergebnisse bestätigen oder zu einer Revision zwingen. Aus europäischer Sicht wichtig sind die Bände „Währungen der Welt III: Europäische Wechselkurse im 17. Jahrhundert" und „Währungen der Welt VI: Geld und Währung in Europa im 18. Jahrhundert", jeweils herausgegeben von J. Schneider, O. Schwarzer, M.A. Denzel und F. Zellfelder (1994) [275: Schneider, Währungen III. und 276: Schneider, Währungen IV.].

5. Sozialpolitische Maßnahmen

Begriffseinordnung

Der Begriff der praktischen Sozialpolitik ist trotz zahlreicher Bemühungen um eine dem damaligen Zeitverständnis entsprechende Definition umstritten geblieben, insbesondere deshalb, weil die Sozialpolitik wegen ihrer Dependenz vom Wandel der sozialen Zustände auch geschichtlichen Veränderungen unterliegt [252: Lampert, Sozialpolitik, 3]. In dem hier betrachteten Zeitraum von fast 200 Jahren wurde aufgrund der wirtschaftlichen und politischen Verhältnisse die Armut eines der bedeutendsten sozialen Probleme. Deshalb verstand sich die damalige Sozialpolitik vorwiegend, jedoch nicht ausschließlich, als Armenpolitik. Der Begriff Armenpolitik beschränkte sich zu dieser Zeit aber nicht nur auf den heutigen Begriff der Sozialhilfe, sondern deckte auch andere Teile sozialpolitischen Handelns ab, so z. B. die Alten- und Jugendhilfe oder den Bereich der Wohnungspolitik. Weiterhin soll in diesem Abschnitt kurz die Bildungspolitik angesprochen werden, weil diese im Rahmen der Erziehung als wichtiges Mittel zur Bekämpfung der Armut erkannt wurde.

Umgestaltung des Fürsorgewesens

Im 16. Jahrhundert war der seit dem Spätmittelalter begonnene Prozeß des Übergangs von Bettelordnungen zu Armenordnungen, welche vor allem zwischen Arbeitsunwilligen und Arbeitsunfähigen unterschieden, weitgehend abgeschlossen. Das Betteln war nun generell verboten, das gesamte Fürsorgewesen war damit umgestaltet worden. Über die Motive und Leitbilder, die im Zeitablauf diesen Übergang vorangebracht und letztlich den Weg hin zu einer verbesserten und problemorientierteren Sozialpolitik geebnet haben, kann jedoch noch kein abschließendes Urteil gefällt werden. Hauptaugenmerke der neuen Armenfürsorge waren nun die Kommunalisierung, die Rationalisierung und die Pädagogisierung. Die Kommunalisierung bedeutete, daß die Zuständigkeit für die Armenunterstützung in Form von Almosenvergabe Schritt für Schritt vom kirchlichen Bereich auf die städtischen Räte übergegangen war. Der Staat übernahm nun verstärkt die Aufgabe der Armenfürsorge und legte die Regeln fest. Die Durchführung der sozialen Maßnahmen überließ er oftmals den Kommunen oder privaten Organisationen. Welchen Anteil im 17. und 18. Jahrhundert letztlich der Staat ganz allgemein und nach wie vor die Kirche auf dem Gebiet der Sozialfürsorge inne hatten, ist bislang noch nicht endgültig untersucht worden.

Mit dem Prozeß des Überganges der Armenfürsorge vom kirchlichen Bereich auf örtliche Zuständigkeiten war zwangsläufig der Weg zu einer zweckrationalen sozialpolitischen Strategie vorgezeichnet. Durch das ständig anwachsende Bettlertum war die Stadtobrigkeit angehalten, allmählich Gegenmaßnahmen zu ergreifen. Zunächst unterstützte man nur noch einheimische Arme, das Betteln ortsfremder Personen sollte unterbunden werden. Als Abgrenzungskriterien der Unterstützungsberechtigung dienten die Arbeitsfähigkeit, die soziale Situation und das Arbeitseinkommen [271: SACHSSE/TENNSTEDT, Armenfürsorge, 31]. Denn arbeitsfähige Personen sollten durch Arbeit und nicht durch Betteln ihr Einkommen erzielen. Man beließ es jedoch nicht bei bloßer Unterstützung der Armen, sondern versuchte, mittels erzieherischer Maßnahmen in der Armenfürsorge die Arbeitsdisziplin zu verbessern. Man war nämlich der Meinung, daß die Armut das Resultat von fehlendem Fleiß und moralischer Verfehlung sei. Durch die Erziehung zum Fleiß sollte die Armut überwunden werden, und die Armen sollten als „nützliche Individuen" wieder in die Gesellschaft integriert werden. Über den Wert und die Qualität derartiger Erziehungsmaßnahmen sind die Auffassungen in der Literatur durchaus vielgestaltig. Je nach Standpunkt des Autors wird der Zwangscharakter oder die Nützlichkeit (im Hinblick auf eine Wiedereingliederung in die Gesellschaft) dieser Maßnahmen hervorgehoben. Eine abschließende Beurteilung steht derzeit noch aus.

Arbeitserziehung

Allmählich begann man gegen Ende des 16. Jahrhunderts, auf die in Waisen- und Findelhäuser untergebrachten Kinder arbeitserzieherisch einzuwirken. Die im allgemeinen bis zum Dreißigjährigen Krieg noch sehr stark von der Kirche beeinflußten Häuser legten ihren Schwerpunkt auf die schulische Unterrichtung der Kinder sowie deren Mitarbeit in Haus- und Landwirtschaft. Insbesondere in calvinistischen Städten kam es oft auch zu einer Verbindung von Waisen- und Zuchthäusern, wo arme

Kinder und Waisen zusammen mit Erwachsenen untergebracht wurden. Im Unterschied zu reinen Waisenhäusern war in allen Zuchthäusern die Arbeit oberste Erziehungsmaßnahme [240: KALLERT, Arbeitserziehung, 11]. Über den Erfolg solcher Erziehungsmaßnahmen, insbesondere im Hinblick auf die Charakterbildung gerade von Kindern und Jugendlichen wissen wir noch äußerst wenig. Die Beantwortung einer derartigen Frage dürfte nicht zuletzt aufgrund der lückenhaften Quellenlage auf Schwierigkeiten stoßen.

Verschlechterung der Armenfürsorge

Bis zum Dreißigjährigen Krieg nahm das Armenproblem aufgrund des Bevölkerungswachstums und des Teuerungstrends immer größere Ausmaße an. Trotz dieses bedenklichen Anstiegs kam es in dieser Zeit eher zu einer Rückentwicklung im Armenwesen. Denn es läßt sich grundsätzlich eine Verschlechterung der Armenfürsorge feststellen, die ihre Ursachen maßgeblich in der mangelhaften Organisation, der unzureichenden Kenntnis der Kastenherren (Verwalter des Almosenamtes), im Fehlen von qualifiziertem Personal sowie in der nachlassenden Spendenbereitschaft der Bevölkerung bei gleichzeitig steigenden Ausgaben der Fürsorge hatte [247: KOCH, Wohlfahrtspflege, 43]. Für Hamburg betrachtete man die Organisation des Armenwesens sogar als „in Verfall gerathen", da die Mitglieder des dortigen Armenkollegiums nur einmal im Jahr zusammengebracht werden konnten, und das nur mit Hilfe „einer Tonne Hamburger Bieres" [258: VON MELLE, Entwicklung, 19].

Soziale Einrichtungen

Als weitere soziale Einrichtung gehörten zu Beginn des 17. Jahrhunderts neben den Waisen- und Zuchthäusern in jeder größeren Stadt Häuser, die der Alten- und Krankenpflege dienten. Dies waren vor allem die Krankenhäuser und Spitäler. Im Laufe der Zeit hatten sich die Spitäler immer mehr zu Altenheimen oder zu Unterbringungsorten für Geisteskranke entwickelt. Besonders während des Dreißigjährigen Krieges kam es zur Gründung spezieller Spitäler, den sogenannten Pfründneranstalten, in denen man neben Geisteskranken vor allem Personen mit ansteckenden Krankheiten unterbrachte [253: LAUSER, Armenpflege, 54]. Die Pflege und Behandlung für bettlägerige Kranke wurde im allgemeinen bei diesen zu Hause und auf deren Kosten durchgeführt. In größeren Städten jedoch verschlechterte sich die häusliche Versorgung soweit, daß kirchliche Institutionen und die Städte selbst Krankenhäuser errichten und sich an deren Unterhalt finanziell beteiligen mußten. Die medizinische Versorgung war jedoch im allgemeinen schlecht. Außer wenigen akademischen Ärzten und handwerklichen Chirurgen waren es insbesondere Bader und Wundärzte, die von der breiten Bevölkerungsschicht aufgesucht wurden.

Städtisches Fürsorgewesen

Eine umfassendere Armenfürsorge bildete sich im Laufe des 16. Jahrhunderts durch die Zentralisierung kirchlicher und privater Hilfsmittel. So besaß nahezu jede größere Stadt als Leitstelle des Fürsorgewesens ein Almosenamt. Dieses war mit Ratsmitgliedern besetzt, welche die Armenkassen, sogenannte „Kästen“, verwalteten. Unterschiede zwischen den Städten zeigten sich bezüglich der wichtigsten Form der Armenpflege, der direkten Unterstützung der einheimischen Armen. Als arm galten alle, die durch Alter, Krankheit oder Unglücksfall verhindert waren, sich ihren eigenen Lebensunterhalt zu verdienen. Das waren vor allem Waisenkinder, Kranke, Wöchnerinnen und alte Leute ohne Familie. Einmal in der Woche wurde die Unterstützung entweder in Form von Geld oder in Naturalien ausgereicht. Um Mißbräuchen vorzubeugen, bevorzugte man die Austeilung in Form von Naturalien, und man verbot den Fürsorgeempfängern zudem, die Wirtshäuser zu betreten. Das Hauptaugenmerk der Unterstützung wurde auf die Versorgung der Armen mit Lebensmitteln und Brennholz gelegt, um diesen wenigstens das Existenzminimum zu garantieren. Nur falls dies nicht gelang, durften sich die Armen den Rest „offiziell“ an bestimmten Tagen erbetteln.

Auswärtigen Bettlern reichte man nur in Ausnahmefällen ein Almosen, meist wurden diese aber von der Stadtverwaltung aufgefordert, die Stadt baldigst wieder zu verlassen [217: DENZLER, Geschichte, 74]. Eine besondere Art der Armenfürsorge war die Unterstützung verarmter Handwerker aus den Almosenkassen. Diesen gewährte man ein Darlehen, das jedoch bei nicht wesentlicher Besserung der finanziellen Lage nicht zurückbezahlt werden mußte. In manchen Städten entwickelte sich hier eine regelrechte Leihkasse, die nicht nur von Handwerkern in Anspruch genommen wurde. Die Finanzierung dieser Unterstützungskassen erfolgte durch säkularisierte Kirchengüter oder andere Quellen, wie z. B. regelmäßige Haussammlungen. Bei Nachlassen der Spendenfreudigkeit der Bevölkerung erhob man am Anfang des 17. Jahrhunderts auch verschiedene Verbrauchssteuern zur Finanzierung der Armenversorgung [210: BISLE, Armenpflege, 48 f.]. Dieses interessante System der Armenunterstützung über die sogenannten Unterstützungskassen würde eine genauere Untersuchung verdienen.

Unterschiede Stadt – Land

Durch den Dreißigjährigen Krieg, mit seinen verheerenden Folgen für die Wirtschaft, verstärkten sich die sozialen Probleme in Deutschland ganz erheblich, obwohl wegen des hohen Bevölkerungsverlustes und der bis Ende des 17. Jahrhunderts niedrigen Agrarpreise die Reallöhne hoch waren und Arbeitslosigkeit kaum herrschte. Vor allem auf dem Land stellte man nicht zuletzt wegen der niedrigen Agrarpreise ein Anwachsen der Armut fest, und so kam es häufig vor, daß eine Stadt nun Sonderausgaben hatte, wie z. B. Nürnberg 1661, an „fremden exulierenden, abgebrannden, gefangenen auch andern nottdürfftigen Personen, in und ausser der Statt, welche kein beständiges Almosen...haben" [295: Stadtarchiv Nürnberg]. Über den Anteil der ländlichen und städtischen Armen und deren eventuell unterschiedliche Versorgung liegen noch keine Untersuchungen vor. Besonders in den letzten zehn Jahren des 17. Jahrhunderts stiegen die Ausgaben für Arme ständig an. Bis in die erste Hälfte des 18. Jahrhunderts hatten sich die sozialen Verhältnisse aufgrund des Bevölkerungswachstums und der möglicherweise niedrigen Arbeitsmoral schon so weit zugespitzt, daß sie zusammen mit den Zuständen in der zweiten Hälfte des 18. Jahrhunderts dieses insgesamt zum „Jahrhundert der Bettler und Gauner" gemacht haben.

Staatliche Zuständigkeitsregelung

Die Entwicklung der Territorien zu absolutistischen Staaten war nach dem Dreißigjährigen Krieg in Deutschland ein entscheidendes Merkmal für die Ausgestaltung der Sozialpolitik. Neben der Wirtschaft wurde die gesamte Wohlfahrt der Untertanen zum Gegenstand staatlicher Reglementierung. Die staatliche Verwaltung entzog das Armenwesen der autonomen Gestaltung durch Städte und Gemeinden und machte es so zum Instrument zentralstaatlicher Lenkung der Armutsproblematik [271: SACHSSE/TENNSTEDT, Armenfürsorge, 86]. 1794 wiesen im Allgemeinen Landrecht für die Preußischen Staaten immerhin 89 Paragraphen differenzierte Regelungen über die Handhabung der Armenpflege auf. Die eigentliche Durchführungskompetenz blieb jedoch im Bereich der Gemeinden, da auch die absolutistische Armenfürsorge an den Reichspolizeiverordnungen von 1530, 1548 und 1570 festhielt. Der Grundsatz, wonach jede Stadt und Kommune ihre Armen selbst versorgen sollte, wandelte sich vom Prinzip originärer Selbstverwaltung zur formalen Zuständigkeitsregelung. Die weiterhin existierenden konfessionellen und privaten Stiftungen wurden dem Herrschaftsanspruch des Landesherrn entsprechend nachgeordnet.

Fehlende Reformen im Armenwesen

Die Finanzschwäche der Städte scheint ein Hauptgrund dafür gewesen zu sein, daß wesentliche Reformen im Armenwesen nicht zustande kamen. Das Armenwesen blieb auf dem status quo vor dem Dreißigjährigen Krieg, was bedeutete, daß die meisten Städte gezwungen waren, sich auf die armenpolizeilichen Maßnahmen zu beschränken [260: MÜNSTERBERG, Armenpflege, 31 f.]. So standen die Beseitigung des Gassenbettels und die gleichzeitige Sicherstellung der Versorgung der wirklich Bedürftigen im Mittelpunkt. Auch die Instrumente der Sozialpolitik blieben die gleichen wie vor dem Dreißigjährigen Krieg: Almosenämter oder Armenkassen auf der einen und repressive Maßnahmen, insbesondere Bettelverbote auf der anderen Seite.

In der Landgrafschaft Hessen-Kassel z. B. ergingen zwischen 1672 und dem Ende des 18. Jahrhunderts 51 Verordnungen und Verlautbarungen bezüglich der Armenpflege, von denen aber lediglich drei Verordnungen Ansätze zur Reform der Armenversorgung und zur direkten Bekämpfung des Bettelwesens aufwiesen. Ansonsten gab man sich mit Aufrufen zu einer besseren Durchsetzung der Bettelverbotsordnungen zufrieden, oder man rügte lediglich die Säumigkeit von armenpolizeilichen Organen und die verbotswidrige Almosenabgabe an Bettler [272: SCHÄDLER, Veränderungen, 134f., 138]. Eine weitere Verordnung im Jahre 1720 zeigt das überaus bürokratische Vorgehen gegen nicht registrierte oder nicht als „verschämt" anerkannte Arme auf: Hier handelte es sich um „fromme, hausarme, bedürftige Personen... die sich aus guten christlichen Gründen schämen zu betteln, jedoch ohne persönliche Hilfe und Handreichung nicht zu leben vermögen" [Aus der Nürnberger Armenordnung von 1522: zitiert nach 271: SACHSSE/TENNSTEDT, Armenfürsorge, 70]. Diese Leute wurden von den Armenpflegern separat verzeichnet. Sie brauchten sich ihre Unterstützung nicht selbst abzuholen, sondern bekamen sie ins Haus geliefert.

Trotz dieses großen Bürokratismus und der strengen Überwachung der bislang ausgewerteten Verordnungen erwiesen sich diese in den folgenden Jahrzehnten als kaum durchführbar. Ein Hauptgrund könnte darin gelegen haben, daß trotz Strafandrohung weiterhin Almosen an herumziehende Bettler gereicht wurden. In Hessen-Darmstadt z. B. kam es erst 1776 zu einem Versuch, die Armenpflege neu zu organisieren. Eine neu errichtete Armendeputation sollte die Mißstände beseitigen. Eine solche Einrichtung gab es seit 1748 auch in München [265: PEINTINGER, Wohlfahrtswesen, 3]. Ihre Wirkungen blieben aber meistens gering, so daß man größeren Eifer auf die Durchsetzung von Bettelverboten in den Bettelordnungen legte, so z. B. von 1770 bis 1780 in München.

Kampf gegen das Betteln

Dieser Kampf gegen das Betteln wurde vermutlich überall gleich durchgeführt, wobei man sich solcher Mittel wie Strafandrohung, Bestrafung und Stadt- bzw. Landesverweis bediente. Streifende Polizeieinheiten oder gar ganze Husarenkompanien führten Jagden und Razzien auf den Landstraßen durch. Da sich die Bettler in den territorial zersplitterten Gebieten wie z. B. Schwaben und Franken aber der Verfolgung durch einfaches Ausweichen auf das Nachbardorf entzogen, einigte man sich auf höherer Ebene zu drastischeren Maßnahmen. Vagabunden, die sich nicht ausweisen konnten und etwa des Diebstahls verdächtig waren, wurden nach dem ersten Ergreifen mit Ruten gestaupt, beim zweitenmal gebranntmarkt und beim drittenmal entweder gehängt oder an italienische Städte als Galeerenhäftlinge verkauft [222: ENDRES, Armenproblem, 115, 117].

Auf ähnliche Weise gingen die Städte vor. Die Stadt Hannover wies in ihrer Armenordnung von 1700 die Armenvögte an, die Bettler zu fangen und ihrer Strafe zuzuführen. Die dort 1721 zusätzlich zu den Armenvögten eingesetzten Patrouillen bekamen für jeden aufgegriffenen Bettler sogar eine Kopfprämie von 12 Mariengroschen, für jedes Kind 9 Mariengroschen [212: Brügmann, Armenpflege, 99]. Inwieweit die genannten drakonischen Strafen auch tatsächlich immer verhängt wurden, ist noch unklar.

Unterstützungswürdige Personen

Im Verlauf des 18. Jahrhunderts hatte sich an dem Personenkreis, der als unterstützungswürdig anerkannt wurde, nichts geändert. So galten gemäß einer 1790 in Darmstadt erlassenen Verordnung folgende Personen als unterstützungswürdig: 1. Nicht mehr arbeitsfähige Arme wegen Alters oder Gebrechens, 2. Waisenkinder, die aus irgendeinem Grund nicht ins Waisenhaus kamen, 3. Arme Soldatenwitwen oder deren Kinder, 4. Jeder wegen langer Krankheit usw. hilfsbedürftige Einwohner. Die regelmäßige Unterstützung reichte meist kaum für das Allernotwendigste, bei besonderen Unglücksfällen gab es meist noch ein „außerordentliches Beisteuern" [249: Koob, Armenwesen, 14]. In der Regel reichten die Einnahmen kaum aus, da sich auch die Finanzierung nicht von der Zeit vor dem Dreißigjährigen Krieg unterschied. Die Frage, inwieweit die öffentliche Armenfürsorge durch Zahlungen privater Unterstützungskassen, die sich aus den Fürsorgeeinrichtungen der Zünfte herleiten ließen, entlastet wurden, bleibt derzeit noch offen. Die These, daß diese privatrechtlich organisierten Kassen, die in Krisenzeiten wie Krankheit, Alter oder Invalidität Hilfe leisteten, ein zusätzliches Ansteigen des Armenproblems abschwächen konnten, scheint plausibel, wäre aber noch zu untermauern.

Anstaltswesen

Eine besondere Einrichtung des Absolutismus im Bereich des Armenwesens war die Beschäftigung in geschlossenen Anstalten, wie Armen-, Arbeits-, Zucht- und Werkhäusern sowie als eine gewisse Sonderform die bereits erwähnten Waisenhäuser. Die Waisenhäuser wurden meist von Theologen geleitet. Im Unterschied zu früher stand nun nicht mehr die Verhinderung des Kinderbettels im Vordergrund, sondern die Vorbeugung und Verhütung künftigen Elends.

Ausnahmen bildeten Waisenhäuser, die mit Zucht- und Arbeitshäusern verbunden worden waren, wie 1710 in Stuttgart, wo neben Kindern auch Erwachsene untergebracht wurden [240: Kallert, Arbeitserziehung, 38]. Die in den absolutistischen Kleinstaaten zwischen 1720 und 1760 errichteten Waisenhäuser waren häufig große Zentralanstalten für sämtliche Notleidende, also Arme, Kranke, Alte, Kinder, Züchtlinge und zum Teil auch Geisteskranke. Warum ein so heterogener Personenkreis, wie alleinstehende Kinder, Arbeitslose und Verbrecher in einer Institution und zu gleichen Bedingungen untergebracht worden waren, ist für die heutige Auffassung nicht auf den ersten Blick verständlich. Die grundsätzliche Beantwortung dieser Frage wäre von großem Interesse.

Die Zuchthäuser dienten eher der kommunalen Armenfürsorge mit einem religiös-sozial geprägten Erziehungsprogramm als strafrechtlichen Zwecken. Während die marxistische Geschichtsschreibung die Zuchthäuser als Einrichtungen mit Profitstreben oder als Fabriksklaverei abwertete, kann aus wirtschafts- und sozialhistorischer Sicht eher von einer Erziehung zur Arbeitsamkeit und einer extensiven Vermehrung des Produktionsfaktors Arbeit gesprochen werden. Das Zuchthaus war wohl ein Glied in der Kette sozialpolitischer Maßnahmen, welche die Grundlage für die Bewältigung der Armenproblematik bildete. Über das konkrete Funktionieren der Anstaltsmanufakturen herrscht nach wie vor Unklarheit. So besteht wegen fehlender Quellen oder regionaler Unterschiede Uneinigkeit über die Größenordnung und das Ausmaß der zentralisierten Produktion in den Zuchthäusern [283: Stier, Disziplinierung, 23]. Die neuere Forschung stellt aber immer mehr die gesamtgesellschaftlichen Disziplinierungsmechanismen dieser Anstalten in den Vordergrund. Die Zuchthäuser waren Bestandteile aus einem Verband der Institutionen für Erziehung, der Fürsorge, der Überwachung und Bestrafung der unterschichtigen Bevölkerung. Versuche der bisherigen Forschung, die Stellung der Anstalten in der Sozialgeschichte insgesamt zu beurteilen, stoßen aber wegen der komplexen und vielschichtigen Verbindung von Armenwesen, Strafvollzug und Bettelrepressionen immer auf Schwierigkeiten [283: Stier, Disziplinierung, 31]. Auch ist es nicht sinnvoll, einzelne Fallstudien von Zuchthäusern zu generalisieren. Aufgabe, Funktion und Wirkungsweise dieser Anstalten müssen vor dem Hintergrund der damaligen wirtschaftlichen und gesellschaftlichen Gegebenheiten und territorialer Unterschiede untersucht werden. Bei allen Studien sollte jedoch der von Gerhard Oestreich geprägte Begriff der Sozialdisziplinierung im Auge behalten werden. Die Erziehung zum „Funktionieren" und zu einer „wohlanständigen Lebensweise" führte demnach zur Entstehung der modernen „Disziplinargesellschaft". Inwiefern die Zuchthäuser als Stätte „sinnloser Erniedrigung" der Insassen und der Ausbeutung deklariert werden können, wie einzelne Autoren behaupten [255: Marzahn, Zähmen, 328], bleibt wegen fehlender Quellen zunächst eine Vermutung.

Durch die Einrichtungen der Zucht-, Arbeits- und Werkhäuser des 17. und 18. Jahrhunderts versuchte man, die traditionelle stationäre Armenpflege, den Gedanken der Arbeitserziehung, den Freiheitsentzug und die Zwangsarbeit als Instrumente des Strafvollzugs und letztlich das landesherrliche Interesse an einer produktiven Nutzung möglichst aller Arbeitskräfte in einer Einheit zu verbinden [271: Sachsse/Tennstedt, Armenfürsorge, 115]. Die Auswirkungen dieser Einrichtungen auf Wirtschaft und Gesellschaft sollten jedoch nicht überschätzt werden. So handelte es sich bei diesen Anstalten meist um Zuschußbetriebe, d. h. die Erlöse aus den von den Insassen hergestellten Produkten deckten oft die Kosten der Verwaltung und Versorgung der Anstalt nicht. Auch kann man bezweifeln, daß unter Voraussetzungen, bei denen arme Leute mit Kriminellen und Geisteskranken zusammenarbeiten mußten und zudem von der Obrigkeit der Anstalt schikaniert und ausgenutzt wurden, positive Resultate erzielt wurden. Die Literatur gibt hier keine Aufschlüsse über die finanzielle und ökonomische Seite des Unternehmens. Außerdem konnten z. B. die in den mittleren und östlichen Provinzen Brandenburg-Preußens bis 1776 gegründeten 34 Anstalten nur wenige tausend Personen beherbergen. Bezogen auf eine Bevölkerungszahl von ca. 5 Mio. wurden also nur wenige Promille der Bevölkerung in Arbeits- und Zuchthäusern beschäftigt.

Die Zahl der Zuchthausgründungen nach dem Dreißigjährigen Krieg ist weitgehend unbekannt. Was den Tages- und Arbeitsablauf in Zuchthäusern anbelangt, so sind die für das 17. und 18. Jahrhundert vorhandenen Quellen noch kaum ausgewertet. Ebenso verdient die Erforschung der Organisation und der Verwaltung von Zuchthäusern erhöhte Aufmerksamkeit [283: Stier, Disziplinierung, 184].

Bildungspolitische Maßnahmen

Die bildungspolitischen Maßnahmen machten einen wachsenden Anteil der Sozialpolitik aus. Seit dem Ausgang des Mittelalters war in den deutschen Städten das Bedürfnis nach Lesen und Schreiben ständig gewachsen. Neben den Lateinschulen wurden auf privater Basis sogenannte Deutsche Lese- und Schreibschulen gegründet, die vor allem den Anforderungen von Handel und Gewerbe entgegenkommen sollten und deshalb neben dem Lesen und Schreiben noch Rechnen anboten. Neben offiziellen Deutschen Schulen bildeten sich, als Konkurrenz, Einrichtungen in Gestalt der Klipp- oder Winkelschule, die teilweise ebenfalls bis um 1800 bestehen blieben [273: Schmitz, Schule, 44].

Dorfschulen

Seit dem 16. Jahrhundert kam es auch zum Aufbau von Dorfschulen, in denen meist der Küster die Unterrichtung der Kinder übernahm. Da mit der Entstehung des Landeskirchentums die Verstaatlichung des Bildungswesens eingeleitet wurde, erließ die Landesobrigkeit in ihrer Eigenschaft als Träger der Kirchenhoheit neben Kirchenordnungen auch Schulordnungen. Parallel dazu übten auch in katholischen Ländern zentrale staatliche Behörden Aufsichtsfunktionen aus und regelten durch Schulordnungen neben den religiös-sittlichen Unterweisungen auch den weltlichen Unterricht und andere schulische Angelegenheiten. Als Beispiel sei der Geistliche Rat in Bayern genannt, der seit 1570 die Schulaufsicht wahrnahm.

Elementarschulen

In den Elementarschulen wurden bezüglich des Lerninhaltes, soweit dazu überhaupt etwas Repräsentatives ausgesagt werden kann, in erster

Linie Grundkenntnisse im Lesen, Schreiben und Rechnen vermittelt. Je nach dem Bildungsstand des einzelnen Lehrers wurde diese Skala um einen ausführlichen Religionsunterricht und einige naturkundliche und historische Kenntnisse erweitert. Vor allem auf dem Land übernahm immer mehr der Pfarrer die religiöse Unterweisung, nicht selten aber auch den Unterricht in anderen Fächern.

In dem Bemühen um ein einheitliches Schulwesen mit allgemeinem Schulzwang sowie um feste Lehrbücher und -pläne gingen im 17. Jahrhundert die mitteldeutschen Territorien voran. Die bedeutsamste Schulordnung erließ Herzog Ernst der Fromme von Sachsen-Coburg-Gotha im Jahre 1648, die sich ausschließlich auf die Volksschule bezog und neben den bisherigen Fächern auch Elementares aus Natur, Leben, der Heimatkunde, Meßkunst usw. zu vermitteln versuchte. Außerdem wurde ein fester Lehrplan aufgestellt [231: Hamann, Schulwesen, 51].

Volksschulen

In den Städten des 18. Jahrhunderts gab es für die breite Masse der Bevölkerung normalerweise die öffentliche Grund- und Hauptschule, daneben die bereits erwähnten Privatschulen und in steigendem Maße Armenschulen. Die durchschnittlich schlechten Landschulen wurden zum vorrangigen Ziel der aufklärerischen Philantropie. Der Aufklärungspädagoge Gutsherr Friedrich Eberhard von Rochow entwarf mit seinem 1779 veröffentlichten Werk „Vom Nationalcharakter der Volksschulen" ein bahnbrechendes Konzept für eine umfassende Schulreform in Preußen [231: Hamann, Schulwesen, 65]. Ebenfalls in Preußen sollten durch verschiedene Edikte die Schulverhältnisse verbessert werden. Beispielsweise betraf eine 1763 unter Friedrich dem Großen erlassene Verordnung folgende Punkte: allgemeine Schulpflicht, täglicher Schulbesuch, Schulunterhaltung, Lehrerbesoldung, Schulgeld, Anforderungen an Schulmeister, Unterrichtsinhalte, Stundenablauf und kirchliche Schulaufsicht.

Bekannt ist nur, daß die Wirklichkeit häufig hinter den Ansprüchen und Forderungen, die es auch in anderen Territorien gab, so etwa in Österreich und Bayern, weit zurückblieb. Die Ursachen dafür lagen hauptsächlich in den allgemein schlechten wirtschaftlichen Verhältnissen und dem Fehlen geeigneter Lehrer. Für Augsburg heißt es zum Schulunterricht um 1800, daß eine Verbesserung dringend erforderlich sei, „da selbsten die meisten Schulmeister in allem menschlichen Wissen die erbärmlichsten Stümper sind" [236: Hessel, Armenwesen, 18]. Die große Masse der Dorfschullehrer war nach wie vor Küster oder Handwerker, in Preußen oft auch ausgediente Soldaten, die meist selbst nicht lesen und schreiben konnten und es sich von älteren Schülern zeigen lassen mußten, um dieses Minimalwissen dann weiter zu vermitteln. Das Einkommen der Lehrer bestand in der Regel aus dem Schulgeld und verschiedenen Naturalien, die regional große Unterschiede aufweisen konnten, ohne daß dazu allgemeingültige Aussagen möglich sind.

Der Begriff Volksschule setzte sich zunächst im evangelischen Norddeutschland erst seit 1820 durch, während diese Schulart im katholischen Süden bis zur Jahrhundertmitte als Elementar- oder Trivialschule bezeichnet wurde. Die Volksschulgesetze jener Zeit befaßten sich vor allem mit der Schulpflicht, der Rechtsstellung der Lehrer sowie der Verwaltung und Beaufsichtigung des Volksschulwesens. Die Wirklichkeit im Schulwesen wich im frühen 19. Jahrhundert vom Formalschulrecht jedoch noch sehr stark ab. So besuchten in zahlreichen Territorien nicht einmal 50 v.H. der schulpflichtigen Kinder den Unterricht in der Volksschule, und 1871 waren noch immerhin 13,7 v.H. der preußischen Gesamtbevölkerung (24,6 Mio.) Analphabeten, in den östlichen Gebieten konnte dieser Anteil sogar bis über 40 v.H. betragen.

Erst ab 1820 begann man allmählich, das niedere Schulwesen durch den verstärkten Bau von ein- oder zweiklassigen Volksschulen in den Gemeinden zu stärken. Nach bisherigen Schätzungen stiegen die Ausgaben der öffentlichen Hand für das Volksschulwesen von 1800 bis 1870 – gemessen an den öffentlichen Haushalten – um das Drei- bis Vierfache an. Erst um 1870 existierten überall von den Schulaufsichtsbehörden herausgegebene Lehrmittelverzeichnisse, die den Gemeinden eine bestimmte sachliche Grundausstattung der Volksschulen vorschrieben.

Sowohl im Bereich des städtischen Armenwesens, insbesondere der Waisen-, Arbeits- und Zuchthäuser, wie auch auf dem Gebiet der Schulbildung, liegen zahlreiche Einzeluntersuchungen vor, die überwiegend die örtlichen Gegebenheiten aufzeigen. Eine Verallgemeinerung der aus diesen Arbeiten gewonnenen Erkenntnisse ist nicht ohne weiteres möglich, so daß eine überregionale Beurteilung der Thematik noch aussteht.

Anspruch und Alltag

Wenngleich der Bereich der Schulpolitik bislang nur fragmenthaft aufgearbeitet worden ist, so spiegelt das Schulwesen des 18. Jahrhunderts doch die grundlegenden Gedanken der Aufklärung wider: Der einzelne sollte zu einem mündigen, toleranten, gesellschaftlich verantwortungsvoll handelnden Individuum erzogen werden, um so ein nützliches Glied einer geordneten Gesellschaft sein zu können. Unter diesen Aspekten bot Bildung zumindest die theoretische Möglichkeit eines sozialen Aufstieges [81: Kaufhold, Deutschland, 548]. Diesem hohen und abstrakten Anspruch wurde der Alltag freilich nicht gerecht. Wie oben ausgeführt, stand der bisweilen schlechte Bildungsstand der Lehrpersonen diesen Zielen entgegen, so daß die Verwirklichung der „Lehrpläne“ praktisch unmöglich und oftmals von den Großgrundbesitzern auch noch abgelehnt worden war.

An normativen Quellen fehlt es ebenso wenig, wie an pädagogischen Deliberationen aus dem 18. Jahrhundert, aus denen hervorgeht, wie das „niedere" Bildungswesen eingerichtet werden sollte. Diese Bereiche haben ältere und neuere Forschungen bereits hinreichend bearbeitet. Nicht die die Schulangelegenheiten betreffenden Reglements, sondern die Schulwirklichkeit, der Schulalltag muß noch weiter erforscht werden. Einen Versuch in diese Richtung, der die Schulwirklichkeit unter dem preußischen Absolutismus zeigt, insbesondere für die Mark Brandenburg, unternahm 1992 Wolfgang Neugebauer mit seiner Edition einschlägiger und zum Teil noch unbekannter Quellen [261: NEUGEBAUER, Schule]. Wenngleich dieser Band einen weiteren Schritt zur Erhellung des praktischen Schullebens darstellt, bleibt seine Aussagefähigkeit wie in vielen anderen Fällen doch regional begrenzt. Jedoch scheint ein partialanalytisches Vorgehen durchaus geeignet zu sein, Schritt für Schritt einem allgemeingültigen Abbild des Schulalltages näher zu kommen. Im allgemeinen scheint die Quellenlage in Gebieten mit überwiegend katholischer Konfession besser zu sein, als in Gebieten mit überwiegend evangelischer Konfession.

Akademien

Das Bildungswesen des 17. und 18. Jahrhunderts beschränkt sich allerdings nicht auf das Grund- und Volksschulwesen. Während das allgemeinbildende Schulwesen relativ unterentwickelt war, so dienten die ab dem Beginn des 18. Jahrhunderts verstärkt gegründeten Akademien vor allem dazu, den Fortschritt in der Wirtschaft zu fördern. Die Akademien bildeten Foren für institutionalisierte Diskussionsrunden über die verschiedensten wissenschaftlichen Probleme; Kunst- und Bauakademien dürften dabei die wichtigste Rolle gespielt haben.

Hochschulen

Ein höherer Bildungsstand wurde in einzelnen Hochschulen vermittelt, die auch für spezielle Ausbildungen zuständig waren. So z. B. die Chirurgen-Schule in Düsseldorf (1765) oder eine im Jahr 1770 gegründete allgemeine medizinische Lehranstalt. Aufgrund des wachsenden Bedarfs des Staates an gut ausgebildeten Juristen und Medizinern entstanden auch neue Universitäten, so z. B. im Jahr 1737 in Göttingen. Die Ausbildung der dem Adelsstand entstammenden höheren Beamten stand an den Universitäten im Vordergrund [68: HENNING, Sozialgeschichte, 939–943].

Wissenschaftlich zu untermauern bleibt noch die These, daß es an der fehlenden Bereitschaft der Universitäten, sich neuen Wissenschaftszweigen zu öffnen, gelegen habe, daß so viele Spezialeinrichtungen entstanden sind, welche die berufliche Ausbildung in zahlreichen praktischen Berufen leisteten.

Berufsbezogene Schulbildung

Die berufliche Qualifikation heranwachsender Personen zu fördern, war auch auf einer niedrigeren Bildungsebene ein wichtiges Ziel. So entstanden am Ende des 18. Jahrhunderts Schulen, die in bestimmten Berufszweigen erforderliche Fertigkeiten vermittelten, wie z. B. Strohflechtschulen oder Spinnschulen. Neben der Vermeidung von Armut ging es hier auch darum, die Produktion auszudehnen. Eine eindeutige Grenze zwischen sozialpolitischen Maßnahmen und unternehmerischer Zielsetzung dieser Schulen kann heute noch nicht allgemein gezogen werden. Sicherlich wurde damit die Verbesserung der Konkurrenzfähigkeit auf internationalen Märkten bezweckt. Dieser in der Literatur bislang vernachlässigte Schultypus verdient in Zukunft eine genauere Betrachtung.

6. Wirtschaftspolitik der Reichskreise

Einordnung und Aufgabe

Im Hinblick auf wirtschafts- und währungspolitische Aufgabenstellungen war der Staat in vier Ebenen unterteilt: das Reich, die Bezirke (Zusammenschluß von zwei oder drei Kreisen), die Kreise und die Territorien. Die Reichskreise als föderative Verfassungsorgane entstanden aus den Bestrebungen zur Reform der Reichsverfassung gegen Ende des 15. Jahrhunderts. Zunächst waren es acht Kreise, erst ab 1512 zehn, denen im Laufe des 16. Jahrhunderts die Aufgabe einer dem ganzen Reich gemeinsamen Exekutive zukam. Als Mittelinstanz zwischen Reich und Reichsständen hatten die Kreise kreisinterne und reichsgesetzlich übertragene Aufgaben. Zum letztgenannten Bereich gehörten neben politisch-militärischen auch wirtschaftliche Belange. Also auch auf dem Gebiet der Wirtschaft, und hier insbesondere bei der Aufsicht über das Münzwesen hatten die Reichskreise wichtige Kompetenzen inne. Bereits die Münzordnung Karls V. vom 24. November 1524 versuchte, die Kreiseinteilung als Grundlage der Neuordnung des zerrütteten Münz- und Währungswesens im Reich zu nehmen, was jedoch ohne den gewünschten Erfolg geblieben ist. Von der Mitte des 16. Jahrhunderts an wurden die Kreise zunehmend in die das Währungsgeschehen betreffende Politik miteinbezogen. Der Österreichische Kreis und der sich langsam aus dem Reichsverband lösende Burgundische Kreis blieben allerdings weitgehend unbeteiligt. Die übrigen acht Kreise wurden 1571 zu drei Münzbezirken zusammengefaßt: Der erste Münzbezirk umfaßte die drei rheinischen Kreise, der zweite die drei oberdeutschen Kreise Franken, Schwaben und Bayern und der dritte die beiden sächsischen Kreise.

Wirtschaftspolitische Bedeutung

Die politische Geschichte und die wirtschaftspolitische Bedeutung der Reichskreise sind noch nicht hinreichend erforscht. Es liegen zwar einzelne Kreise betreffende Abhandlungen vor, jedoch handelt es sich hier um Partialbetrachtungen, welche die Beziehungen der Kreise untereinander und eine eventuelle gemeinsame Zielsetzung ausklammern.

Darüber hinaus sind die meisten Untersuchungen älteren Datums und behandeln hauptsächlich die Reichskreise bis zum Dreißigjährigen Krieg; deren Funktionen nach dem Krieg werden seltener untersucht. Es liegt z. B. eine Dissertation über den bayerischen Reichskreis im 16. Jahrhundert vor [215: Conrad, Reichskreis, 1974]. Den niedersächsischen Kreis behandelt eine Abhandlung aus dem Jahr 1909 [262: Neukirch, Kreisverfassung, 1909]. Ebenfalls älteren Datums sind die Schriften über den westfälischen Kreis [248: Kohnen, Grafschaft Oldenburg] und den fränkischen Kreis [233: Hartung, Geschichte]. Die Zeit vor dem Dreißigjährigen Krieg behandelt noch eine Arbeit zum niederrheinisch-westfälischen Kreis [274: Schneider, Kreis]. Die genannten Abhandlungen befassen sich mit der verwaltungsrechtlichen und der politischen Geschichte, nicht aber mit wirtschaftlichen oder wirtschaftspolitischen Aspekten. Diese Feststellung gilt auch für weitere Arbeiten zum rheinisch-westfälischen Kreis, die den Zeitraum nach dem Dreißigjährigen Krieg von 1648 bis 1714 behandeln [239: Isaacson, Geschichte; 230: Haberecht, Eroberungskriege und 207: Arnold, Erbfolgekrieg]. Ein Teilaspekt der Geschichte des fränkischen Kreises, das Wehrwesen, wurde ebenfalls bereits untersucht [279: Sicken, Wehrwesen].

Münzwesen

Die Bedeutung der Reichskreise in wirtschaftlicher Hinsicht wurde bislang also noch nicht in nennenswerter Weise gewürdigt. Insbesondere deren Aufgaben und Leistungen auf dem Gebiet des Münzwesens sind kaum erforscht. Bekanntlich sind bis zum Ende des 18. Jahrhunderts alle Versuche zur Vereinheitlichung des Münzwesens des Deutschen Reiches gescheitert. Hier stellt sich sofort die Frage nach den Ursachen dieses Mißerfolges, die nach den bisher gewonnenen Erkenntnissen nicht hinreichend beantwortet werden kann. Der derzeitige Forschungsstand geht von einem bipolaren Interessengegensatz zwischen dem Reich und den Territorialherren aus, wobei das Reich auf der einen Seite auf eine Vereinheitlichung des Münzwesens drängte und auf der anderen Seite die eigene fiskalische Interessen verfolgenden Territorialherren einer Vereinheitlichung ablehnend gegenüberstanden. Der in der Literatur vereinfacht und pauschaliert vorgetragene Interessengegensatz ist nicht bewiesen, da dieser allgemein behauptete Gegensatz im Einzelfall nicht genau analysiert und konkret belegt worden ist und andererseits noch nicht nach den ökonomischen Hintergründen gesucht wurde. Dabei bleiben die durchaus erfolgreichen Bemühungen der Reichskreise auf dem Gebiet des Münzwesens ebenso unberücksichtigt wie die Tatsache, daß sich die wirtschaftlichen und machtpolitischen Konstellationen im Zeitablauf verändert haben und somit nicht ohne Einfluß auf die Haltung der Beteiligten geblieben sein können. Außerdem kann an dem uneingeschränkten Willen des

Kaisers zur Vereinheitlichung des Währungswesens gezweifelt werden, denn oftmals läßt sich eine Diskrepanz zwischen der offiziell vertretenen Münzfußpolitik und der tatsächlich vorgenommenen Münzprägung erkennen. In die Vorstellung des simplen Gegensatzes Reich – Territorien paßt auch nicht die quellenmäßig belegte Existenz von kreis- und bezirksinternen Interessenkoalitionen in währungs- und wirtschaftspolitischen Fragestellungen. Es handelt sich hier um Koalitionen zwischen zum Teil recht heterogenen Partnern, wie Reichsständen, landesherrlichen Handelsmetropolen und Territorialstaaten, die nicht selten in die Richtung der Vereinheitlichung des Münzwesens zielten. Ein eigenes Interesse der an diesen Interessenkoalitionen Beteiligten kann aus den Problemen beim internationalen Waren- und Geldaustausch geschlossen werden.

Bereits an dieser Stelle wird deutlich, daß die Frage nach den Ursachen des Scheiterns der Koordinierungsversuche im Münzwesen wesentlich differenzierter beantwortet werden muß, als es bisher geschehen ist. Es ist also dringend erforderlich, die horizontalen und vertikalen Kommunikationsstrukturen, die Argumentationsketten und die tatsächlichen Handlungsweisen zwischen dem Reich, den Bezirken, den Kreisen und den Territorien zu eruieren und sichtbar zu machen, um so das durchaus komplizierte Geflecht wirtschafts- und währungspolitischer Intentionen und Aktionen zu durchleuchten. Wichtig wird dabei das Herausarbeiten der Meinungsbildungsprozesse auf den genannten vier Ebenen sein. Die Erforschung nur einzelner Reichskreise kann dieser Zielsetzung nicht genügen. Die weitere Forschung auf diesem Gebiet sollte auf jeden Fall die einzelterritorialstaatliche Perspektive verlassen und das gesamte Geflecht aller an den vier Bezugsebenen Beteiligten berücksichtigen.

Genau dies hat ein von der Volkswagen-Stiftung gefördertes Projekt (Leiter: Karl Heinrich Kaufhold, Hans-Jürgen Gerhard, Göttingen) zum Ziel. Im Mittelpunkt steht dabei die Rolle der Reichskreise bei wirtschafts-, insbesondere währungspolitischen Fragen. Als Ansatzpunkt bot sich der Hinweis an, daß der letzte umfassende Versuch, einen einheitlichen Reichsmünzfuß (den sogenannten Leipziger Fuß), einzuführen, letztlich an dem Gegensatz zwischen den oberdeutschen und den sächsischen Reichskreisen gescheitert ist [277: von Schrötter, Münzwesen, 152–160]. Als Ursache dieser Antinomie zwischen den beiden Münzbezirken nennt von Schrötter andersartige Wirtschaftsinteressen. Vor diesem Hintergrund und angesichts der Tatsache, daß sich im 16. und 17. Jahrhundert die sächsischen Reichskreise weit häufiger und härter mit den oberdeutschen Kreisen auseinandersetzten, gehen Kaufhold und Gerhard von der interessanten These aus, hier habe möglicherweise ein Nord-Süd-Gegensatz bestanden. Auf jeden Fall erscheint die Konzentration der Forschung auf den oberdeutschen und sächsischen Münzbezirk als besonders sinnvoll. Möglicherweise lassen die dazu demnächst vorgelegten Ergebnisse die Wirtschaftspolitik der Reichskreise in einem ganz neuen Licht erscheinen.

7. Gesellschaftlicher Wandel

Ständegesellschaft

Gegen Ende des 17. und im 18. Jahrhundert bahnten sich folgenreiche Entwicklungen im Sozialgefüge Deutschlands an. Die Ständegesellschaft, die über Jahrhunderte hinweg die Sozialordnung bestimmt hatte, begann langsam an Dominanz zu verlieren. Ursprünglich war sie durch mehrere rechtlich bestimmte, in ihrem Personenkreis grundsätzlich durch Abstammung definierte Stände geprägt. Von diesen Ständen waren der Adel und das Bürgertum Träger politischer Rechte, die Bauern jedoch waren als Stand zwar anerkannt, aber nur selten als solcher politisch vertreten. [81: Kaufhold, Deutschland, 537]. Während der Adel ausschließlich durch die Abstammung definiert wurde, grenzte sich der Bürger vor allem durch seinen Wohnsitz in einer Stadt ab. Der Bauer dagegen war der Landnutzer, der kein adeliges Gut bewirtschaftete, d. h. hier wurde auf die wirtschaftliche Tätigkeit abgestellt. Die Herausbildung des sogenannten vierten Standes, des Arbeiterstandes oder Proletariats, blieb dem 19. Jahrhundert vorbehalten.

Soziale Gruppen innerhalb der Stände

Die Einteilung der Gesellschaft des 17. und 18. Jahrhunderts in die genannten drei Stände stellt nur ein grobes Raster dar. In der Realität hatte sich im Laufe der Jahrhunderte innerhalb dieser Stände eine Vielfalt sozialer Gruppen herausgebildet [68: Henning, Sozialgeschichte, 914]. So kann der Adelsstand unter anderem in den Hohen Adel, die Standesherren, den Niederen Adel, den Dienstadel und die Rittergutsbesitzer eingeteilt werden. Dem Bürgerstand waren zum Beispiel unter den Honoratioren Geistliche, Gelehrte, Künstler, Kaufleute und Fabrikanten zuzurechnen; zum Niederen Bürgerstand zählten Kleinbürger, Gewerbetreibende und Händler und zu den Schutzverwandten gehörten die Gruppen der Hand- und Lohnarbeiter. Der Bauernstand untergliederte sich in Schulzen, Großbauern, Hofbesitzer, Gärtner, Häusler und Tagelöhner [270: Saalfeld, Stellung, 230].

Mit Recht wird erst das 19. Jahrhundert als das „bürgerliche Jahrhundert" bezeichnet, in dem sich der hauptsächliche Wandel von der Ständegesellschaft hin zur „modernen" Gesellschaft vollzogen hat. Jedoch die Wurzeln dieser „modernen" (Industrie-)Gesellschaft und die ersten richtungsgebenden Entwicklungstendenzen dürften zeitlich wesentlich früher angesiedelt sein – etwa im 16. oder eventuell sogar im 15. Jahrhundert. Ein Indiz dafür ist die Tatsache, daß die beginnende Auflösung der Ständestruktur gleichermaßen in Staaten zu erkennen ist, die durch den Dreißigjährigen Krieg stark verwüstet worden sind, so wie auch in den vom Krieg verschonten Gebieten [68: HENNING, Sozialgeschichte, 751]. Weitere Forschungen müßten diese These allerdings noch stärker untermauern.

Adel

Bereits vor dem Dreißigjährigen Krieg war der Adel unter Druck geraten. Auch er blieb von der demographischen Expansion nicht verschont, und die Probleme um die Versorgung des Nachwuchses hatten sich drastisch verschärft. Die Teilbarkeit der Adelsgüter führte zu Problemen bei der standesgemäßen Versorgung. Zweifellos gab es hier innerhalb der Familien ein nicht unerhebliches Konfliktpotential – genauere Untersuchungen liegen allerdings noch nicht vor. Hinzu kamen zunehmende Disziplinierungen durch die Landesherren, welche die Freiräume des niederen Adels zusätzlich einschränkten. Um 1600 gelang es dem Adel noch, das drohende Übergewicht des Bürgertums in Schranken zu halten. Jedoch der Dreißigjährige Krieg brachte einen nicht unbeachtlichen Autoritätsverlust des Adels mit sich. Durch die Kriegseinwirkungen vermochte der Adelige seine Hintersassen nicht mehr zu beherrschen, geschweige denn sie zu schützen und mußte sich unter den erschwerten Bedingungen vorrangig um sich selbst kümmern. Fehlende Einkünfte und steigende Zinsbelastungen führten den Adelsstand in eine anhaltende Finanzkrise. Aufgrund dieser Schwäche des Adels konnten sich die Untertanen vorübergehend gewisse Freiräume schaffen. Oftmals waren sie gezwungen, selbst und über den Kopf des Adeligen hinweg mit den Truppenführern zu verhandeln. Diese Tatsache stärkte zweifellos das Selbstvertrauen der Untergebenen und prägte die Entwicklung der kommenden Jahrzehnte mit [266: PRESS, Soziale Folgen, 245–246].

Etablierung absolutistischer Macht

Nach dem Krieg gelang jedoch die Restaurierung der adeligen Macht – wenn auch regional in sehr unterschiedlichem Ausmaß. Auch hierfür macht die neuere Forschung weniger die Kriegseinwirkungen verantwortlich, sondern vielmehr andere Gründe, insbesondere die Durchsetzungskraft des jeweiligen Landesherrn. In den anhaltinischen Teilfürstentümern beispielsweise gelang es vielen die absolute Macht anstrebenden Landesherren, den Adel dadurch zurückzudrängen, daß sie dessen Grundbesitz Schritt für Schritt aufkauften; die hohe Verschuldung des Adels und die niedrigen Agrarpreise haben diese Politik sehr unterstützt. So konnte in weiten Teilen des Landes die absolutistische Macht hergestellt werden, nämlich dort, wo die Stände ihre starke Stellung verloren hatten. Auch die Städte hatten ihre Selbständigkeit weitgehend eingebüßt, denn die gemeindlichen Verwaltungsaufgaben oblagen meist dem

Landesherrn alleinverantwortlichen Beamten. [68: HENNING, Sozialgeschichte, 751–752]. Die Wirkungskanäle bei der Etablierung der absolutistischen Macht, eventuell als Gegenbewegung von schon vor dem Krieg erkennbaren Hinweisen auf die beginnende Auflösung der Ständegesellschaft des Mittelalters, sind noch nicht hinreichend untersucht worden. Die Entwicklungen im Adelsstand scheinen hier besser bekannt zu sein als die innerhalb des Bürgertums. Da die Verhältnisse regional starke Unterschiede aufweisen, sind wohl flächendeckende Partialanalysen eine zwar mühsame aber sinnvolle Vorgehensweise.

Gesellschaftliches Ansehen

Einmal in Gang gesetzte Prozesse konnte die absolutistische Bewegung jedoch nicht aufhalten, allenfalls verzögern. Denn nicht nur die Zugehörigkeit zu einem bestimmten Stand bestimmte das soziale Ansehen einer Person oder einer Familie, sondern noch zahlreiche andere Faktoren mehr, wie zum Beispiel der Lebensstil, die ökonomische Lage, geprägt von der Höhe des Einkommens und des Vermögens, der Beruf und die Bildung. So entwickelten sich innerhalb der einzelnen Stände neue soziale Gruppen, die sich nicht mehr in dem Maße wie früher an den althergebrachten Kriterien orientierten. Deshalb kann gefolgert werden, daß sich die Auflösung der Ständegesellschaft nicht aufgrund externer Einflüsse, sondern im Inneren, also innerhalb der einzelnen Stände vollzog. Da Vermögen und Einkommen ein wichtiger Indikator für das gesellschaftliche Ansehen einer Familie darstellten, wären Untersuchungen über die Vermögens- und Einkommensverteilung insbesondere innerhalb der Bürgerschaft im 18. Jahrhundert von großem Interesse. Das unvollständige Quellenmaterial dürfte derartige Forschungen jedoch zunächst noch erschweren.

Auch die Bevölkerungsexpansion nach dem Dreißigjährigen Krieg hatte ihren Anteil an der Herausbildung umfangreicher Schichten, sowohl auf dem Land als auch in der Stadt, die sich nach zeitgenössischem Verständnis rechtlich und auch sozial außerhalb der Ständeordnung befanden; diese Gruppen werden von der Forschung üblicherweise als unterbürgerliche oder unterbäuerliche, insgesamt als unterständische Schichten bezeichnet [81: KAUFHOLD, Deutschland, 537].

Soziale Differenzierung

Die soziale Differenzierung im Adel des 18. Jahrhunderts war eine Folge der zunehmenden wirtschaftlichen Enge zusammen mit den sich wandelnden Aufgabenfeldern des landsässigen Adels. Mit der Allodifizierung der bisherigen Lehngüter in Preußen 1732 und in anderen Landesteilen wurde die Lehnsbindung aufgehoben, womit der erste Schritt zur Besitz-Freizügigkeit der Adelsgüter getan worden war. Von nun an war der Adel als Gutsbesitzer vor allem Unternehmer, wenngleich zunächst noch mit feudalherrlichen Rechten gegenüber den Hintersassen. Im Zuge der allgemeinen Bevölkerungszunahme stieg vermutlich auch die Anzahl der Adeligen und damit der adeligen Familien. Aufgrund lückenhafter Untersuchungen können darüber zwar noch keine statistisch gesicherten Aussagen gemacht werden, anhand vorliegender Erkenntnisse kann jedoch vermutet werden, daß einerseits die Konzentration des ländlichen Grundbesitzes zugenommen und andererseits die Anzahl der auf eigenen Gütern wohnenden Adeligen abgenommen hat. Mit der steigenden Zahl der nicht mehr landbesitzenden Adelsfamilien kam es zu einer starken Auffächerung, indem sich diese Gruppe immer mehr den bürgerlichen Berufen näherte. Die Eingliederung in den Beamten- und Militärbereich wurde im Gegensatz zu früher durchaus noch als „standesgemäß" angesehen. Vielfach wird diese Differenzierung im Adel nicht mit der Auflösung des Feudalsystems, sondern mit der Bevölkerungszunahme in dieser Gruppe begründet [68: HENNING, Sozialgeschichte, 918–919]. Die Kausalität dürfte folgendermaßen zu sehen sein: Die Bevölkerungszunahme in Adelskreisen führte zu Differenzierungstendenzen und damit verbunden zur Hinwendung Adeliger zu bürgerlichen Berufen, da die nachgeborenen und oftmals landlosen Söhne ihre ökonomische Existenz sichern mußten, und diese Entwicklung wiederum trug auf dieser Ebene ganz wesentlich zur Auflösung der Ständegesellschaft bei.

Bürgertum

Auch im bürgerlichen Stand sind im 18. Jahrhundert Auffächerungstendenzen, die in dieselbe Richtung weisen, zu erkennen. Die Entwicklung des Bürgertums im 18. Jahrhundert ist bislang noch weitgehend ungeklärt, auch wenn sich in letzter Zeit das Forschungsinteresse vermehrt dieser Thematik näherte. Es liegen hauptsächlich regional begrenzte Einzeluntersuchungen vor, die noch nicht ausreichen, um ein geschlossenes Gesamtbild zu erlangen. Da es im Gegensatz zu Frankreich in Deutschland keine Revolution gegeben hat, sind die Veränderungen innerhalb der bürgerlichen Schicht als allmählicher Prozeß zu betrachten. Das Bürgertum in der altständischen Gesellschaft beruhte auf einer im Mittelalter entstandenen Schwurgemeinschaft. Mit der Leistung des Bürgereides verpflichtete sich der neu in die Gemeinschaft eintretende Bürger zur Wahrung des Gemeinwohls und zur Anerkennung der städtischen Gesetze und Gebräuche. Das Bürgerrecht war die entscheidende Voraussetzung für politische, wirtschaftliche und gesellschaftliche Betätigung. In der Regel war das Bürgerrecht an die Zunftmitgliedschaft mit ihren entsprechenden Aufnahmebedingungen gebunden. Im 18. Jahrhundert wurden die Zunftaufnahmegebühren oftmals angehoben, um den ansässigen Handwerkern den sogenannten Nahrungsschutz zu sichern.

Aushöhlung des Stadtbürgerrechts

Im Gegensatz zu den Residenzstädten läßt sich für die Reichsstädte im 18. Jahrhundert bereits eine deutliche Aushöhlung des privilegierten

Stadtbürgerrechts feststellen. In Aachen beispielsweise konnten Handwerksmeister ihr zünftiges Gewerbe ohne formalen Bürgerrechtserwerb ausüben. Selbst Ratskandidaten in Köln ließen sich erst kurz vor den Wahlen in die Bürgerrolle eintragen. Am frühesten und radikalsten vollzog sich der Bruch mit der Vergangenheit in den am linken Rheinufer gelegenen Städten. Dort wurden unter dem Einfluß des revolutionären Frankreich noch vor der Jahrhundertwende die alten Stadtverfassungen aufgehoben. Parallel dazu verlief der Aufstieg des rheinischen Wirtschafts- und Handelsbürgertums [281: Sobania, Rechtliche Konstituierungsfaktoren, 133–135 und 294: Zorn, Sozialer Wandel, 282–283]. Frühere Konfliktpunkte, wie konfessionelle Beschränkungen oder die Zugehörigkeit zu einer Zunft als Kriterien bürgerlicher Selbständigkeit, wurden aus den Städteordnungen entfernt. Da nun Adelige und Beamte ebenfalls als Repräsentanten einer Stadt ernannt werden konnten, öffnete sich die städtische Gemeinde politisch auch für ehemals nicht bürgerliche Gruppen [245: Kill, Politische Konstituierungsfaktoren, 188].

In anderen Teilen des Reiches vollzogen sich diese Schritte langsamer und später, so daß sich dieser Prozeß bis weit ins 19. Jahrhundert hinein fortsetzte. Wie die Umstrukturierungsprozesse in den einzelnen Städten abliefen, kann nur an Einzelbeispielen dargestellt werden, da die Verhältnisse von Stadt zu Stadt große Unterschiede aufweisen. Erst wenn ein breit fundierter Überblick vorhanden sein wird, kann eine vergleichende und überregional gültige Beurteilung erarbeitet werden.

Bildungsbürgertum

Durch den Anstieg der monarchischen Gewalt und durch die dadurch bedingte Ausweitung des Staatsapparates wurde im 18. Jahrhundert eine an Bedeutung gewinnende Schicht von gebildeten Bürgern gefördert: Juristen, Beamte, Pfarrer und Professoren, also Männer im Dienste der Fürsten oder lokaler Obrigkeiten, die ein wachsendes soziales Bewußtsein entwickelten. Diese Gruppe, genau wie die bürgerlichen Unternehmer, paßte nicht mehr in die Zunftorganisation und hatte keinen vorgegebenen Platz in der Ständegesellschaft mehr. Diese Bürgerlichen im neuen Sinne bildeten das dynamische Element im Sozialgefüge des 18. Jahrhunderts, allerdings ohne politischer Macht und mit vergleichsweise geringen finanziellen Mitteln. In dieser Gruppe dominierte das Element der Bildung und der beruflichen Position vor dem Element des Besitzes [287: Vierhaus, Soziales Gefüge, 180]. Die ökonomische Situation scheint jedoch in vielen Bereichen ein wesentlicher Bestimmungsfaktor der Zugehörigkeit zum Bürgertum gewesen zu sein. Vermutlich war in den deutschen Städten der frühen Neuzeit der Stadtbürger zumindest teilweise Hausbesitzer, selbst wenn dies nicht mehr eine unbedingte Voraussetzung gewesen ist; so hatte zum Beispiel Augsburg im Jahre 1796 1919 Häuser und 4667 Bürger [291:

ZERBACK, wirtschaftliche Position, 207]. Auch wenn kein Grundbesitz vorzuweisen war, so war doch ein „anständiges bürgerliches Auskommen" [216: DAHLMANN, Politik, 142] im Hinblick auf Vermögen und Einkommen die materielle Grundlage des Bürgerstatus.

Mit dem Anknüpfen des Bürgerrechts an die gewerbliche Tätigkeit als Händler oder Handwerker war ein großer Teil der Bürgerschaft definiert. Komplizierter gestaltet sich die Abgrenzung der oberen Bürgerschicht. Obwohl die materiellen Anforderungen an einen Bürger einen gewissen Umfang annehmen konnten, reichte dieses Kriterium als Nachweis seiner wirtschaftlichen Leistungsfähigkeit nicht aus. Vielmehr war damit die Fähigkeit gemeint, Reichtümer zu erwirtschaften, womit ein dynamisches und gewinnstrebendes Element zum Ausdruck kam. Diese Fähigkeiten können zum Beispiel Kaufleuten, Großhändlern und Gelehrten zugesprochen werden [291: ZERBACK, Wirtschaftliche Position, 209].

Wirtschaftsbürgertum

Aus dieser Schicht der Bürgerschaft bildete sich dann im 19. Jahrhundert das sogenannte Wirtschaftsbürgertum, das sich zwischen dem Adel einerseits und dem Kleinbürgertum andererseits gut entwickeln konnte. Diese neue Gesellschaftsgruppe begann sich seit dem ausgehenden 18. Jahrhundert zu etablieren. Ihre Hauptprobleme scheinen zum einen die Erhaltung der herausragenden wirtschaftlichen Position, zum Beispiel als Unternehmer mit hohem Eigenkapital, gewesen zu sein und zum anderen die vollständige Emanzipation und die Anerkennung der Gleichrangigkeit im Verhältnis zum Adel. In welchem Ausmaß jedoch dieser letztgenannte Problembereich tatsächlich in weitem Umfang für die große Zahl der Wirtschaftsbürger relevant war, kann nach heutigem Wissensstand noch nicht eindeutig beurteilt werden. Jedenfalls war es vor allem die Gruppe der Wirtschaftsbürger, später von den Marxisten Kapitalisten genannt, die im 18. Jahrhundert den Umstrukturierungsprozeß im gehobenen Bürgertum getragen hat [68: HENNING, Sozialgeschichte, 960–961]. Innerhalb der bürgerlichen Schicht kann die Quellenlage für die Gruppe der Kaufleute als vergleichsweise günstig bezeichnet werden, denn die Kaufmannschaft war „literaturfähig"; d. h. die Kaufleute waren einerseits als Leser an der bürgerlichen Öffentlichkeit beteiligt und andererseits verfaßten sie autobiographische Berichte, in denen sie für andere über sich selbst reflektierten. Auf diese Weise geben sie Einblicke in ihre sich wandelnde Erfahrungswelt und beschreiben ihre Lebenserfahrungen und ihre Lebensumstände [269: RUPPERT, Bürgerlicher Wandel, 65].

Landbevölkerung

Auch in der ländlichen Bevölkerung gab es im 17. und 18. Jahrhundert erhebliche Umstrukturierungen. Zum Bauernstand zählte der weitaus größte Teil der Bevölkerung. Schon daraus kann geschlossen werden, daß es sich um keine homogene Sozialschicht gehandelt haben kann.

Selbst in Bayern, dem vielzitierten „Bauernland“, überwog zwischen 1675 und 1800 die unterbäuerliche Schicht. Sogar unter den Anwesenbesitzern war nur ein Drittel Vollbauern. Die Erwerbstätigen in der Landwirtschaft vermehrten sich im 18. Jahrhundert von 32% auf 42%, wobei allerdings die Zahl der (Voll-)Bauernstellen unverändert geblieben und die Zahl der Kleinstellen angewachsen ist [223: ENDRES, Sozialer Wandel, 211–212].

Landhandwerk

Jedoch nicht alle auf dem Land lebenden Menschen waren in der Landwirtschaft beschäftigt. Im Laufe der Jahrhunderte hatte sich ein eigenständiger Erwerbszweig, das Landhandwerk, herausgebildet. Insbesondere die Zunahme des Anteils der landlosen Bevölkerungsschichten und die Tatsache, daß in Gebieten, in denen Realteilung üblich war, die Landwirtschaft für den Lebensunterhalt nicht mehr ausreichte, haben diese Entwicklung begünstigt. Neben dem Textilhandwerk und Berufen, die der Versorgung des täglichen Bedarfes dienten, bildeten sich insbesondere eisen- und holzverarbeitende Berufe heraus. Nicht selten waren diese Landhandwerker von Kaufleuten oder kapitalkräftigen Unternehmern abhängig, die entweder die Produktionsmittel und Rohstoffe zur Verfügung stellten oder den Absatz organisierten. Derartige Beziehungsgeflechte oder Machtkonstellationen und deren ökonomische und soziale Auswirkungen im 18. Jahrhundert bedürfen noch eingehender Untersuchungen, wenngleich neuere Forschungen bereits Einzelbeispiele vorgestellt haben [270: SAALFELD, Stellung, 241]. So wurden zum Beispiel die Produktion und der Verkauf von Feinleinenprodukten in der Grafschaft Ravensberg bereits untersucht. Die in ländlicher Heimarbeit hergestellten Leinenwaren wurden in der zentralen Handelsstadt der Region, Bielefeld, an der sogenannten Legge, einer öffentliche Institution, die von 1678 bis 1872 existierte, an die Kaufleute verkauft [224: FLÜGEL, Kaufmännische Orientierung, 107–108].

Bevölkerungsstruktur

Vor allem für die Bauern brachte der Dreißigjährige Krieg neben Elend und Tod auch weitreichende soziale Folgen. Der Mangel an Menschen ließ das Sozialgefüge unter Druck geraten: ein Aufstieg, nämlich das Einrücken in Hofstellen war nun leichter möglich. Dies schwächte jedoch die Rolle des Gutsherrn, sei es ein Adeliger, ein Kloster oder der Landesherr. Insbesondere im Osten provozierte dieser vorübergehende Menschenmangel einen verstärkten Anspruch des Landesherren, so daß plötzlich der konkurrierende Zugriff auf die wenigen verfügbaren Dienstboten zum Problem heranwuchs. Grundsätzlich ist jedoch festzustellen, daß der Dreißigjährige Krieg trotz aller Mobilität die soziale Situation im agrarischen Bereich nicht grundsätzlich verändert, aber bereits bestehende Tendenzen verstärkt hat [266: PRESS, Soziale Folgen, 254–256].

Die Umschichtungen innerhalb der ländlichen Bevölkerung weisen sehr starke regionale Unterschiede auf, die von vielen unterschiedlichen Faktoren abhängig sind. Der derzeitige Forschungsstand ist noch weit davon entfernt, einen detaillierten flächendeckenden Überblick geben zu können. Für einzelne Regionen oder Länder liegen aber bereits Untersuchungen vor. So sind zum Beispiel für Bayern [223: ENDRES, Sozialer Wandel] schon gute Ansätze gebracht worden, aus denen die stattgefundenen Umstrukturierungen ebenso wie die deutlichen Unterschiede für Altbayern und Franken hervorgehen. Auch die Verhältnisse von Nordwestdeutschland wurden bereits untersucht [270: SAALFELD, Stellung].

Soziale Unruhen auf dem Land

Nach heutiger Auffassung scheint das im Laufe des Krieges gewonnene Selbstvertrauen der Landbevölkerung gegenüber der Obrigkeit eine ganz wichtige Rolle im langfristigen Umstrukturierungsprozeß gespielt zu haben. Die sich aus den Kriegswirren ergebenden Freiräume, auf politischem wie ökonomischem Gebiet, weckten in Teilen der Landbevölkerung die Vorstellung, auch ohne Obrigkeit auskommen zu können. Die Folge dieser veränderten Grundeinstellung waren Unruhen und Aufstände, die jedoch regional sehr unterschiedliche Ausmaße annahmen. Der große oberösterreichische Bauernaufstand 1626 gegen die katholische bayerische Besatzungsmacht blieb allerdings in seinen Dimensionen einmalig [266: PRESS, Soziale Folgen, 253]. Der sich nach dem Krieg durchsetzende absolutistisch organisierte Staat war keineswegs so gefestigt, wie dies auf den ersten Blick zu sein scheint. Aufgrund des zugenommenen Selbstvertrauens der einzelnen Schichten war umfangreiches Konfliktpotential vorhanden. Die Auseinandersetzungen fanden zum einen zwischen einzelnen Gruppen und der Staatsmacht statt, zum anderen aber auch innerhalb einzelner Gruppen. Als wichtigste Ursachen sind die materielle Not zahlreicher Familien und die stärkere Strukturierung der Gesellschaft zu nennen. Im Bereich der Landwirtschaft waren dies vor allem die Konflikte innerhalb des Feudalsystems, vor allem dort, wo in der Gutsherrschaft die Berührungspunkte zwischen der Herrschaft, den Familien der beherrschten Bauern und den unterbäuerlichen Schichten nicht selten waren. Zunächst konnten sich die Bauern dem Druck durch Entweichen entziehen; als aber ab den vierziger Jahren des 18. Jahrhunderts das Land infolge der Bevölkerungszunahme knapper wurde, war dies nicht mehr möglich. Die Bauern wehrten sich nun durch Verweigerung von Abgaben und Diensten – Auseinandersetzungen waren vorprogrammiert.

Konflikte innerhalb der Bürgerschaft

Auch innerhalb der Bürgerschaft gab es zahlreiche Konfliktfelder. Im Handwerk entstanden diese vor allem zwischen den Meistern als Arbeitgebern und den Gesellen. Zwar ist anzunehmen, daß derartige Auseinandersetzungen bereits im Mittelalter stattgefunden haben, jedoch häufen sich einschlägige Hinweise für das 18. Jahrhundert. Vor allem der Brauch der Gesellenwanderung führte dazu, daß die Gesellen über parallele Ereignisse an anderen Orten gut informiert gewesen waren, so daß sie ein starkes Konfliktbewußtsein entwickeln konnten. Hauptsächlich die Arbeitszeit und der Lohn standen bei den Konflikten im Vordergrund, die insbesondere in den größeren Städten ausgetragen wurden. Wenngleich die meisten Auseinandersetzungen im Einzelfall für die Gesellen erfolglos geblieben sind, so wurde doch im Laufe der Zeit deren Selbstbewußtsein gestärkt, das sie veranlaßte, den Prozeß der gesellschaftliche Umwandlung gerade in der zweiten Hälfte des 18. Jahrhunderts voranzutreiben [68: Henning, Sozialgeschichte, 936–937].

Aufstände

Ein gutes Beispiel für Konflikte zwischen städtischen Handwerkern, Kaufleuten, Fabrikanten und Vertretern der Stadtverwaltung liefern die Aufstände der Weber in der Stadt Augsburg im 17. und 18. Jahrhundert. Freilich ging es hier um ein ökonomisches Problem, nämlich um die Einfuhr feiner Cottone in die Stadt Augsburg. Ähnliche Gründe waren aber für die Konfliktentstehung der damaligen Zeit allgemein verbreitet; wirtschaftliches Elend war meist der Ausgangspunkt ständischer Auseinandersetzungen. Die noch nach althergebrachten Methoden produzierenden Augsburger Weber konnten sowohl in Qualität als auch in der Menge nicht mit den modernen Fabriken gleichziehen, so daß sich die Auseinandersetzungen im wesentlichen zwischen ihnen und den Fabrikbesitzern abspielten. Involviert waren auch die Ratsmitglieder, denen bei der Schaffung der gesetzlichen Rahmenbedingungen eine wichtige Funktion zukam. Schließlich war auch noch die sich neu bildende Schicht der Fabrikarbeiterschaft in die Auseinandersetzungen miteinbezogen. Es wird somit deutlich, daß vor allem in der zweiten Hälfte des 18. Jahrhunderts, in der die Auseinandersetzungen am häufigsten und am heftigsten waren, alle in der Stadt Augsburg vertretenen Schichten betroffen waren [214: Clasen, Aufstände, 321–322].

Soziale Frage

Die Vermehrung der landarmen und besitzlosen ländlichen Unterschichten und die sich daraus ergebenden unzureichenden Einkommensmöglichkeiten einer breiten Bevölkerungsschicht können als die soziale Frage des 18. Jahrhunderts bezeichnet werden. Dieser Personenkreis bildete die unterste Schicht in der ständischen Gliederung der vorindustriellen Bevölkerung, aus dem sich dann im 19. Jahrhundert im Laufe des Industrialisierungsprozesses der sogenannte vierte Stand, das Proletariat, herausbildete [270: Saalfeld, Stellung, 242].

Das Bemühen der Obrigkeit, die sich faktisch auflösende traditionelle Ordnung zu erhalten, führte vielfach zu Repressalien, die wiederum soziale Auseinandersetzungen nach sich zogen. Ob es sich dabei nur um einzelne, kurzfristig besonders deutlich gewordene Konflikte handelte, oder ob sie die fehlende Anpassung der sozialen Verhältnisse an die allgemeine Entwicklung widerspiegeln, muß noch genauer geprüft werden. Für die Annahme, daß letzteres gilt, spricht die Tatsache, daß im ausgehenden 18. Jahrhundert die Anzahl und die Schärfe der Konflikte deutlich zugenommen hat, und zwar in allen Schichten.

III. Literatur

Die verwendeten Abkürzungen im Quellen- und Literaturteil entsprechen denen der „Historischen Zeitschrift".

1. Wirtschaft im Dreißigjährigen Krieg

1. ALTMANN, H., Die Kipper- und Wipperinflation in Bayern (1620–23). Ein Beitrag zur Strukturanalyse des frühabsolutistischen Staates. München 1976.
2. FRANZ, G., Der Dreißigjährige Krieg und das deutsche Volk, 4. Aufl. Stuttgart u. a. 1979.
3. GÜNTHER, W., Grundzüge der sozialen und wirtschaftlichen Entwicklung in Deutschland im Zeitalter des Dreißigjährigen Krieges. Berlin 1931.
4. INAMA-STERNEGG, K.-T. VON, Die volkswirtschaftlichen Folgen des 30-jährigen Krieges für Deutschland, in: Raumer, F. von (Hrsg.), Historisches Taschenbuch, 4. Folge. Leipzig 1864, 1–104.
5. KAPHAHN, F., Die wirtschaftlichen Folgen des 30-jährigen Krieges für die Altmark. Ein Beitrag zur Geschichte des Zusammenbruchs der deutschen Volkswirtschaft in der ersten Hälfte des 17. Jahrhunderts. Gotha 1911.
6. KELLENBENZ, H. (Hrsg.), Schwerpunkte der Kupferproduktion und des Kupferhandels in Europa 1500–1650. Wien 1977.
7. KELLENBENZ, H., Hamburg und die französisch-schwedische Zusammenarbeit im 30jährigen Krieg, in: Rudolf, H.(Hrsg.), Der Dreißigjährige Krieg. Perspektiven und Strukturen. Darmstadt 1977, 267–297.
8. KÖHLER, R., Der Einfluß des 30-jährigen Krieges auf die Bevölkerungszahl deutscher Städte, insbesondere auf die Zwickaus. Lips 1984.
9. LANGER, H., Neue Forschungen zur Geschichte des Dreißigjährigen Krieges, in: Rudolf, H.(Hrsg.), Der Dreißigjährige Krieg. Perspektiven und Strukturen. Darmstadt 1977, 89–131.
10. LÜTGE, F., Strukturelle und konjunkturelle Wandlungen in der deutschen Wirtschaft vor Ausbruch des Dreißigjährigen Krieges, in: Bayerische Akademie der Wissenschaften, Heft 5. München 1958.
11. LÜTGE, F., Die wirtschaftliche Lage Deutschlands vor Ausbruch des

Dreißigjährigen Krieges, in: Rudolf H.(Hrsg.), Der Dreißigjährige Krieg. Perspektiven und Strukturen. Darmstadt 1977, 458–539.
12. Parker, G., Der dreißigjährige Krieg. Frankfurt a.M. u. a. 1987.
13. Peters, L., Der Handel Nürnbergs am Anfang des Dreißigjährigen Krieges. Strukturkomponenten, Unternehmen und Unternehmer. Stuttgart 1994.
14. Schormann, G., Der Dreißigjährige Krieg. Göttingen 1985.
15. Steinberg, S., Der Dreißigjährige Krieg: Eine neue Interpretation, in: Rudolf, H. (Hrsg.), Der Dreißigjährige Krieg. Perspektiven und Strukturen. Darmstadt 1977, 51–67.
16. Wedel, E., Das Rittergut Rügland – Der dreißigjährige Krieg und seine Folgen, in: Jahrbuch des Historischen Vereins für Mittelfranken 94 (1988/89) 1–40.

2. Entwicklungen in einzelnen Wirtschaftssektoren von 1650 bis 1800

17. Abel, W. u. a. (Hrsg.), Wirtschaft, Geschichte und Wirtschaftsgeschichte. Festschrift zum 65. Geburtstag von Friedrich Lütge, Stuttgart 1966.
18. Abel, W., Geschichte der deutschen Landwirtschaft vom frühen Mittelalter bis zum 19. Jahrhundert. 3. Aufl. Stuttgart 1978.
19. Abel, W. (Hrsg.), Handwerksgeschichte in neuer Sicht. 2. Aufl. Göttingen 1978.
20. Abel, W., Agrarkrisen und Agrarkonjunktur. Eine Geschichte der Land- und Ernährungswirtschaft Mitteleuropas seit dem hohen Mittelalter. 3. Aufl. Hamburg u. a. 1978.
21. Adelmann, G., Strukturwandlungen der rheinischen Leinen- und Baumwollgewerbe zu Beginn der Industrialisierung, in: VSWG 53 (1966) 162–184.
22. Aubin, G. Kunze, A., Leinenerzeugung und Leinenabsatz im östlichen Mitteldeutschland zur Zeit der Zunftkäufe. Ein Beitrag zur industriellen Kolonisation des deutschen Osten. Stuttgart 1940.
23. Aubin, H. Zorn, W. (Hrsg.), Handbuch der deutschen Wirtschafts- und Sozialgeschichte, Bd. 1. Stuttgart 1971.
24. Bechtel, H., Wirtschafts- und Sozialgeschichte Deutschlands. Wirtschaftsstile und Lebensformen von der Vorzeit bis zur Gegenwart. München 1967.

25. Beck, L., Die Geschichte des Eisens in technischer und kulturgeschichtlicher Beziehung. Das XVI. und das XVII. Jahrhundert. Braunschweig 1893–1895.
26. Beck, L., Die Geschichte des Eisens in technischer und kulturgeschichtlicher Beziehung. Das XVIII. Jahrhundert. Braunschweig 1897.
27. Biskup, M., Zernack, K. (Hrsg.), Schichtung und Entwicklung der Gesellschaft in Polen und Deutschland im 16. und 17. Jahrhundert. Wiesbaden 1983.
28. Boelcke, W., Wirtschaftsgeschichte Baden-Württembergs von den Römern bis heute. Stuttgart 1967.
29. Boelcke, W., Die Wirtschaft in der Zeit des Spätmerkantilismus (1770–1780), in: Historischer Atlas von Baden-Württemberg. 6. Lieferung, 1977.
30. Bog, I., Wirtschaft und Gesellschaft Nürnbergs im Zeitalter des Merkantilismus (1648–1806). Eine methodologische Fallstudie, in: VSWG 57 (1970) 289–322.
31. Bog, I. u. a. (Hrsg.), Wirtschaftliche und soziale Strukturen im saekularen Wandel. Festschrift für Wilhelm Abel zum 70. Geburtstag. Hannover 1974.
32. Bondi, G., Deutschlands Außenhandel 1815–1870. Berlin 1958.
33. Bratring, F., Statistisch-topographische Beschreibung der gesamten Mark Brandenburg. Berlin 1968.
34. Brockstedt, J. (Hrsg.), Gewerbliche Entwicklung in Schleswig-Holstein, anderen norddeutschen Ländern und Dänemark von der Mitte des 18. Jahrhunderts bis zum Übergang ins Kaiserreich. Neumünster 1989.
35. Bulst, N. u. a. (Hrsg.), Bevölkerung, Wirtschaft und Gesellschaft. Stadt-Land-Beziehungen in Deutschland und Frankreich 14. bis 19. Jahrhundert. Trier 1983.
36. Büsch, O., Industrialisierung und Gewerbe im Raum Berlin/Brandenburg 1800–1850. Berlin 1971.
37. Caspary, H., Staat, Finanzen, Wirtschaft und Heerwesen im Hochstift Bamberg (1672–1693). Bamberg 1976.
38. Charley, G., The Agricultural Revolution in Nothern Europe, 1750–1880: Nitrogen, Legumes, and Crop Productivity, in: The Economic History Review (1981) 71–93.
39. Ciriacy-Wantrup, S. von, Agrarkrisen und Stockungsspannen. Zur Frage der langen „Welle“ in der wirtschaftlichen Entwicklung. Berlin 1936.
40. Collet, J., Das Wirtschaftsleben in der Grafschaft Saarbrücken im Zeitalter des Merkantilismus (1697–1793). Frankfurt a.M. 1930.

41. Dettmann, G./Schröder, A., Die bremischen Gold- und Silberschmiede, in: Veröffentlichungen aus dem Staatsarchiv der freien Hansestadt Bremen, Heft 7, 1931.
42. Dietz, A., Frankfurter Handelsgeschichte, 2. Bd.. Frankfurt a.M. 1921, Glashütten im Taunus 1970.
43. Dietz, A., Frankfurter Handelsgeschichte, 3. Bd.. Frankfurt a.M. 1921, Glashütten im Taunus 1970.
44. Ebeling, D., Bürgertum und Pöbel. Wirtschaft und Gesellschaft Kölns im 18. Jahrhundert. Köln u. a. 1987.
45. Eckhardt, W., Das Humankapital als Faktor der wirtschaftlichen Entwicklung im Zeitalter des deutschen Merkantilismus. Ein Beitrag zur Geschichte der Bildungsökonomie. Mainz 1971.
46. Egg, E., Manufakturen in Tirol. Zur Wirtschaftsgeschichte Tirols im Vormärz, in: Tiroler Wirtschaftsstudien. 33. Folge. Erzeugung, Verkehr und Handel in der Geschichte der Alpenländer. Herbert-Hassinger-Festschrift, Innsbruck 1977, 125–145.
47. Elkar, R. (Hrsg.), Deutsches Handwerk im Spätmittelalter und Früher Neuzeit. Göttingen 1983.
48. Etzold, H., Probleme bei der Wärmegewinnung am Vorabend der industriellen Revolution in Preußen, in: JbWG (1989/4) 77–118.
49. Feldenkirchen, W., Der Handel der Stadt Köln im 18. Jahrhundert (1700–1814). Bonn 1975.
50. Forberger, R., Die Manufaktur in Sachsen vom Ende des 16. bis zum Anfang des 19. Jahrhunderts. Berlin 1958.
51. Fremdling, R., Technologischer Wandel und internationaler Handel im 18. und 19. Jahrhundert. Die Eisenindustrie in Großbritannien, Belgien, Frankreich und Deutschland. Berlin 1986.
52. Gebauer, H., Die Volkswirtschaft im Königreiche Sachsen. Bd. 2. Dresden 1893.
53. Gothein, E., Wirtschaftsgeschichte des Schwarzwaldes und der angrenzenden Landschaften. New York 1979.
54. Götschmann, D., Oberpfälzer Eisen. Bergbau und Eisengewerbe im 16. und 17. Jahrhundert. Theuern 1985.
55. Göttmann, F., Handwerk und Bündnispolitik. Die Handwerkerbünde am Mittelrhein vom 14. bis zum 17. Jahrhundert. Wiesbaden 1977.
56. Gyimesi, S., Frühkapitalistische Entwicklung und Spätfeudalismus im 16.17. Jahrhundert in Ungarn, in: JbWG (1987/2) 51–63.
57. Haberleitner, O., Handwerk in Steiermark und Kärnten vom Mittelalter bis 1850. Graz 1962.
58. Hahn, H./Zorn, W. (Hrsg.), Historische Wirtschaftskarte der Rheinlande um 1820. Bonn 1973.

59. Harnisch, H./Heitz, G. (Hrsg.), Deutsche Agrargeschichte des Spätfeudalismus, Bd. 6. Berlin 1986.
60. Hartmann, P., Merkantilistische Manufakturgründungsprojekte unter Kurfürst Max Emanuel von Bayern in den Jahren 1718–1721, in: VSWG 56 (1969) 162–177.
61. Hartmann, P., Geld als Instrument europäischer Machtpolitik im Zeitalter des Merkantilismus. München 1978.
62. Hassinger, H., Geschichte des Zollwesens, Handels und Verkehrs in den östlichen Alpenländern vom Spätmittelalter bis in die zweite Hälfte des 18. Jahrhunderts, Bd. I. Stuttgart 1987.
63. Haussherr, H., Wirtschaftsgeschichte der Neuzeit vom Ende des 14. bis zur Höhe des 19. Jahrhunderts. Köln 1960.
64. Henderson, W., Manufactories in Germany. Frankfurt a.M. 1985.
65. Henkel, M., Zunftmißbräuche, „Arbeiterbewegung" im Merkantilismus. Frankfurt a.M. u. a. 1989.
66. Henning, F.-W., Landwirtschaft und ländliche Gesellschaft in Deutschland, Bd. 2, 1750 bis 1976. Paderborn 1978.
67. Henning, F.-W., Landwirtschaft und ländliche Gesellschaft in Deutschland, Bd. 1, 800 bis 1750. Paderborn 1979.
68. Henning, F.-W., Handbuch der Wirtschafts- und Sozialgeschichte im Mittelalter und der frühen Neuzeit. Paderborn 1991.
69. Henning, F.-W., Das vorindustrielle Deutschland 800 bis 1800, 5. Aufl. Paderborn 1994.
70. Hinrichs, C., Die Wollindustrie in Preußen unter Friedrich Wilhelm I., in: Acta Borussica, neu herausgegeben im Auftrag der Historischen Kommission zu Berlin von Wilhelm Treue. Frankfurt a.M. 1986/87.
71. Hinrichs, E. u. a., Die Wirtschaft des Landes Oldenburg in vorindustrieller Zeit. Eine regionalgeschichtliche Dokumentation für die Zeit von 1700 bis 1850. Oldenburg 1988.
72. Historische Landeskommission für Steiermark (Hrsg.), Forschungen zur geschichtlichen Landeskunde der Steiermark. Graz 1962.
73. Höfinghoff, E., Die bremischen Textilgewerbe vom 16. bis zur Mitte des 19. Jahrhunderts. Bremen 1933.
74. Hroch, M., Petrán, J., Das 17. Jahrhundert – Krise der feudalen Gesellschaft. Hamburg 1981.
75. Huter, F., Zwanowetz, G. (Hrsg.), Erzeugung, Verkehr und Handel in der Geschichte der Alpenländer. Festschrift für Herbert Hassinger. Innsbruck 1977.
76. Kaltenstadler, W., Der österreichische Seehandel über Triest im 18. Jahrhundert, in: VSWG 56 (1969) 1–104.

77. Kaufhold, K.-H., Das Metallgewerbe der Grafschaft Mark im 18. und frühen 19. Jahrhundert. Dortmund 1976.
78. Kaufhold, K.-H., Das Gewerbe in Preußen um 1800. Göttingen 1978.
79. Kaufhold, K.-H., Gewerbelandschaften in der frühen Neuzeit (1650–1800), in: Pohl, H. (Hrsg.), Gewerbe- und Industrielandschaften vom Spätmittelalter bis ins 20. Jahrhundert. Stuttgart 1986, 112–202.
80. Kaufhold, K.-H., Das Handwerk der Stadt Hildesheim im 18. Jahrhundert. Eine wirtschaftsgeschichtliche Studie, 2. Aufl. Göttingen 1989.
81. Kaufhold, K.-H., Deutschland 1650–1850, in: Handbuch der Europäischen Wirtschafts- und Sozialgeschichte, Bd. 4. Stuttgart 1993, 523–588.
82. Kellenbenz, H. (Hrsg.), Schwerpunkte der Eisengewinnung und Eisenverarbeitung in Europa 1500–1650. Wien 1974.
83. Kellenbenz, H., Deutsche Wirtschaftsgeschichte, Bd. I. Von den Anfängen bis zum Ende des 18. Jahrhunderts. München 1977.
84. Kellenbenz, H. (Hrsg.), Wirtschaftswachstum, Energie und Verkehr vom Mittelalter bis ins 19. Jahrhundert. Stuttgart u. a. 1978.
85. Kermann, J., Die Manufakturen im Rheinland 1750–1833. Bonn 1972.
86. Kirchner, W., Deutsch-russische Wirtschaftsbeziehungen im 17. Jahrhundert, in: VSWG 76 (1989) 153–184.
87. Klíma, A., The role of rural domestic industry in bohemia in the eighteenth century, in: The economic history review 27 (1974) 48–56.
88. Klíma, A., Die Manufaktur in Böhmen, in: Scripta Mercaturae, Bd. 1/2, 1979, 1–44.
89. Kriedte, P., Industrialisierung vor der Industrialisierung. Gewerbliche Warenproduktion auf dem Land in der Formationsperiode des Kapitalismus. Göttingen 1978.
90. Kriedte, P., Spätfeudalismus und Handelskapital. Grundlinien der europäischen Wirtschaftsgeschichte vom 16. bis zum Ausgang des 18. Jahrhunderts. Göttingen 1980.
91. Krüger, H., Zur Geschichte der Manufakturen und der Manufakturarbeiter in Preußen. Berlin 1958.
92. Krüger, K. (Hrsg.), Europäische Städte im Zeitalter des Barock. Köln u. a. 1988.
93. Kulischer, J., Allgemeine Wirtschaftsgeschichte des Mittelalters und der Neuzeit. München u. a. 1965.
94. Kusch, R., Handelskapital und Manufaktur im Spätfeudalismus. Das Beispiel Stralsund (1720–1815), in: JbWG (1986/4) 119–142.
95. Kuske, B., Wirtschaftsgeschichte Westfalens in Leistung und Verflechtung mit den Nachbarländern bis zum 18. Jahrhundert. Münster 1949.

96. Kutz, M., Die deutsch-britischen Handelsbeziehungen von 1790 bis zur Gründung des Zollvereins. Ein statistischer Beitrag zu einer Neuorientierung, in: VSWG 56 (1969) 178–214.
97. Lange, G., Das ländliche Gewerbe in der Grafschaft Mark am Vorabend der Industrialisierung. Köln 1976.
98. Lütge, F., Geschichte der deutschen Agrarverfassung vom frühen Mittelalter bis zum 19. Jahrhundert. Stuttgart 1963.
99. Lütge, F., Studien zur Sozial- und Wirtschaftsgeschichte. Gesammelte Abhandlungen. Stuttgart 1963.
100. Lütge, F., Deutsche Sozial- und Wirtschaftsgeschichte. Ein Überblick, 3. Aufl. Berlin u. a. 1966.
101. Mager, W., Protoindustrialisierung und Protoindustrie. Vom Nutzen und Nachteil zweier Konzepte, in: GG 14 (1988) 275–303.
102. Matis, H., Über die sozialen und wirtschaftlichen Verhältnisse österreichischer Fabrik- und Manufakturarbeiter um die Wende vom 18. zum 19. Jahrhundert, in: VSWG 53 (1966) 433–476.
103. Meixner, E.-M., Wirtschaftsgeschichte des Landes Oberösterreich, Bd. II: Männer, Mächte, Betriebe von 1848 bis zur Gegenwart. Salzburg 1952.
104. Meyer-Stoll, C., Die lübeckische Kaufmannschaft des 17. Jahrhunderts unter wirtschafts- und sozialgeschichtlichen Aspekten. Frankfurt a.M. 1989.
105. Mieck, I., Preußischer Seidenbau im 18. Jahrhundert, in: VSWG 56 (1969) 478–498.
106. Milz, H., Das Kölner Großgewerbe von 1750 bis 1835. Köln 1962.
107. Mittenzwei, I., Herzfeld, E., Brandenburg-Preußen 1648–1789. Das Zeitalter des Absolutismus in Text und Bild. Köln 1987.
108. Mitterauer, M. (Hrsg.), Österreichisches Montanwesen. Produktion, Verteilung, Sozialformen. München 1974.
109. Müller, S., Marktsituation und Absatzpolitik der Krefelder Samt- und Seidenindustrie in der Zeit von Ende des 17. bis zum Ende des 19. Jahrhunderts. Köln 1987.
110. Oberbayerisches Archiv für vaterländische Geschichte, Bd. 49/50, München 1895–1896.
111. Pelzer, E., Der elsässische Adel im Spätfeudalismus. München 1990.
112. Petrovic, N., Die Schiffahrt und Wirtschaft im mittleren Donauraum in der Zeit des Merkantilismus. Belgrad u. a. 1982.
113. Pfeiffer, G., Bayern und Brandenburg-Preußen. Ein geschichtlicher Vergleich. München 1984.
114. Pfeuffer, J., Die eigentlichen Gründe für den Niedergang des Oberpfälzer Eisenerzbergbaus zu Beginn des 17. Jahrhunderts, in: Bergbau 38 (1987), H. 2, 78–83.

115. Pierenkemper, T. (Hrsg.), Landwirtschaft und industrielle Entwicklung. Zur ökonomischen Bedeutung von Bauernbefreiung, Agrarreform und Agrarrevolution. Stuttgart 1989.

116. Pohl, H., Die Beziehungen Hamburgs zu Spanien und dem spanischen Amerika in der Zeit von 1740–1806. Wiesbaden 1963.

117. Pohl, H. (Hrsg.), Gewerbe- und Industrielandschaften vom Spätmittelalter bis ins 20. Jahrhundert. Stuttgart 1986.

118. Press, V. (Hrsg.), Städtewesen und Merkantilismus in Mitteleuropa. Köln u. a. 1983.

119. Purs, J., Struktur und Dynamik der industriellen Entwicklung in Böhmen im letzten Viertel des 18. Jahrhunderts, in: JbWG II (1965) 103–124.

120. Raabe, H., Das Erfurt-Thüringische Wirtschaftsgebiet unter dem Gesichtswinkel der Standortsentwicklung. Halle-Wittenberg 1930.

121. Radkau, J., Zur angeblichen Energiekrise des 18. Jahrhunderts: Revisionistische Betrachtungen über die „Holznot", in: VSWG 73 (1986) 1–37.

122. Reininghaus, W., Gewerbe in der frühen Neuzeit. München 1990.

123. Reith, R., Zünftisches Handwerk, technologische Innovation und protoindustrielle Konkurrenz. – Die Einführung der Bandmühle und der Niedergang des Augsburger Bortenmacherhandwerks vor der Industrialisierung, in: Müller, R. (Hrsg.), Aufbruch ins Industriezeitalter, Bd. 2, Aufsätze zur Wirtschafts- und Sozialgeschichte Bayerns 1750–1850. München 1985, 238–249.

124. Reuter, O., Die Manufaktur im fränkischen Raum. Eine Untersuchung großbetrieblicher Anfänge in den Fürstentümern Ansbach und Bayreuth als Beitrag zur Gewerbegeschichte des 18. und beginnenden 19. Jahrhunderts. Stuttgart 1961.

125. Reuther, M. (Hrsg.), Oberlausitzer Forschungen. Beiträge zur Landesgeschichte. Leipzig 1961.

126. Sachse, W., Bibliographie zur preußischen Gewerbestatistik 1750–1850. Göttingen 1981.

127. Salz, A., Geschichte der Böhmischen Industrie in der Neuzeit. München u. a. 1913.

128. Sandgruber, R., Österreichische Agrarstatistik 1750–1918, Wirtschafts- und Sozialstatistik Österreich-Ungarn, geleitet v. Hoffmann Alfred, Matis Herbert (Teil 2). München 1978.

129. Scherner, K./Willoweit, D. (Hrsg.), Vom Gewerbe zum Unternehmen. Studien zum Recht der gewerblichen Wirtschaft im 18. und 19. Jahrhundert. Darmstadt 1982.

130. Schmitz, E., Leinengewerbe und Leinenhandel in Nordwestdeutschland (1650–1850). Köln 1967.

131. SCHREMMER, E., Die Wirtschaft Bayerns. Vom hohen Mittelalter bis zum Beginn der Industrialisierung. Bergbau, Gewerbe, Handel. München 1970.
132. SCHREMMER, E., Industrialisierung vor der Industrialisierung. Anmerkungen zu einem Konzept der Proto-Industrialisierung, in: GG 6 (1980) 420–448.
133. SCHULTE, F., Die Entwicklung der gewerblichen Wirtschaft in Rheinland-Westfalen im 18. Jahrhundert. Eine wirtschaftsgeschichtliche Untersuchung. Köln 1959.
134. SCHULTZ, H., Landhandwerk im Übergang vom Feudalismus zum Kapitalismus. Vergleichender Überblick und Fallstudie Mecklenburg-Schwerin. Berlin 1984.
135. SCHULTZ, H., Berlin 1650–1800 Sozialgeschichte einer Residenz. Berlin 1987.
136. SCHULZ, K., Handwerksgesellen und Lohnarbeiter. Untersuchungen zur oberrheinischen und oberdeutschen Stadtgeschichte des 14. bis 17. Jahrhunderts. Sigmaringen 1985.
137. SCHULZE, W. (Hrsg.), Ständische Gesellschaft und soziale Mobilität. München 1988.
138. SLAWINGER, G., Die Manufaktur in Kurbayern. Die Anfänge der großgewerblichen Entwicklung in der Übergangsepoche vom Merkantilismus zum Liberalismus 1740–1833. Stuttgart 1966.
139. SOMBART, W., Das europäische Wirtschafsleben im Zeitalter des Frühkapitalismus, Zweiter Halbband. München u. a. 1928.
140. STEINBORN, H., Abgaben und Dienste holsteinischer Bauern im 18. Jahrhundert. Neumünster 1982.
141. STÜRMER, M. (Hrsg.), Herbst des Alten Handwerks. Quellen zur Sozialgeschichte des 18. Jahrhunderts. München 1979.
142. STURSBERG, E., Geschichte des Hütten- und Hammerwesens im ehemaligen Herzogtum Berg. Remscheid 1964.
143. TAUSENDPFUND, A., Die Manufaktur im Fürstentum Neuburg. Studien zur Sozial- und Wirtschaftsgeschichte unter besonderer Berücksichtigung der großbetrieblichen Entwicklung im Zeitalter des Merkantilismus. Nürnberg 1975.
144. TENFELDE, K. (Hrsg.), Arbeit und Arbeitserfahrung in der Geschichte. Göttingen 1986.
145. TREMEL, F., Der Frühkapitalismus in Innerösterreich. Graz 1954.
146. TREMEL, F., Wirtschafts- und Solzialgeschichte Österreichs. Wien 1969.
147. TREUE, W., Wirtschaft, Gesellschaft und Technik in Deutschland vom 16. bis zum 18. Jahrhundert, in: Handbuch der Deutschen Geschichte, Bd. II. Stuttgart 1970, 437–545.

148. Treue, W., Wirtschafts- und Technikgeschichte Preußens. Berlin u. a. 1984.
149. Trevor-Roper, H., Reformation und sozialer Umbruch. Die Krisis des 17. Jahrhunderts. Frankfurt a.M. u. a. 1970.
150. Uhlhorn, F./Schlesinger, W., Die deutschen Territorien. Handbuch der deutschen Geschichte, Bd. 13. München 1988.
151. Van Klaveren, J., Die Manufakturen des Ancien Régime, in: VSWG 51 (1964) 145–191.
152. Wiest, E., Die Entwicklung des Nürnberger Gewerbes zwischen 1648 und 1806. Stuttgart 1968.
153. Zimdars, W., Zur Beurteilung der Betriebsformen und ihrer Entwicklung im Bergbau und Textilindustrie bis zur industriellen Revolution unter besonderer Berücksichtigung von Freiheits- und Produktivitätsaspekten. Regensburg 1986.

3. Wirtschaftspolitik von 1650 bis 1800

154. Ambrosius, G., Merkantilismus, Kameralistik und öffentliche Wirtschaft, in: Zeitschrift für öffentliche und gemeinwirtschaftliche Unternehmen (1987) 231–245.
155. Barkhausen, M., Staatliche Wirtschaftslenkung und freies Unternehmertum im westdeutschen und nord- und südniederländischen Raum bei der Entstehung der neuzeitlichen Industrie im 18. Jahrhundert, in: VSWG 45 (1958) 168–241.
156. Bátori, I., Die Reichsstadt Augsburg im 18. Jahrhundert. Verfassung, Finanzen und Reformversuche. Göttingen 1969.
157. Berney, A., Die Anfänge der Friderizianischen Seehandelspolitik. Mit 23 unveröffentlichten Briefen Friedrichs d.Gr., in: VSWG 22 (1929) 16–31.
158. Blaich, F., Die wirtschaftspolitische Tätigkeit der Kommission zur Bekämpfung der Hungersnot in Böhmen und Mähren (1771–1772), in: VSWG 56 (1969) 299–331.
159. Blaich, F., Die Wirtschaftspolitik des Reichstags im Heiligen Römischen Reich. Ein Beitrag zur Problemgeschichte wirtschaftlichen Gestaltens. Stuttgart 1970.
160. Blaich, F., Die Epoche des Merkantilismus. Wiesbaden 1973.
161. Blaich, F., Wirtschaftspolitik und Wirtschaftsverwaltung, in: Jeserich, K. u. a. (Hrsg.), Deutsche Verwaltungsgeschichte Bd. I, Vom Spätmittelalter bis zum Ende des Reiches. Stuttgart 1983, 428–447.

162. Blaich, F., Merkantilismus, Kameralismus, Physiokratie, in: Issing, O., Geschichte der Nationalökonomie. München 1988, 35–48.
163. Bog, I., Der Reichsmerkantilismus. Studien zur Wirtschaftspolitik des Heiligen Römischen Reiches im 17. und 18. Jahrhundert. Stuttgart 1959.
164. Bog, I., Wirtschaften in geschichtlichen Ordnungen. Idstein 1986.
165. Bütterlin, R., Die merkantilistische Geldpolitik im Herzogtum Württemberg von der Reformation bis Napoleon. Urach 1966.
166. Dreissig, W., Die Geld- und Kreditlehre des deutschen Merkantilismus. Berlin 1939.
167. Facius, F., Staat, Verwaltung und Wirtschaft in Sachsen-Gotha unter Herzog Friedrich II. (1691–1732). Eine Studie zur Geschichte des Barockfürstentums in Thüringen. Heidelberg 1932.
168. Facius, F., Wirtschaft und Staat. Die Entwicklung der staatlichen Wirtschaftsverwaltung in Deutschland vom 17. Jahrhundert bis 1945. Boppard am Rhein 1959.
169. Fechner, H., Wirtschaftsgeschichte der preußischen Provinz Schlesien in der Zeit ihrer provinziellen Selbständigkeit 1741–1806. Breslau 1907.
170. Fechner, H., Die Wirkungen des preußischen Merkantilismus in Schlesien, in: VSWG 7 (1909) 315–323.
171. Findeisen, J.-P., Progressive Kameralisten in Schwedisch-Pommern nach 1750 in: JbWG (1986/2) 105–129.
172. Gabler, R., Krumrey R., Die Entwicklung der bürgerlichen Handelslehre unter dem Einfluß des Kameralismus in Deutschland, in: WiWi (1989) 237–251.
173. Gömmel, R., Merkantilstaatliche und kommunale Sozialpolitik (vom 17. Jahrhundert bis zur Bismarckzeit), in: Pohl, H. (Hrsg.), Staatliche, städtische, betriebliche und kirchliche Sozialpolitik vom Mittelalter bis zur Gegenwart. Stuttgart 1991, 89–109.
174. Häberle, E., Zollpolitik und Integration im 18. Jahrhundert. Untersuchungen zur wirtschaftlichen und politischen Integration in Bayern von 1765–1811. München 1974.
175. Hess, W., Klose, D., Staatliche Münzsammlung. Vom Taler zum Dollar 1486–1986. München 1986.
176. Hosfeld-Guber, J., Der Merkantilismusbegriff und die Rolle des absolutistischen Staates im vorindustriellen Preußen. München 1985.
177. Klein, E., Der Staat als Unternehmer im Saarländischen Steinkohlenbergbau (1750–1850), in: VSWG 57 (1979) 323–349.
178. Klüssendorf, N., Kontinuität und Diskontinuität im hessischen

Geldumlauf des frühen 17. Jahrhunderts, in: Hessisches Jahrbuch für Landesgeschichte 38 (1988) 103–138.

179. Krauter, G., Die Manufakturen im Herzogtum Wirtemberg und ihre Förderung durch die wirtembergische Regierung in der zweiten Hälfte des 18. Jahrhundert. Tübingen 1951.

180. Krüger, K. (Hrsg.), Sozialstruktur der Stadt Oldenburg 1630 und 1678. Analysen in historischer Finanzsoziologie anhand staatlicher Steuerregister. Oldenburg 1986.

181. Lasch, M., Untersuchungen über Bevölkerung und Wirtschaft der Landgrafschaft Hessen-Kassel und der Stadt Kassel vom 30-jährigen Krieg bis zum Tode Landgraf Karls 1730. Ein Beitrag zur Geschichte des deutschen Merkantilismus. Kassel 1969.

182. Matis, H. (Hrsg.), Von der Glückseligkeit des Staates. Staat, Wirtschaft und Gesellschaft in Österreich im Zeitalter des aufgeklärten Absolutismus. Berlin 1981.

183. Meinhardt, G., Die Münz- und Geldgeschichte des Herzogtums Preußen 1569–1701. Heidelberg 1959.

184. Müller, W., Zur Wohlfahrt des gemeinen Wesens. Ein Beitrag zur Bevölkerungs- und Sozialpolitik Max III. Joseph (1745–1777). München 1984.

185. North, M., Die Amtswirtschaften von Osterode und Soldau. Vergleichende Untersuchungen zur Wirtschaft im frühmodernen Staat am Beispiel des Herzogtums Preußen in der zweiten Hälfte des 16. und in der ersten Hälfte des 17. Jahrhunderts. Berlin 1982.

186. Otruba, G., Die Wirtschaftspolitik Maria Theresias. Wien 1963.

187. Otruba, G., Die Bedeutung englischer Subsidien und Antizipationen für die Finanzen Österreichs 1701–1748, in: VSWG 51 (1964) 192–234.

188. Pohl, H. (Hrsg.), Die Auswirkungen von Zöllen und anderen Handelshemmnissen auf Wirtschaft und Gesellschaft vom Mittelalter bis zur Gegenwart. Stuttgart 1987.

189. Probszt, G., Österreichische Münz- und Geldgeschichte. Von den Anfängen bis 1918. Wien u. a. 1973.

190. Rittmann, H., Deutsche Geldgeschichte 1484–1914. München 1975.

191. Röpke, H.-J., Die Wachstumstheorie der deutschen Merkantilisten. Marburg 1971.

192. Roth, P., Die Kipper- und Wipper-Zeit in den Habsburgischen Ländern, 1620 bis 1623, in: Schremmer, E. (Hrsg.), Geld und Währung vom 16. Jahrhundert bis zur Gegenwart. Stuttgart 1993, 85–103.

193. Rothermund, D., Europa und Asien im Zeitalter des Merkantilismus. Darmstadt 1978.

194. SANDGRUBER, R., Die Anfänge der Konsumgesellschaft. Konsumgüterverbrauch, Lebensstandard und Alltagskultur in Österreich im 18. und 19. Jahrhundert. München 1982.

195. SCHLÖGL, R., Absolutismus im 17. Jahrhundert. Bayerischer Adel zwischen Disziplinierung und Integration, in: Zeitschrift für historische Forschung 15 (1988) 151–186.

196. SCHMOLLER, G., Umrisse und Untersuchungen zur Verfassungs-, Verwaltungs- und Wirtschaftsgeschichte besonders des Preußischen Staates im 17. und 18. Jahrhundert. Leipzig 1898.

197. SCHNEIDER, K., Hamburg während der Kipper- und Wipperzeit, in: Zeitschrift des Vereins für hamburgische Geschichte (1981) 47–74.

198. SCHNEIDER, K., Frankfurt und die Kipper- und Wipperinflation der Jahre 1619–1623. Frankfurt a.M. 1990.

199. SCHULTZ, H., Das System und die Prinzipien der Einkünfte im werdenden Staat der Neuzeit dargestellt anhand der kameralwissenschaftlichen Literatur (1600–1835). Berlin 1982.

200. SIMSCH, A., Die Wirtschaftspolitik des preußischen Staates in der Provinz Südpreußen 1793–1806/07. Berlin 1983.

201. SPRENGER, B., Harmonisierungsbestrebungen im Geldwesen der deutschen Staaten zwischen Wiener Kongreß und Reichsgründung, in: Schremmer, E. (Hrsg.), Geld und Währung vom 16. Jahrhundert bis zur Gegenwart. Stuttgart 1993, 121–142.

202. STAVENHAGEN, G., Geschichte der Wirtschaftstheorie. Göttingen 1969.

203. STOLLEIS, M., Pecunia Nervus Rerum. Zur Staatsfinanzierung in der frühen Neuzeit. Frankfurt a.M. 1983.

204. TILLY, R., Geschichte der Wirtschaftspolitik. Vom Merkantilismus zur sozialen Marktwirtschaft. München 1993.

205. WIELANDT, F., Badische Münz- und Geldgeschichte. Karlsruhe 1955.

4. Grundprobleme und Tendenzen der Forschung

206. ABEL, W., Der Pauperismus in Deutschland am Vorabend der industriellen Revolution. Hannover 1970.

207. ARNOLD, K., Geschichte des Niederrheinisch-Westfälischen Kreises in der Zeit des Spanischen Erbfolgekrieges (1698–1714). Düsseldorf 1937.

208. BEUTIN, L., Der deutsche Seehandel im Mittelmeergebiet. Neumünster 1933.

209. Beutin, L., Deutscher Leinenhandel in Genua im 17. und 18. Jahrhundert, in: VSWG, 24 (1931) 157–168.

210. Bisle, M., Die öffentliche Armenpflege der Reichsstadt Augsburg, mit Berücksichtigung der einschlägigen Verhältnisse in anderen Reichsstädten Süddeutschlands. Paderborn 1904.

211. Bog, I., Oberdeutsche Kaufleute zu Lyon 1650–1700, in: Jahrbuch für Fränkische Landesforschung 22 (1962) 19–65.

212. Brügmann, U., Die öffentliche Armenpflege der Stadt Hannover in den Jahren 1700–1824, in: Hannoversche Geschichtsblätter, Neue Folge 24, Heft 1/2, Hannover 1970.

213. Buchholz, E., Vom Mittelalter zur Neuzeit, Raum und Bevölkerung in der Weltgeschichte. Würzburg 1966.

214. Clasen, C., Streiks und Aufstände der Augsburger Weber im 17. und 18. Jahrhundert. Augsburg 1993.

215. Conrad, R., Der bayerische Reichskreis im 16. Jahrhundert. München 1974.

216. Dahlmann, F., Die Politik auf den Grund und das Maß der gegebenen Zustände zurückgeführt, Bd. 1. Leipzig 1847.

217. Denzler, A., Geschichte des Armenwesens im Kanton Zürich im 16. und 17. Jahrhundert. Zürich 1920.

218. Dirlmeier, U., Zu Arbeitsbedingungen und Löhnen von Bauhandwerkern im Spätmittelalter, in: Elkar, R. (Hrsg.), Deutsches Handwerk im Spätmittelalter und früher Neuzeit, Göttingen 1983, 35–54.

219. Dirninger, C., Das Steuer- und Abgabensystem im Erzstift Salzburg im 18. Jahrhundert, in: Schremmer E. (Hrsg.), Steuern, Abgaben und Dienste vom Mittelalter bis zur Gegenwart, Stuttgart 1994, 109–145.

220. Ebeling, D., Irsigler, F., Getreideumsatz, Getreide- und Brotpreise in Köln 1368–1797, 1. Teil, Getreideumsatz und Getreidepreise: Wochen-, Monat- und Jahrestabelle, in: Mitteilungen aus dem Stadtarchiv von Köln 65, Köln 1976, 2. Teil, Brotgewichte und Brotpreise; Wochen-, Monats- und Jahrestabelle, Graphiken, in: ebenda 66, Köln 1977.

221. Elsas, M., Umriß einer Geschichte der Preise und Löhne in Deutschland, Bd. I und II A. Leiden 1936 und 1940.

222. Endres, R., Das Armenproblem im Zeitalter des Absolutismus, in: Jahrbuch für fränkische Landesforschung 34/35 (1975) 1003–1020.

223. Endres, R., Sozialer Wandel in Franken und Bayern auf der Grundlage der Dorfordnungen, in: Hinrichs, E./Wiegelmann, G., (Hrsg.) Sozialer und kultureller Wandel in der ländlichen Welt des 18. Jahrhunderts. Wolfenbüttel 1982, 211–227.

224. Flügel, A., Kaufmännische Orientierung und Mechanisierung.

Das Feinleinengewerbe in Ravensberg 1680–1890, in: Ditt, K./Pollard, S. (Hrsg.), Von der Heimarbeit in die Fabrik, Industrialisierung und Arbeiterschaft in Leinen- und Baumwollregionen Westeuropas während des 18. und 19. Jahrhunderts. Paderborn 1992, 106–127.

225. Freudenberger, H., Das Arbeitsjahr, in: Bog I. u. a. (Hrsg.), Wirtschaftliche und soziale Strukturen im säkularen Wandel. Hannover 1974, 307–320.
226. Gerhard, H.-J. (Hrsg.), Löhne im vor- und frühindustriellen Deutschland. Göttingen 1984.
227. Gerhard, H.-J., Kaufhold, K.-H., Preise im vor- und frühindustriellen Deutschland. Göttingen 1990.
228. Gömmel, R., Wachstum und Konjunktur der Nürnberger Wirtschaft (1800–1914). Wiesbaden 1978.
229. Gömmel, R., Vorindustrielle Bauwirtschaft in der Reichshauptstadt Nürnberg und ihrem Umland (16.-18. Jh.). Wiesbaden 1985.
230. Haberecht, K., Geschichte des Niederrheinisch-Westfälischen Kreises in der Zeit der französischen Eroberungskriege (1667–1697). Düsseldorf 1935.
231. Hamann, B., Geschichte des Schulwesens. Werden und Wandel der Schule im ideen- und sozialgeschichtlichen Zusammenhang. Bad Heilbrunn/Obb. 1986.
232. Harder-Gersdorff, E., Handelskonjunkturen und Warenbilanzen im lübeckisch-russischen Seeverkehr des 18. Jahrhunderts, in: VSWG 57 (1970) 15–45.
233. Hartung, F., Geschichte des Fränkischen Kreises. Leipzig 1910.
234. Hasse, E., Geschichte der Leipziger Messen. Leipzig 1963.
235. Häuser, K., Abriß der geschichtlichen Entwicklung der öffentlichen Finanzwirtschaft, in: Handbuch der Finanzwissenschaft, Bd. I. Tübingen 1977, 4–51.
236. Hessel, A., Das öffentliche Armenwesen in Augsburg und den später eingemeindeten Vororten 1800–1870. München 1920.
237. Hinze, K., Die Arbeiterfrage zu Beginn des modernen Kapitalismus in Brandenburg-Preußen 1685–1806. Berlin 1927.
238. Hoffmann, A., Wirtschaftsgeschichte des Landes Oberösterreich. Bd. I: Werden, Wachsen, Reifen von der Frühzeit bis zum Jahre 1848. Salzburg 1952.
239. Isaacson, W., Geschichte des niederrheinisch-westfälischen Kreises von 1648–1667. Dinslaken 1933.
240. Kallert, H., Waisenhaus und Arbeitserziehung im 17. und 18. Jahrhundert. Frankfurt a.M. 1964.

241. Kaufhold, K.-H., Forschungen zur deutschen Preis- und Lohngeschichte (seit 1930), in: Kellenbenz, H./Pohl, H. (Hrsg.), Historia Socialis et Oeconomica. Wiesbaden 1987, 81–101.
242. Kellenbenz, H., Der deutsche Außenhandel, in: Lütge, F. (Hrsg.), Die wirtschaftliche Situation in Deutschland und Österreich um die Wende vom 18. zum 19. Jahrhundert. Stuttgart 1964, 4–60.
243. Kellenbenz, H., Die Wirtschaft der schwäbischen Reichsstädte zwischen 1648 und 1740, in: Jahrbuch für Geschichte der oberdeutschen Reichsstädte, Bd. 11. 1965, 128–165.
244. Kellenbenz, H., The Rise of the European Economy. London u. a. 1976.
245. Kill, S., Politische Konstituierungsfaktoren des Bürgertums, in: Gall, L. (Hrsg.), Stadt und Bürgertum im Übergang von der traditionalen zur modernen Gesellschaft. München 1993, 183–202.
246. Knabe, L., Die Messen zu Frankfurt an der Oder und ihre Bedeutung für den Ost-West-Handel, in: Beck, F. (Hrsg.), Heimatkunde und Landschaftsgeschichte. Weimar 1958, 295–302.
247. Koch, L., Wandlungen der Wohlfahrtspflege im Zeitalter der Aufklärung. Erlangen 1933.
248. Kohnen, F., Die Grafschaft Oldenburg und der Westfälische Reichskreis bis 1667. Oldenburg 1940.
249. Koob, E., Das Armenwesen der Stadt Gießen bis zur Einführung der Städteordnung 1874. Gießen 1923.
250. Kroker, E., Handelsgeschichte der Stadt Leipzig. Leipzig 1925.
251. Kutz, M., Deutschlands Außenhandel von der Französischen Revolution bis zur Gründung des Zollvereins. Wiesbaden 1974.
252. Lampert, H., Lehrbuch der Sozialpolitik. Berlin u. a. 1985.
253. Lauser, G., Die öffentliche Armenpflege der Stadt Regensburg bis zur Mitte des 19. Jahrhunderts. Erlangen 1924.
254. Lütge, F., Die wirtschaftliche Situation in Deutschland und Österreich um die Wende vom 18. zum 19. Jahrhundert. Stuttgart 1964.
255. Marzahn, C., Zähmen und Bewahren. Die Anfänge bürgerlicher Sozialpolitik. Bielefeld 1984.
256. Mauersberg, H., Wirtschafts- und Sozialgeschichte zentraleuropäischer Städte in neuerer Zeit. Göttingen 1960.
257. Mayer, T., Geschichte der Finanzwirtschaft vom Mittelalter bis zum Ende des 18. Jahrhunderts, in: Handbuch der Finanzwissenschaft, Bd. I. Tübingen 1952, 236–272.
258. Melle, W. von, Die Entwicklung des öffentlichen Armenwesens in Hamburg. Hamburg 1883.
259. Menke, C., Die politischen und diplomatischen Beziehungen zwi-

schen Rußland und den Hansestädten im 18. und frühen 19. Jahrhundert, in: Hansische Geschichtsblätter 81 (1963) 39–108.

260. Münsterberg, E., Die Armenpflege. Einführung in die praktische Pflegetätigkeit. Berlin 1897.

261. Neugebauer, W., Schule und Absolutismus in Preußen. Berlin 1992.

262. Neukirch, A., Der niedersächsische Kreis und die Kreisverfassung bis 1542. Leipzig 1909.

263. North, M., Abgaben und Dienste in der ostdeutschen Landwirtschaft vom Spätmittelalter bis zur Bauernbefreiung. Bestimmungsgründe für die langfristigen Substitutionsprozesse, in: Schremmer, E. (Hrsg.), Steuern, Abgaben und Dienste vom Mittelalter bis zur Gegenwart. Stuttgart 1994, 77–89.

264. Olechnowitz, K.-F., Handel und Seeschiffahrt der späten Hanse. Weimar 1965.

265. Peintinger, F. X., Wohlfahrtswesen und Wohlfahrtsrecht in München von 1808–1848. München 1952.

266. Press, V., Soziale Folgen des Dreißigjährigen Krieges, in: Schulze, W. u. a. (Hrsg.), Ständische Gesellschaft und soziale Mobilität. München 1988, 239–268.

267. Rein, G., Europa und Übersee. Göttingen u. a. 1961.

268. Reininghaus, W., Die Wirkung der Steuern auf Wirtschaft und Gesellschaft in der Grafschaft Mark im 18. Jahrhundert, in: Schremmer, E. (Hrsg.), Steuern, Abgaben und Dienste vom Mittelalter bis zur Gegenwart. Stuttgart 1994, 147–169.

269. Ruppert, W., Bürgerlicher Wandel: Studien zur Herausbildung einer nationalen deutschen Kultur im 18. Jahrhundert. München 1977.

270. Saalfeld, D., Stellung und Differenzierung der ländlichen Bevölkerung Nordwestdeutschlands in der Ständegesellschaft des 18. Jahrhunderts, in: Hinrichs, E./Wiegelmann, G. (Hrsg.), Sozialer und kultureller Wandel in der ländlichen Welt des 18. Jahrhunderts. Wolfenbüttel 1982, 229–251.

271. Sachsse, C., Tennstedt, F., Geschichte der Armenfürsorge in Deutschland. Vom Spätmittelalter bis zum Ersten Weltkrieg. Stuttgart u. a. 1980.

272. Schädler, W., Veränderungen der Armenpflege in Deutschland durch die Aufklärung unter besonderer Berücksichtigung der Entwicklung in der Landgrafschaft Hessen-Kassel. Marburg 1980.

273. Schmitz, K., Geschichte der Schule. Ein Grundriß ihrer historischen Entwicklung und ihrer künftigen Perspektiven. Stuttgart u. a. 1980.

274. Schneider, A., Der Niederrheinisch-Westfälische Kreis im 16. Jahrhundert. Düsseldorf 1985.

275. Schneider, J. u. a. (Hrsg.), Währungen der Welt III: Europäische Wechselkurse im 17. Jahrhundert. Stuttgart 1994.

276. Schneider, J. u. a. (Hrsg.), Währungen der Welt IV: Geld und Währung in Europa im 18. Jahrhundert. Stuttgart 1994.

277. Schrötter, F. von. Das preußische Münzwesen im 18. Jahrhundert. Münzgeschichtlicher Teil, Bd. II, Die Begründung des preußischen Münzsystems durch Friedrich den Großen und Graumann, 1740–1755. Berlin 1908.

278. Schulze, W., Löhne und Preise 1750 bis 1800 nach den Akten und Rechnungsbelegen des Stadtarchives Quedlinburg, in: JbWG II (1965) 185–192; IV (1965) 266–280; I (1966) 243–258; II (1966) 281–285; IV (1966) 235–245; I (1967) 301–340.

279. Sicken, B., Das Wehrwesen des fränkischen Reichskreises. Nürnberg 1967.

280. Sicken, B., Der Fränkische Reichskreis. Seine Ämter und Einrichtungen im 18. Jahrhundert. Würzburg 1970.

281. Sobania, M., Rechtliche Konstituierungsfaktoren des Bürgertums, in: Gall, L. (Hrsg.), Stadt und Bürgertum im Übergang von der traditionalen zur modernen Gesellschaft. München 1993, 131–150.

282. Sombart, W., Der moderne Kapitalismus. Historisch-systematische Darstellung des gesamteuropäischen Wirtschaftslebens von seinen Anfängen bis zur Gegenwart, Bd. 1, 2. Hälfte. München 1922.

283. Stier, B., Fürsorge und Disziplinierung im Zeitalter des Absolutismus. Sigmaringen 1988.

284. Stolz, O., Zur Entwicklung des Zollwesens innerhalb des alten deutschen Reiches, in: VSWG 41 (1954) 1–41.

285. Strauss, R., Löhne und Preise in Chemnitz 1770–1850, in: JbWG IV (1962) 144–190; I (1963) 189–219; II (1963) 212–236; III (1963) 257–280; I (1964) 270–280; IV (1964) 307–315; I (1965) 233–249.

286. Thomes, P., Kommunalhaushalte und Steuern im 17. und 18. Jahrhundert zwischen Funktionswandel der städtischen Aufgaben und Strukturwandel der städtischen Einnahmen, in: Schremmer, E. (Hrsg.), Steuern, Abgaben und Dienste vom Mittelalter bis zur Gegenwart. Stuttgart 1994, 91–108.

287. Vierhaus, R., Deutschland im 18. Jahrhundert: soziales Gefüge, politische Verfassung, geistige Bewegung, in: Kopitzsch, F.(Hrsg.), Aufklärung, Absolutismus und Bürgertum in Deutschland. München 1976, 173–191.

288. Vogel, W., Beiträge zur Statistik der deutschen Seeschiffahrt im 17. und 18. Jahrhundert, in: Hansische Geschichtsblätter 46 (1928) 110–153.

289. Vogel, W., Handelskonjunkturen und Wirtschaftskrisen in ihren Auswirkungen auf den Seehandel der Hansestädte 1560–1806, in: Hansische Geschichtsblätter 74 (1956) 50–64.

290. Wiskemann, E., Hamburg und die Welthandelspolitik von den Anfängen bis zur Gegenwart. Hamburg 1929.

291. Zerback, R., Die wirtschaftliche Position als Konstituierungsfaktor des Bürgertums, in: Gall, L. (Hrsg.), Stadt und Bürgertum im Übergang von der traditionalen zur modernen Gesellschaft. München 1993, 203–222.

292. Zorn, W., Handels- und Industriegeschichte Bayerisch-Schwabens 1648–1870. Augsburg 1961.

293. Zorn, W., Schwerpunkte der deutschen Ausfuhrindustrie im 18. Jahrhundert, in: Jahrbuch für Nationalökonomie und Statistik, Bd. 173, 1961, 422–447.

294. Zorn, W., Sozialer Wandel in Mitteleuropa 1780–1840, in: Zorn, W., Wirtschaftlich-soziale Bewegung und Verflechtung. Stuttgart 1992, 281–295.

295. Stadtarchiv Nürnberg, Stadtalmosenamt, Rep. D 1/I 1661.

Register

Orts- und Länderregister

Aachen 22, 28, 31, 37, 67, 103
Allgäu 36, 39
Altwürttemberg 36
Altena 3
Amerika 32
Amsterdam 77
Ansbach 10, 29, 35, 67
Antwerpen 78
Augsburg 2, 15, 22, 24, 27, 29, 30, 32, 36, 38, 43, 67, 74, 77, 78, 93, 103, 107

Barmen 37, 78
Bayern 6, 9, 19, 20, 26, 29, 53, 70, 71, 73, 92, 93, 96, 105, 106
Bayreuth 35, 39
Berlin 13, 18, 19, 28, 31, 33, 34, 38, 83
Bielefeld 3, 67, 105
Böhmen 8, 9, 17, 22, 35
Bonn 24, 29
Brandenburg 8, 12, 13, 18, 24, 45, 46, 47, 48, 50, 51, 52, 69, 92, 95
Braunschweig-Lüneburg 52
Breitenfeld 7
Bremen 3, 4, 8, 28, 43, 67, 77, 81
Breslau 22

Calw 3, 36
Chemnitz 35, 39
Crailsheim 36

Danzig 4, 43, 79, 80
Dortmund 3

Eifel 38
Elberfeld 3, 37, 78
Emden 80
England 1, 5, 14, 15, 32, 39, 60, 62, 66, 72, 77, 78, 82
Erfurt 3
Erlangen 35, 36
Erzgebirge 35, 38
Essen 10
Esslingen 29

Flandern 7, 22, 78
Franken 12, 13, 35, 67, 89, 96, 106
Frankfurt 3, 22, 29, 30, 31, 43, 64, 67, 79, 80
Frankreich 1, 5, 8, 13, 14, 18, 24, 32, 39, 45, 47, 78, 80, 82, 102, 103
Freiberg 22
Freising 7
Friedland 8, 9
Fürth 29, 35

Genua 83
Gladbach 37, 38
Goslar 7
Göttingen 67, 95

Halle a.d. Saale 3
Hamburg 3, 4, 6, 11, 23, 28, 31, 32, 43, 67, 77, 80, 81, 86
Hameln 3
Hannover 89
Harz 38, 78
Herford 3
Herzogtum Berg 37, 39
Hessen 9, 38, 39
Hessen-Darmstadt 89
Hessen-Kassel 13, 88
Hof 35, 36, 39
Holland 32, 60, 78, 79, 82

Iserlohn 3
Italien 78, 79

Kärnten 22
Kaufbeuren 36
Kempten 36

Koblenz 25
Köln 3, 12, 22, 23, 24, 29, 31, 37, 43, 48, 67, 103
Krefeld 37, 38
Kurbrandenburg 52
Kurmark 19, 26
Kurpfalz 13
Kursachsen 52
Kurtrier 24

Landshut 7
Leipzig 3, 28, 55, 79, 80
Levante 78
Linz 80
Lippe-Detmold 38
London 67, 77
Lübeck 4, 79, 80
Lüdenscheid 3

Mähren 17
Mainz 7, 29, 31
Malmedy 25
Mark 37, 76
Mark Brandenburg 12, 13, 95
Mecklenburg 9, 12
Mehlis 35
Minden 3, 38
München 7, 67, 89

Neustadt/Holstein 67
Neustadt/Weinstraße 67
Neuwied 36, 37
Niederlande 14, 30, 39, 48
Niedersachsen 7, 9, 38, 39
Nördlingen 36
Nürnberg 2, 4, 5, 6, 10, 12, 22, 27, 29, 30, 32, 35, 43, 55, 64, 67, 68, 77, 87, 88

Obereichsfeld 35
Oberlausitz 35, 39, 78
Oberpfalz 5, 11, 22, 36
Osnabrück 38
Österreich 17, 22, 47, 51, 52, 53, 54, 62, 65, 70, 71, 72, 73, 76, 93, 96

Paderborn 3
Pfalz 9, 47
Plauen 35
Polen 79, 82
Pommern, Hinter-, 7, 9, 12, 20
Portugal 32, 78, 82
Preußen, Ost-, – Litauen 19, 20, 21, 25, 50, 52, 53, 55, 69, 70, 71, 72, 76, 93, 101

Rain a. Lech 7
Ravensberg 105
Ravensburg 38
Regensburg 27, 43
Remscheid 3, 37, 39
Reval 79
Riga 79
Roth 35
Rußland 32, 79, 80, 82

Saargebiet 36, 37, 38
Sachsen 3, 9, 12, 18, 22, 35, 52, 54, 71, 93
Salzburg 18, 45, 76, 80
Sauerland 22
Schlesien, Ober-, 3, 8, 9, 20, 22, 28, 35, 39, 72, 81
Schleswig-Holstein 9, 19
Schmalkalden 35
Schwabach 35, 36
Schwaben 23, 36, 39, 89, 96
Schwarzwald 36, 38, 78
Schweden 8, 12, 31, 52, 82
Schweiz 12, 78, 79, 80, 82
Siegerland 37
Soest 3
Solingen 3, 37, 39
Spanien 1, 29, 30, 32, 62, 78, 82
Speyer 67
St. Petersburg 79
Stauf 67
Steiermark 17, 22
Stendal 11
Stettin 80
Stralsund 80
Straßburg 80
Strehla 18
Stuttgart 22, 29, 90
Suhl 10, 35

Tecklenburg 38
Thüringen 9, 12, 22, 35
Tirol 72
Trier 67
Triest 78

Ulm 22, 27, 36, 39, 43
Urach 3, 36

Venedig 78
Verden 8
Vogtland 35, 39

Westfalen 3, 28, 37, 38, 39
Westindien 78
Windsbach 67
Wismar 80

Württemberg 9, 11, 12, 13
Würzburg 7, 67

Xanten 64

Zella 35
Zypern 78

Namenregister

Becher, Johann Joachim 42, 43, 44, 47

Colbert, Jean Baptiste 24

D,Ester, Quirin Josef 25
De Witte, Hans 7

Franz I 62
Friedrich der Große 27, 45, 50
Friedrich II 27, 50, 51, 70
Friedrich Wilhelm I 18, 27, 34, 45, 50, 62
Fugger 1, 2, 29, 74

Graumann, Johann Philipp 52, 53
Gustav Adolf 7

Herzog Ernst der Fromme 93
Hornigk von, Philipp Wilhelm 43

Justi von, Johann Heinrich Gottlob 42, 43

Karl V 51
Königsmarck von, Hans Christopher 8

Lau, Theodor Ludwig 43
Leib, Johann Georg 43

Mun, Thomas 42

Schröder von, Wilhelm 43
Schüle 30
Seckendorf von, Veit Ludwig 43
Sir William 67

Tilly 7

Viatis, Bartolomäus 2

Wallenstein 7, 8, 9, 10
Welser 2
Wrangel Graf von, Carl Gustav 8

Sachregister

Abfindung 12
Abgaben 4, 8, 11, 17, 19, 20, 70, 74, 106
–, indirekte 70
Absatz 1,14, 25, 38, 43, 105
– gebiet 23
– möglichkeiten 80
– schwierigkeiten 5, 36
– stockungen 66
–, überregionaler 58
Absatzmarkt 11, 18, 23
Absolutismus 33, 34, 71, 90, 95
absolutistische Macht 100
Acker 13
Adel(s) 68, 69, 95, 99, 100, 101, 102, 103, 104, 105
– güter 100, 101
Land- 61, 62, 69
Agrar 20, 26, 48, 78, 105
– depression 16, 39
– konjunktur 67
– krise 2, 67
– preise 4, 5, 10, 27, 87, 100

– produktion 4, 40
– reform 20, 40
– sektor 6
– verfassung 4, 6, 23
Akademie 95
Akzise 69, 70, 74, 75
Allodifizierung 101
Almosen 85, 86, 87, 88, 89
Altenpflege 86
Arbeit(s) 5, 6, 15, 21, 24, 25, 32, 46, 48, 55, 57, 58, 59, 60, 61, 62, 63, 65, 66, 71, 76, 84, 85, 86, 87, 90, 91, 92, 97, 106
– eifer 61
– einsatz 63
– erziehung 85, 91
– haus 9, 61, 90, 91, 92, 94
– jahr 63, 64
– leistung 57, 61, 65, 66
– markt 27, 49, 57, 66
– moral 88
– potential 44
– tag 63, 64
– techniken 18
– teilung 26, 58, 61
– unfähig 84
– unwillig 61, 84
– wechsel 17
– zeit 61, 63, 64, 65, 66, 107
Arbeiter 35, 59, 62, 66, 99
Bau- 63
Berg- 63
Fabrik- 59, 107
Fach- 9
Heim- 66
Arbeitskräfte 8, 11, 17, 23, 26, 27, 40, 45, 55, 57, 58, 59, 60, 61, 62, 65, 66, 91
–, abhängige 59
Angebot an 45, 55, 66
Anwerbung von 8
–, gelernte 60
– mangel 17, 61
– potential 57
–, ungelernte 59, 60, 61
– verlust 11, 17, 40
Arbeitslosigkeit 6, 57, 61, 65, 87
Arme 75, 85, 88, 89, 90, 92
Armee 7, 24, 27, 34, 50, 83
Armen 85, 86, 87, 88, 89, 90, 91, 93, 94
– deputation 89
– kassen 87, 88
– ordnung 84, 89
– politik 84
Armenfürsorge 9, 85, 86, 87, 88
–, kommunale 91
–, öffentliche 90
Verschlechterung der 86
Armut 84, 85, 87, 88, 96
Aufklärung 93, 94
Aufschwung 11, 16, 19, 20, 21, 24, 27, 28, 30, 34, 38, 39, 40, 48, 58, 76, 80
Aufstände 1, 106, 107
Ausbildungssstätten 50
Auseinandersetzungen 106, 107
Ausfuhr 46, 48, 83
– kontingentierung 46
– verbot 46
Austausch 28
–, internationaler 15, 98
–, interregionaler 19
Auswanderung(s) 57
– verbot 8
Verhinderung von 45
Außenhandel(s) 14, 27, 28, 41, 77, 79, 80, 83, 84
– geschichte 82
– politik 47
– position 81
Autarkie 24

Banco-Zettel 54
Bank 31, 33, 54, 55, 71
– geschäft 30
– gründungen 55
– noten 54
– öffentlich 6
– zettel 54
Bankier 7, 45
Bargeld 9, 12, 18
Bauern 1, 3, 17, 18, 19, 20, 21, 62, 68, 70, 99, 105, 106
– aufstand 104, 106
– stellen 105
Baumwoll(e) 27, 38, 39
– industrie 34
– spinnerei 36
Beamte 33, 53, 69, 95, 101, 102, 103
Bergbau 11, 35, 37, 39, 58, 60, 62,
Bergwerk 11, 36, 62
Beschäftigte(n) 26, 30, 58, 59, 68
Wanderung der 59
– zahl 22, 37, 40, 47, 56, 57, 58
Beschäftigung(s) 30, 42, 57, 59, 90
– grad 63
– schwankungen 65

Besiedelungpolitik 45, 46, 55
Besteuerung 68, 69
des Grundbesitzes 72, 74
der Mieterträge 74
der Vermögen 74
Betteln 84, 85, 89
Bettelverbot 88, 89
Bevölkerung(s) 4, 9, 10, 12, 13, 15, 16,18, 20, 23, 28, 29, 31, 33, 34, 45, 48, 56, 57, 58, 61, 66, 70, 72, 77, 86, 87, 91, 92, 93, 94, 101, 104, 105, 107
– anstieg 6, 20, 58
Arbeits- 57
Dezimierung der 39, 44
– dichte 19, 23, 28, 34
– entwicklung 12, 18, 20
–, erwerbsfähige 57
Land- 10, 23, 27, 64, 104, 106
– politik 44, 45, 55
– rückgang 16, 17, 40
– schichten 4, 15, 75, 86, 105, 107
– verluste 9, 11, 12, 13, 30, 32, 39, 57, 87
Versorgung der 25, 26, 27, 28, 44, 49
– wachstum 4, 13, 28, 30, 39, 40, 44, 45, 57, 58, 86, 88
– zahlen 5, 45, 66, 92
– zunahme 18, 41, 57, 102, 106
Bildung(s) 29, 93, 94, 95, 101, 103
– politik 84, 92
– wesen 70, 92, 95
Binnennachfrage 24, 39, 40
Blauer Montag 25, 61, 65
Buchgeld 54
Bürger 4, 11, 29, 48, 61, 68, 69, 75, 99, 101, 102, 103, 104, 106
– recht 102, 103, 104
– status 104
Bürgertum 99, 100, 101, 102, 103
Bildungs- 103
Wirtschafts- 104
Bürokratismus 89

Consumtio interna 24, 44, 45, 48

Darlehen 5, 12, 87
Departement für Manufactur- und Commerciensachen 51
Depositenanstalt 6
Depression 16, 17, 18, 39
Dienstzwang 21
Disziplinierung 91, 100
Dreifelderwirtschaft 21

Edelmetall 8, 17
– produktion 17, 20
Edikt von Nantes 45
Eigenkapital 104
Eigentum 3, 71
Einfuhr 83, 107
– verbot 18, 47, 48
– zoll 18
Einkommen(s) 4, 5, 11, 22, 40, 58, 63, 66, 70, 74, 85, 93, 101, 104
– entwicklung 63, 66
Pro-Kopf- 6
Real- 66
– verwendung 6
Einquartierung 11
Einwanderer 13, 45, 59, 62
Einwanderung 33, 57
Eisen 3, 11, 37, 78
– erzeugung 11, 36
– gewerbe 35
– hammer 3
– industrie 5, 36
Eisenerz 11, 37
Erlös 1, 20, 23, 92
Ernte 1, 10, 19, 21, 27
Ertrag(s) 17, 70
– erwartungen 17
– lage 17, 18, 40
Erwerb(s) 22, 23, 57, 60, 105
– fähigkeit 57, 61
– personen 57, 61
– quote 22, 57
– tätige 57, 58, 61, 105
Erziehung 84, 85, 86, 91
Ewigrente 5, 75
Export 11, 15, 24, 27, 28, 32, 41, 46, 47, 48, 60, 62, 78, 81, 82, 83
– güter 14, 15, 78
– kontingentierung 46
– orientiert 14
– quote 15, 78
– verbot 9, 46, 47
Exulanten 13, 18, 31

Fernhandel 58, 81, 84
Fernhändler 2
Fertigwaren 44, 46, 47, 48
Feudalismus 1, 6
Feudalsystem 102, 106
Finanz 7, 30, 31, 68, 69, 70, 71, 72, 74, 75, 76, 88, 100

– behörde 42
– dualismus 72
– lage 11, 16, 23, 39, 54, 72
– quellen 71, 72
– reform 69, 72
– verwaltung 69, 72
– wesen 69, 70, 72, 74, 76
– wirtschaft 68, 72, 74, 75, 77
– wissenschaft 42
– zentrum 33
Finanzen 73
– öffentliche 12, 68
  Reichs- 73
Finanzierung(s) 5, 7, 8, 9, 16, 39, 48, 69, 72, 73, 74, 76, 81, 87, 90
  Selbst- 16, 23, 40
– system 8
Fortschritt 2, 25, 72, 95
–, technischer 3
Produktivitäts- 4
Friderizianische Münzreform 52
Fronverpflichtungen 59
Fruchtbarkeit 19
Fruchtsorten 21
Fruchtwechsel 21
Fürsorge 9, 85, 86, 87, 88, 90, 91
– empfänger 87
– wesen 84, 86, 87

Geburten 12, 13
Geistliche 68, 92, 99
Geld 6, 7, 11, 20, 30, 32, 33, 48, 51, 52, 54, 55, 56, 75, 77, 87, 93, 98
– abfluß 44, 47
  Bar- 8, 12, 18
– entwertung 5, 6, 51
  Giral- 55
– händler 5
– mangel 7
– menge 20, 42
– politik 6, 44, 51, 54, 55
– umlauf 17, 42
– verschlechterung 10
– wesen 44, 51, 55
Gemengelage 20
Generaldirektorium 70
Geräte 10, 23
–, landwirtschaftliche 16, 17
Gesellschaft 1, 2, 49, 81, 84, 85, 91, 94, 99, 101, 102, 103, 104, 106
Gesinde 17, 40
– dienste 59
Getreide 10, 13, 16, 17, 18, 19, 20, 62, 66, 69, 78, 79
– preise 1, 10, 16, 19, 20, 66, 67, 68
Gewerbe 2, 3, 6, 9, 10, 11, 14, 15, 16, 21, 22, 23, 24, 25, 26, 27, 28, 30, 31, 32, 33, 34, 35, 36, 37, 38, 39, 40, 41, 43, 44, 46, 47, 49, 50, 55, 56, 60, 61, 62, 64, 65, 70, 77, 92, 99, 103
– erzeugnisse 3, 4
–, exportorientiertes 14, 27, 60
– förderung 21, 24, 27, 49
–, ländliches 62
– landschaften 35, 38
– region 3, 28, 34, 35, 36, 37, 38, 41
  Rüstungs- 27
– struktur 30, 31
  Textil- 11, 27, 35, 36, 37, 78
– zweig 24, 27, 32, 49
Gewerbebetrieb 24
Gewinn 5, 16, 21, 30
– erwartungen 17
  im Gewerbe 5
– situation 18, 20
– steigerung 6
Giroanstalt 6
Glaubensflüchtlinge 18
Graumannsche Münzreform 52, 53
Graumannscher Münzfuß 52, 53
Grund
–, besitz 74, 94, 100, 102, 104
–, herr 3, 4
–, herrschaft 2
–, nahrungsmittel 9, 67
–, rente 5
Gut(s)
– betrieb 23
– herr 93, 105, 106
– wirtschaft 4

Hammerwerk 36, 37
Handel(s) 1, 2, 3, 5, 6, 10, 11, 14, 15, 24, 27, 28, 30, 32, 33, 39, 40, 41, 42, 44, 47, 53, 55, 58, 62, 77, 78, 79, 80, 81, 82, 83, 92, 103
  Außen- 14, 27, 28, 41, 47, 77, 79, 80, 81, 82, 83, 84
– beschränkungen 9, 81, 82
– beziehungen 14, 77, 80, 81, 82
– blockade 47
– flotte 14
– gesellschaften 49, 81

–, innerdeutscher 77
– kompagnie 28, 36, 81
– metropolen 98
– politik 44, 46, 47, 55, 81
– schranken 43
See- 28, 79, 80, 81
– städte 3, 27, 43, 80, 82, 105
– straßen 23
Transit- 3, 47, 79
– unternehmen 5
– verbindungen 77, 79
– zentren 14, 23, 27, 29, 77
Handelsbilanz 46, 56, 81, 82
aktive- 42, 44, 46, 48, 56, 81
Händler 2, 5, 8, 15, 28, 43, 99, 104
– dichte 28
Handwerk(s) 2, 4, 6, 15, 21, 22, 23, 24, 25, 28, 30, 34, 40, 45, 49, 50, 58, 60, 62, 63, 64, 68, 106
Land- 22, 23, 105
– meister 5, 103
–, metallverarbeitendes 22, 45
–, textilverarbeitendes 22, 105
Handwerker 22, 23, 26, 32, 45, 62, 67, 87, 93, 102, 104, 105, 107
Haushalt 71, 73, 75
Kommunal- 75
öffentlicher 5, 71, 74, 94
Hausindustrie 60
Heckenmünzen 52
Heer 7, 8, 17, 24, 27, 34, 50, 60, 69, 71
–, kaiserliches 7
–, schwedisches 7, 31
Hierarchie
–, zünftische 60
Hintersassen 10, 100, 101
Hofstaatsrentei 69
Hofstelle 10, 13, 105
Hugenotten 13, 18, 24, 26, 31, 34, 45, 59
Hungersnot 21

Import 15, 18, 24, 45, 46, 47, 78, 80
– substitution 24
Inflation 5, 6, 7, 51, 52, 54
Infrastruktur 39, 50, 75, 79
Innovation 26
Investition 4, 5, 18, 20
–, gewerbliche 6
–, in der Landwirtschaft 16, 17
–, in die Infrastruktur 75
– kapital 5

Kameralismus 41, 42, 61, 76
Kammerzieler 73
Kapital 2, 5, 6, 8, 11, 15, 23, 29, 40, 61, 81
– anlage 5
– aufbringung 16, 39
– bedarf 81
– einsatz 16, 23, 30
– entzug 8
– intensität 15, 61
– investition 5
– reduktion 12
Sach- 11
– stock 15, 39
– zins 49
Kapitalmarkt 5, 11, 12
–, geschädigter 12
–, unvollkommener 6
–, zerrütteter 16, 23, 39, 40
Kartellabsprachen 49
katholische Liga 7, 8
Kaufkraft 4
Kinder 8, 60, 85, 86, 90, 92, 94
– arbeit 60, 61
Kipper- und Wipperzeit 6, 51, 54
Kleinkindersterblichkeit 13
Kolonialpolitik 81
Kommunalisierung 85
Konfiskationen 11
Konjunktur 16, 24, 30, 32, 64
Konkurrenz 23, 25, 29, 32, 33, 47, 80, 92
– fähigkeit 27, 45, 48, 50, 96
Konkurs 11, 24, 26, 50
Konsum 6, 46, 48, 65, 69
Kontribution 7, 8, 11, 19, 33
Konventionsmünzfuß 53
Kredit 1, 5, 7, 12, 24, 40, 49, 75
– krise 1, 5
Krieg(s) 7, 8, 9, 10, 11, 12, 13, 14, 15, 17, 19, 23, 24, 26, 28, 29, 30, 32, 33, 38,39, 40,41, 46, 47, 50, 54, 64, 67, 73, 75, 77, 80, 97, 100, 101, 106
– ausgaben 8
Dreißigjähriger 1, 3, 4, 6, 12, 13, 14, 15, 16, 21, 23, 24, 25, 27, 28, 29, 30, 31, 32, 33, 36, 39, 40, 41, 42, 44, 46, 48, 51, 54, 55, 57, 68, 69, 73, 77, 80, 81, 85, 86, 87, 88, 90, 92, 97, 100, 101, 105
– finanzierung 7, 8, 9
– kosten 28, 54

Schmalkaldischer 1
Siebenjähriger 32, 54
–, wirtschaft 9, 31
– zerstörung, 11, 17, 77
Kupfer 38, 78
– produktion 1

Landstädte 10, 29, 41
Landwirtschaft 1, 4, 5, 6, 9, 10, 13, 14, 16, 17, 18, 19, 20, 21, 22, 23, 39, 40, 50, 58, 59, 65, 76, 85, 105, 106
Aufschwung in der 19, 20, 21
– Erzeugung der 4, 16, 17, 18, 19, 20, 78
Krise in der 2
Nutzfläche der 10, 23
Lehnsbindung 101
Leinen 2, 3, 11, 14, 32, 35, 38, 81
Leipziger Münzfuß 52
Lohn 5, 17, 18, 20, 21, 42, 60, 63, 66, 67, 68, 82, 87, 99, 107
– geschichte 67
–, gewerblicher 4
Korn- 66
– niveau 45, 55
– politik 5
– taxen 17, 20, 21
Luxusgüter 14, 45

Management 11
Manufaktur 21, 25, 26, 27, 29, 30, 32, 33, 34, 37, 40, 41, 45, 50, 51, 58, 59, 60, 61, 65, 71, 76, 78, 91
– arbeiter 59
–, dezentralisierte 26
Porzellan- 70
– unternehmer 26, 51
–, zentralisierte 26
Mark Banco 55
Markt 3, 6, 14, 18, 20, 24, 25, 26, 27, 28, 31, 32, 41, 43, 44, 46, 47, 48, 49, 50, 58, 61, 63, 96
– freiheit 25, 49
– lage 19
– macht 49
– ordnung 48
– quote 4
– schließung 5, 25, 49
– struktur 48, 49
– übersicht 49
– verhalten 49
– wirtschaft 5
Marodeure 17
Matrikularbeiträge 73
Meister 5, 25, 30, 53, 60, 65, 93, 103, 106
–, verlagsgebundener 60
Melioration 18, 21, 71
Merkantilismus 41, 42, 59, 76
Merkantilisten 42, 60, 81
Messe 14, 43, 80
– handel 79
Muster- 79
Niedergang 80
– stadt 28, 31, 79, 80
Waren-, 79
Monopol 25, 48, 49, 81
Tabak- 70
– verbot 49
Monopson 48
Montangewerbe 11
Moratorium 11
Multiplikator 48, 71
Münz 20, 51, 52, 53, 54, 55
– bezirk 96, 98
– fuß 52, 53, 82, 98, 99
– geschichte 51
– herren 5
– prägung 5, 17, 20, 70, 98
– stätte 53
– standard 51
– system 51, 52, 53
– verschlechterung 8, 52, 55
Münzen 7, 51, 52, 53
–, unterwertige 5, 51, 52
Münzordnung 7, 51, 52, 96
Münzwesen 44, 51, 52, 54, 96, 97, 98
Vereinheitlichung des 44, 97, 98
Verwirrung im 55
Müßiggang 60, 61

Notenbank 54

Oder-Spree-Kanal 14, 33, 81
Ordnung 52, 65, 92, 101, 107
des Geldwesens 44
der Märkte 49
–, marktwirtschaftliche 5
– politik 48
Schmuck- 6

Papiergeld 20, 54, 55
Patente 45
Pest 10

Peuplierung(s)
- maßnahmen 18, 40
- politik 24, 40, 57
Pfründneranstalten 86
Post 30
Prädestinationslehre 59
Preis 2, 4, 5, 9, 16, 17, 18, 19, 20, 21, 25, 39, 40, 41, 49, 63, 66, 68, 81, 82, 100
- anstieg 1, 4, 17, 20, 21, 40
Boden- 17
- geschichte 67
- gestaltung 18
Getreide- 1, 10, 16, 19, 20, 66, 67, 68
Höchst-
- niveau 17
-, steigerung 18, 19, 20
- sturz 16, 17
Woll- 46
Privatfinanciers 17
Privilegien 24, 25, 26, 40, 45, 49, 80, 81
Steuer- 50
Produkte 3, 26, 32, 39, 40, 45, 47, 50, 79
-, ausländisches 18, 39, 47
-, gewerbliches 17, 18, 20, 21, 25, 40, 78
-, inländisches 14, 18, 41, 44, 45, 46, 47, 48, 79
- planung 5
Produktion(s) 3, 11, 15, 25, 26, 37, 38, 39, 40, 45, 50, 51, 56, 91, 96, 105
- änderung 4
- ausweitung 9, 25, 26, 44, 50
Expansion der 25, 49
-, gewerbliche 15, 22, 25
- kapazität 15
-, marktorientierte 62
Massen- 76
- steigerung 6, 25
- technik 6, 51
- verhältnisse 61
-, verminderte 77
Produktivität(s) 11, 26, 58, 66
- fortschritt 4, 66
- steigerung 5, 58
Protektionismus 47, 48
Protestanten 45

Qualität 14, 26, 30, 41, 50, 63, 85, 167
Qualitätsverbesserungen 50

Realteilung 23, 105
Rechtsprechung 42, 58
Reformation 64
Regiment 7
Reich(s)
- bank 54, 55
- gesetz 12, 14, 46, 96
- städte 14, 28, 29, 35, 41, 43, 46, 48, 55, 102
- stände 46, 48, 52, 73, 96, 98
- taler 7, 8, 53, 54
- verfassung 96
Reichskreis 73, 96, 97, 98, 99
Reichsschluß von 1671 49
Reichstag 43, 44, 46, 47, 48, 49, 50, 51, 54
Durchsetzungskraft des 43
Machtstellung des 44
Reichszunftordnung von 1731 43, 49
Rentabilität 50
Renten 5, 70, 75
- verkauf 5
Retorsionsmaßnahmen 48
Revolution 1, 30, 62, 66, 102
Französische 33
Risikobereitschaft 62
Rittergüter 9, 62
Rohstoffe 5, 9, 23, 31, 32, 42, 43, 46, 47, 59, 78, 105

Sachvermögen 23
Sachwerte 12
Schiffahrt 79
Schulbildung 94, 95
Schulden
- dienst 71
- erlaß 11
-, öffentliche 12
- tilgung 15
Schuldtitel 20
Schuldzinsen 15
Schule 92, 93, 94, 95, 96
Armen- 93
Dorf- 92
Elementar- 92
Hoch- 95
Latein- 92
Lese- und Schreib- 92
Privat- 93
Volks- 93, 94
Schulordnung 92, 93
Schulpflicht 93, 94
Schulpolitik 94

Schulreform 93
Schulzwang 93
Sektor 39, 59
–, gewerblicher 2, 4, 59
–, primärer 40, 58
–, sekundärer 35, 58
–, tertiärer 58
Selbstversorgung 28
Selbstverwaltung 88
Seuchen 10, 12, 13, 33, 64
Silber 7, 15, 30, 38, 52, 54
– mangel 53
– produktion 1
– währung 33, 53
Sold 7, 8
Sonderkulturen 13
Sondersteuer 12
Sozialdisziplinierung 91
Soziale Frage 107
Sozialgefüge 99, 103, 105
Sozialpolitik 84, 85, 88, 92
Sozialprodukt 15, 78
Staat(s) 1, 9, 12, 15, 19, 20, 24, 25, 29, 35, 39, 40, 41, 42, 43, 44, 48, 49, 50, 51, 52, 53, 54, 68, 69, 70, 71, 72, 73, 75, 79, 81, 85, 88, 90, 95, 96, 98, 100, 103, 106,
– aufgaben 42
– ausgaben 70, 71
– budget 54, 69, 71, 73, 74
– domänen 70
– einnahmen 44, 70
Schulden des 73
– verständnis 68
– wissenschaft 75, 76
Städte
Hanse- 31, 32, 77, 79, 80
– ordnung 103
Reichs- 14, 28, 29, 35, 41, 43, 46, 48, 55, 102
Residenz- 29, 33, 102
Stände 5, 72, 73, 99, 100, 101
– gesellschaft 99, 101, 102, 103
– ordnung 101
Reichs- 46, 48, 52, 73, 96, 98
Sterberate 13
Steuer 2, 12, 17, 18, 24, 40, 41, 57, 68, 69, 70, 72, 73, 74, 75, 76
– befreiung 25
– belastung 15, 40, 70
–, direkte 70, 74
– erhebung 72, 73, 74
– gerechtigkeit 68, 69, 74
– gleichheit 74
– höhe 72, 74
–, indirekte 74
– kraft 10, 44, 56, 71, 74
– last 68
– privilegien 50
– system 5, 72
Überwälzbarkeit der 75
Verbrauchs- 75, 87
Straßen 11, 14, 71, 89
– verhältnisse 79
Struktur 14, 16, 22, 29, 30, 41, 48, 57, 100, 105, 106
–, großbäuerliche 6
– wandel 3
Subventionen 24, 26, 40, 50

Tagelöhner 59, 61, 63, 99
Taler 7, 8, 12, 18, 21, 51, 52, 53, 78, 82
Territorialherren 5, 24, 46, 50, 97
Territorien 12, 13, 29, 31, 41, 43, 46, 77, 79, 88, 93, 94, 96, 98
Teuerung 10, 20, 86
Textil 3, 27, 30, 35, 36, 37, 45, 61
– gewerbe 2, 11, 27, 35, 36, 37, 78
– handwerk 22, 45, 105
– herstellung 27, 36, 37
Theresianische Münzreform 53
Transport 19, 23, 49, 68
– kapazität 50
– kosten 50, 81
Land- 79
– wege 50
– wesen 58
Treidelpfad 14

Uniform 34
– herstellung 8
Universität 95
Unterbeschäftigung 6
Unternehmer 3, 9, 15, 26, 50, 51, 61, 62, 101, 104, 105
–, bürgerliche 62, 103
–, fürstliche 62
– persönlichkeiten 61, 62
– tätigkeit 50
Unterricht 92, 93, 94

Vergeltungsmaßnahmen 48
Verkehr(s) 9, 28
– wege 14, 23, 50, 77
– wesen 14
Verlag(s) 2, 15, 59, 76
Verleger 5, 59, 60, 66
Verschuldung 5, 10, 100
–, in der Landwirtschaft 10, 17, 40
Neu- 70
Versicherungswesen 33
Verwaltung 2, 8, 29, 42, 53, 58, 62, 68, 69, 70, 71, 72, 74, 76, 87, 88, 92, 94, 100, 107
Verwüstungen 9, 16, 42
Viehbestand
Erhöhung des 21
Dezimierung des 16
Vorratswirtschaft 9

Wachstum(s) 3, 6, 13, 28, 29, 30, 41, 46, 50, 56, 58, 71
der Bevölkerung 13, 18, 28, 30, 39, 40, 44, 45, 57, 58, 86, 88
in der Landwirtschaft 19
– impulse 6, 31, 42
Waffen 8, 37, 47, 75
– hersteller 10
– industrie 10
– produktion 24, 34
Währung(s) 33, 51, 52, 53, 54, 55, 56, 84, 96, 98
– politik 6, 44, 51, 52, 55, 98
– vielfalt 79
Wechselkurs 84
Wehrwirtschaftssystem 9
Wechselzahlungen 55
Weltmärkte 14, 41
Werkhäuser 61, 90, 91
Wertpapier 75
Wettbewerb 6, 46, 49, 55
–, freier 49, 50
–, unlauterer 49
Wirtschaft(s)
139
– lehren 41, 42, 55
– ordnung 5, 6
Wirtschaftlichkeit 50
Wirtschaftspolitik 8, 14, 24, 26, 29, 34, 41, 42, 43, 44, 49, 55, 62, 68, 77, 96, 99
des Reiches 6, 43
–, kameralistische 58
–, merkantilistische 45, 57
–, praktische 41
–, städtische 6
–, theoretische 41
Träger der 43
Wohlstand(s) 3, 18, 19, 35
der Untertanen 71
– niveau 14
– steigerung 44
– verlust 25, 49
Wolle 26, 46, 62
Wolledikt 26

Zahlungsbilanz 81, 82
Zinnaischer Münzfuß 52
Zins 11,12, 75
– belastungen 100
Kapital- 49
– verpflichtungen 11
– zahlungen 11
Zinssatz 12
Zoll 25, 32, 40, 44, 46, 55, 70, 72, 81, 83
Binnen- 79
Durchfuhr- 79
Einfuhr- 18
– gebiet 72
Schutz- 25
Schranken 43
–, verein 53
Zuchthäuser 85, 86, 91, 92, 94
Arbeitsablauf in den 92
Verwaltung der 92
Zunft 2, 6, 25, 31, 41, 45, 49, 50, 64, 90, 102, 103
– ordnung 43, 49, 60
– mitgliedschaft 25, 102
– politik 25
– wesen 43
– gesetz 25, 41, 44, 49
– zwang 34, 50
Zuwanderungen 13

Enzyklopädie deutscher Geschichte
Themen und Autoren

Mittelalter

Gesellschaft

Demographie des Mittelalters / Neithard Bulst
Agrarwirtschaft, Agrarverfassung und ländliche Gesellschaft im Mittelalter / Werner Rösener
Adel, Rittertum und Ministerialität im Mittelalter / Werner Hechberger
Die Stadt im Mittelalter / N.N.
Armut im Mittelalter / Otto Gerhard Oexle
Die Juden im mittelalterlichen Reich/ Michael Toch

Wirtschaft

Wirtschaftlicher Wandel und Wirtschaftspolitik im Mittelalter / Ludolf Kuchenbuch

Kultur, Alltag, Mentalitäten

Wissen als soziales System im Frühen und Hochmittelalter/ Johannes Fried
Die geistige Kultur im späteren Mittelalter / Johannes Helmrath
Die ritterlich-höfische Kultur des Mittelalters / Werner Paravicini
Die materielle Kultur des Mittelalters / Hartmut Boockmann

Religion und Kirche

Die mittelalterliche Kirche / Michael Borgolte
Religiöse Bewegungen im Mittelalter / Matthias Werner
Formen der Frömmigkeit im Mittelalter / Arnold Angenendt

Politik, Staat, Verfassung

Die Germanen / Walter Pohl
Die Slawen in der deutschen Geschichte des Mittelalters / N. N.
Das römische Erbe und das Merowingerreich / Reinhold Kaiser
Das Karolingerreich / N.N.
Die Entstehung des deutschen Reiches / Joachim Ehlers
Königtum und Königsherrschaft im 10. und 11. Jahrhundert / Egon Boshof
Der Investiturstreit / Wilfried Hartmann
König und Fürsten, Kaiser und Papst nach dem Wormser Konkordat / Bernhard Schimmelpfennig
Deutschland und seine Nachbarn 1200–1500 / Dieter Berg
Die kirchliche Krise des Spätmittelalters / Heribert Müller
König, Reich und Reichsreform im Spätmittelalter / Karl-Friedrich Krieger
Fürstliche Herrschaft und Territorien im späten Mittelalter / Ernst Schubert

Frühe Neuzeit

Gesellschaft

Bevölkerungsgeschichte und historische Demographie 1500–1800 / Christian Pfister
Bauern zwischen Bauernkrieg und Dreißigjährigem Krieg / André Holenstein
Bauern 1648–1806 / Werner Troßbach
Adel in der Frühen Neuzeit / Rudolf Endres

Der Fürstenhof in der Frühen Neuzeit / Rainer A. Müller
Die Stadt in der Frühen Neuzeit / Heinz Schilling
Armut, Unterschichten, Randgruppen in der Frühen Neuzeit / Wolfgang von Hippel
Unruhen in der ständischen Gesellschaft 1300–1800 / Peter Blickle
Geschichte des Judentums vom 16. bis zum Ende des 18. Jahrhunderts / J. Friedrich Battenberg

Wirtschaft

Die deutsche Wirtschaft im 16. Jahrhundert / Franz Mathis
Die Entwicklung der Wirtschaft im Zeitalter des Merkantilismus 1620–1800 / Rainer Gömmel
Landwirtschaft in der Frühen Neuzeit / Walter Achilles
Gewerbe in der Frühen Neuzeit / Wilfried Reininghaus
Handel, Verkehr, Geld und Banken in der Frühen Neuzeit / Michael North

Kultur, Alltag, Mentalitäten

Medien in der Frühen Neuzeit / Stephan Füssel
Bildung und Wissenschaft im 15. und 16. Jahrhundert / Notker Hammerstein
Bildung und Wissenschaft in der Frühen Neuzeit 1650–1800 / Anton Schindling
Die Aufklärung / Winfried Müller
Lebenswelt und Kultur des Bürgertums in der Frühen Neuzeit / Bernd Roeck
Kultur und Mentalitäten der unterbürgerlichen Schichten in der Frühen Neuzeit / Robert von Friedeburg

Religion und Kirche

Die Reformation. Voraussetzungen und Durchsetzung / N.N.
Konfessionalisierung im 16. Jahrhundert / Heinrich Richard Schmidt
Kirche, Staat und Gesellschaft im 17. und 18. Jahrhundert / Michael Maurer
Religiöse Bewegungen in der Frühen Neuzeit / Hans-Jürgen Goertz

Politik, Staat, Verfassung

Das Reich in der Frühen Neuzeit / Helmut Neuhaus
Landesherrschaft, Territorien und Staat in der Frühen Neuzeit / Winfried Schulze
Die Entwicklung der landständischen Verfassung / Kersten Krüger
Vom aufgeklärten Reformstaat zum bürokratischen Staatsabsolutismus / Walter Demel

Staatensystem, internationale Beziehungen

Das Reich im Kampf um die Hegemonie in Europa 1521–1648 / Alfred Kohler
Altes Reich und europäische Staatenwelt 1648–1806 / Heinz Duchhardt

19. und 20. Jahrhundert

Gesellschaft

Demographie des 19. und 20. Jahrhunderts / Josef Ehmer
Umweltgeschichte des 19. und 20. Jahrhunderts / Arne Andersen
Geschichte des deutschen Adels im 19. und 20. Jahrhundert / Heinz Reif
Geschichte der Familie im 19. und 20. Jahrhundert / Andreas Gestrich
Urbanisierung im 19. und 20. Jahrhundert / Klaus Tenfelde
Soziale Schichtung, soziale Mobilität und sozialer Protest im 19. und 20. Jahrhundert / N.N.
Von der ständischen zur bürgerlichen Gesellschaft / Lothar Gall
Die Angestellten im 19. und 20. Jahrhundert / Günter Schulz

Die Arbeiterschaft im 19. und 20. Jahrhundert / Gerhard Schildt
Die Juden in Deutschland 1780–1918 / Shulamit Volkov
Die Juden in Deutschland 1914–1945 / Moshe Zimmermann

Wirtschaft

Vorgeschichte, Verlauf und Charakter der deutschen industriellen Revolution / Hans-Werner Hahn
Die Entwicklung der Wirtschaft im 20. Jahrhundert / Wilfried Feldenkirchen
Agrarwirtschaft und ländliche Gesellschaft im 19. Jahrhundert / Stefan Brakensiek
Gewerbe und Industrie im 19. und 20. Jahrhundert / Toni Pierenkemper
Handel und Verkehr im 19. Jahrhundert / N.N.
Handel und Verkehr im 20. Jahrhundert / Christopher Kopper
Banken und Versicherungen im 19. und 20. Jahrhundert / Eckhard Wandel
Staat und Wirtschaft im 19. Jahrhundert (bis 1914) / Rudolf Boch
Staat und Wirtschaft im 20. Jahrhundert / Gerold Ambrosius

Kultur, Alltag, Mentalitäten

Kultur, Bildung und Wissenschaft im 19. Jahrhundert / Rüdiger vom Bruch
Kultur, Bildung und Wissenschaft im 20. Jahrhundert / Frank-Lothar Kroll
Lebenswelt und Kultur des Bürgertums im 19. und 20. Jahrhundert / Andreas Schulz
Lebenswelt und Kultur der unterbürgerlichen Schichten im 19. und 20. Jahrhundert / Wolfgang Kaschuba

Religion und Kirche

Formen der Frömmigkeit in einer säkularisierten Gesellschaft / Werner K. Blessing
Kirche, Politik und Gesellschaft im 19. Jahrhundert / Gerhard Besier
Kirche, Politik und Gesellschaft im 20. Jahrhundert / Gerhard Besier

Politik, Staat, Verfassung

Der Deutsche Bund und das politische System der Restauration 1815–1866 / Wolfram Siemann
Verfassungsstaat und Nationsbildung 1815–1871 / Elisabeth Fehrenbach
Die innere Entwicklung des Kaiserreichs / Hans-Peter Ullmann
Die innere Entwicklung der Weimarer Republik / Andreas Wirsching
Nationalsozialistische Herrschaft / Ulrich von Hehl
Die Bundesrepublik. Verfassung, Parlament und Parteien / Adolf M. Birke
Die Innenpolitik der Deutschen Demokratischen Republik / Günther Heydemann

Staatensystem, internationale Beziehungen

Die deutsche Frage und das europäische Staatensystem 1815–1871 / Anselm Doering-Manteuffel
Deutsche Außenpolitik 1871–1918 / Klaus Hildebrand
Die Außenpolitik der Weimarer Republik / Gottfried Niedhart
Die Außenpolitik des Dritten Reiches / Marie-Luise Recker
Die Außenpolitik der Bundesrepublik Deutschland / Christian Hacke
Die Außenpolitik der Deutschen Demokratischen Republik / Hermann Wentker

(Stand: Januar 1998)